跨境电子商务法律法规

陈　斌　高　帅　主编

浙江工商大学出版社
ZHEJIANG GONGSHANG UNIVERSITY PRESS
·杭州·

图书在版编目（CIP）数据

跨境电子商务法律法规 / 陈斌，高帅主编. — 杭州：
浙江工商大学出版社，2022.8(2025.1重印)

ISBN 978-7-5178-4974-2

Ⅰ. ①跨… Ⅱ. ①陈… ②高… Ⅲ. ①电子商务—法
规—中国 Ⅳ. ①D922.294.4

中国版本图书馆 CIP 数据核字(2022)第 096201 号

跨境电子商务法律法规

KUAJING DIANZI SHANGWU FALYU FAGUI

陈　斌　高　帅　主编

责任编辑	谭娟娟	
责任校对	夏湘娣	
封面设计	云水文化	
责任印制	包建辉	
出版发行	浙江工商大学出版社	
	(杭州市教工路 198 号　邮政编码 310012)	
	(E-mail:zjgsupress@163.com)	
	(网址:http://www.zjgsupress.com)	
	电话:0571－88904980,88831806(传真)	
排　　版	杭州朝曦图文设计有限公司	
印　　刷	浙江全能工艺美术印刷有限公司	
开　　本	710mm×1000mm　1/16	
印　　张	21.25	
字　　数	296 千	
版 印 次	2022 年 8 月第 1 版　2025 年 1 月第 2 次印刷	
书　　号	ISBN 978-7-5178-4974-2	
定　　价	69.00 元	

编　委　会

主　　编：陈　斌　高　帅
委会成员：黄明朗　王江杭　吴　滢
　　　　　张　宇　王佳俊　陈思齐

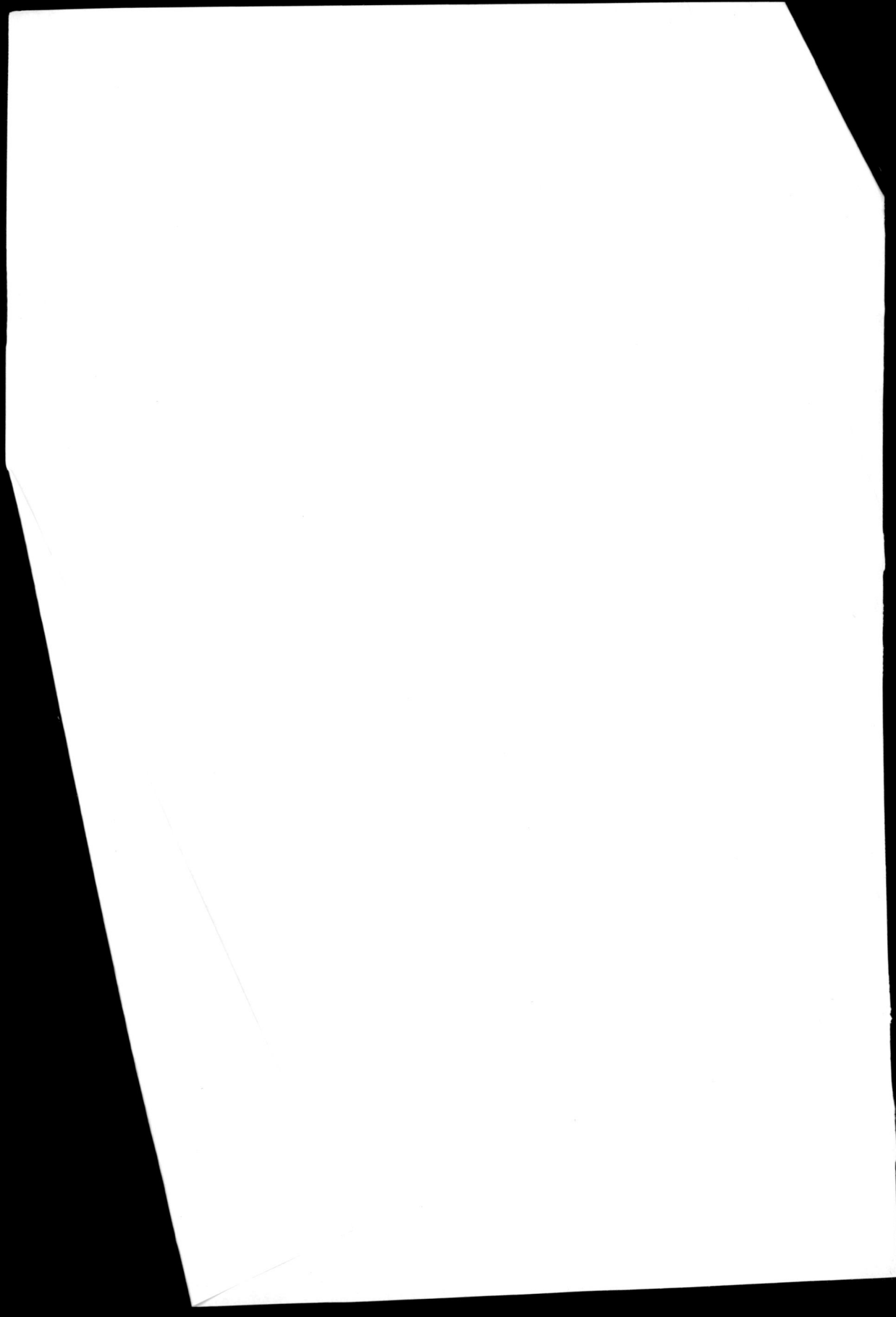

编 委 会

前　言

　　随着经济全球化和信息时代的到来,世界经济正向数字化转型,大力发展数字经济成为全球共识。数字贸易是数字经济的重要组成部分,随着数字技术与国内外贸易的融合不断深化,数字贸易的发展引发各界广泛关注。跨境电子商务是对外贸易的新业态,是由"互联网＋外贸"催生的,其缩短了外贸的交易链条,以小额交易、低成本、低风险、敏捷灵活的特点迎合了全球经济发展的趋势。受新冠肺炎疫情、短视频直播快速发展等因素影响,2020 年我国跨境电子商务市场快速发展,成为稳外贸的重要力量。据海关初步统计,2020 年,我国跨境电子商务进出口额增加了 31.1％,经过海关跨境电子商务管理平台验放进出口清单量同比增加 63.3％,达到 24.5 亿票。

　　2012 年起,国家先后出台相关扶持政策,鼓励和规范跨境电子商务发展。随着跨境电子商务的迅猛发展,跨境电子商务自身的安全问题及法律风险对消费者自我权益保护和国家政策监督都提出了新的挑战。跨境电子商务在实际的运营过程中,不可避免地面临着法律上的问题。此外,跨境电子商务卖家也面临跨境电子商务平台规则的制约,部分卖家对海外跨境电子商务平台规则的不了解,给自身和行业带来较大的负面影响。2021年上半年,亚马逊启动了近年来最大规模的"封号"行动,重点打击"刷单"等违规行为,关闭了约600个中国品牌的销售权限,涉及卖家账号约3000个。7月,深圳市跨境电子商务协会统计显示,在过去两个多月,亚马逊平台上被封店的中国卖家超过5万家,造成行业损失金额预估超千亿元。

在这种背景下,跨境电子商务从业者亟须学习和遵守与跨境电子商务相关的法律法规,防范法律风险,维护合法权益。基于此,在杭州市中国(杭州)跨境电子商务综合试验区建设领导小组办公室的指导下,结合社会和企业的实际需求,我们编写了这本《跨境电子商务法律法规》。在借鉴国外主流国家的电子商务法律法规和梳理了近10年来我国跨境电子商务方面的法律法规与政策的基础上,我们以跨境电子商务全业务流程为主体框架,系统全面地介绍跨境电子商务主体、电子合同、平台交易规则、跨境支付、跨境物流、通关与检验检疫、跨境电子商务税收、消费者权益保护、知识产权保护和风险防范与争议解决等,基本覆盖跨境电子商务的各个环节。本书在编写过程中特别注重理论与实践相结合,除了基础理论介绍和法律条文、政策解读,也遴选了一批极具代表性的生动案例。

全书分为十章,由跨境电子商务、法律、金融等专业的学者,跨境电子商务企业和政府相关部门人员共同编写,具体由陈斌总策划,第一章由高帅编写,第二章由高帅、王佳俊共同编写,第三章由高帅、黄明朗共同编写,第四章由张宇编写,第五章由黄明朗、王江杭共同编写,第六章由陈思齐编写,第七、第九和第十章由吴滢编写,第八章由王佳俊编写,全书由高帅统稿。浙江工商大学杭州商学院国际贸易专业学生陈越、蒋梦琪和万亦婷承担了搜集素材、校对等部分事务性工作。此外,本书的编写得到了杭州市中国(杭州)跨境电子商务综合试验区建设领导小组办公室、浙江国贸数字科技有限公司、浙江工商大学出版社、浙江工商大学杭州商学院等单位的大力支持。在此,对大家的辛勤付出一并表示感谢!

本书可以作为高等学校跨境电子商务、国际贸易、国际商务和电子商务等相关专业的本、专科教材或参考书,也可以作为跨境电子商务行业从业者学习培训用书。

在编写过程中,我们力求完整和准确,但因编者水平有限,加之跨境电子商务行业处于快速变化中,书中难免存在疏漏或不当之处,敬请广大读者批评指正。

编　者

2021 年 11 月于杭州

目录

Contents

第一章
跨境电子商务法律法规概述

学习目标

1. 掌握跨境电子商务的概念、类型与特征。

2. 了解跨境电子商务的现状与趋势。

3. 了解国际组织和主要国家的跨境电子商务法律法规概况。

4. 了解我国跨境电子商务政策发展阶段。

第一节　跨境电子商务概述

本节思维导图

一、跨境电子商务的概念

跨境电子商务是对外贸易的新业态,是由"互联网＋外贸"催生的,其缩短了外贸的交易链条,以小额交易、低成本、低风险、敏捷灵活的特点迎合了全球经济发展的趋势,为我国外贸导向型企业转型升级提供了途径,成为国内外贸导向型企业通向全球市场的一条"高速公路"。

跨境电子商务是指分属不同关境的交易主体,通过电子商务平台达成交易、进行支付结算,并通过跨境物流送达商品、完成交易的一种国际商业活动。跨境电子商务有狭义和广义之分。从狭义角度讲,跨境电子商务基本等同于跨境零售,其针对终端消费者,是指分属不同关境的交易主体,借助电子商务平台达成交易、进行支付结算,并采用快件、邮包等方式,通过跨境物流将商品送达消费者手中的商业活动。跨境电子商务在国际上的流行说法是 Cross-border E-commerce,实质上就是跨境零售(B2C)。从广义角度讲,跨境电子商务基本等同于外贸电子商务,指交易各方利用现代信息技术所进行的各类跨境域的以数字化交易为主要方式的新型贸易活动和模式,涵盖了营销、交易、支付、服务等各项商务活动。2018 年 6 月,世界海关组织(World Customs Organization,WCO)归纳出跨境电子商务的 4 个特征:①在线下单,在线销售,在线沟通及网上支付(如果可行);②跨境交易和交付;③有实物物品;④实物物品被交付运往消费者或购买者手中(商业目的或非商业目的均可)。

二、跨境电子商务的类型

基于贸易方向,跨境电子商务可以分为跨境出口电子商务和跨境进口电子商务。从贸易方向来看,出口贸易占比较大,但进口贸易增速更快。如图 1-1 所示,在中国跨境电子商务市场中,进出口电子商务交易额的占比总体较为稳定,但进口的占比正不断扩大。

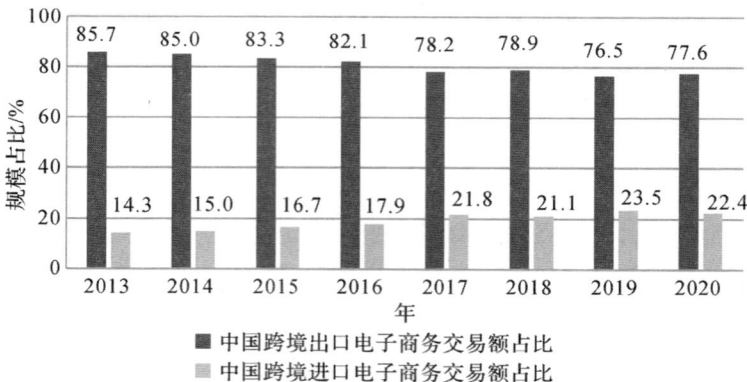

图 1-1 2013—2020 年中国跨境电子商务进出口额占比变化情况

(资料来源:根据网经社电子商务研究中心、前瞻产业研究院等的资料整理)

从交易主体类型上看,跨境电子商务可以分为 B2B 模式、B2C

模式、C2C 模式等。其中,B2B 跨境电子商务又称为在线批发,外贸企业通过互联网进行产品、服务及信息的交换;B2C 跨境电子商务是跨境电子商务企业针对个人消费者开展的网上零售活动;C2C 跨境电子商务是从事外贸活动的个人对境外个人消费者进行的网络零售商业活动。但由于语言门槛、社交软件和物流时效的局限性,我国的跨境电子商务目前主要以 B2B 和 B2C 模式为主。从市场份额看,B2B 模式占比较高,但 B2C 模式增速较快。如图 1-2 所示,2020 年中国跨境电子商务 B2B 交易额占市场交易额的 77.6%,B2C交易额占 22.4%,并且继续扩大的势头明显。

图 1-2 2013—2020 年中国跨境电子商务 B2B 及 B2C 交易额

(资料来源:根据网经社电子商务研究中心、前瞻产业研究院等的资料整理)

按照提供的服务分类,跨境电子商务分为信息服务型和交易服务型。

按照货物所有权流动方式分类,跨境电子商务可以分为平台型和自营型。平台型企业为入驻店铺提供流量分发、店铺管理和履约服务,入驻店铺完成跨境销售,通过流量分发等获取收入,典型代表如天猫国际等。自营型企业自身提供产品,依靠商品差价获取收入。

按照业务涉及行业数量分类,跨境电子商务可以分为综合性跨境电子商务和垂直型跨境电子商务。

三、跨境电子商务的特征

跨境电子商务融合了国际贸易和电子商务两方面的特点,具体而言,跨境电子商务具有以下特征。

(一)全球性

跨境电子商务依附于网络,具有全球性特性。任何人只要具备了一定的技术手段,在任何时候、任何地方都可以让信息进入网络,再与其他人联系后进行交易。跨境电子商务是基于虚拟的网络空间展开的,打破了传统交易方式下的地理因素限制,跨境电子商务中的制造商可以隐匿其实际位置,而消费者对制造商的所在地也是漠不关心的。例如,一家很小的爱尔兰在线公司通过一个可供世界各地的消费者单击观看的网页,就可以在互联网上销售其商品和服务,消费者只需接入互联网就可以完成交易。

(二)多边化

跨境电子商务整个贸易过程中的信息流、商流、物流、资金流已经由传统的双边逐步向多边方向演进,呈网状结构。跨境电子商务的一方可以通过 A 国的交易平台、B 国的支付结算平台、C 国的物流平台,实现多国间的直接贸易。跨境电子商务从链条时代逐步进入网状时代,中小微企业不再简单依附于单向的交易或是跨国大企业的协调,而是形成了一种互相动态链接的生态系统。

(三)即时性

就网络上传输信息而言,传输的速度与地理位置、距离无关。在传统交易模式中,主要以信函、传真、电报等方式传递信息,在信息发送与接收之间存在很长一段不确定的时间。而在电子商务中,信息交流较为便捷,发送信息与接收信息几乎同步,就如面对面交流一样。

(四)可追踪性

在跨境电子商务的整个交易过程中,议价、下单、物流、支付等信息都会有记录,消费者可以实时追踪自己所购商品的发货状态和运输状态。例如,对于跨境进口商品,我国对跨境电子商务企业设立了源头可追溯、过程可控制、流向可追踪的闭环检验检疫监管体系,这样既提高了通关效率,又保障了进口商品的质量。

四、跨境电子商务的作用

第一,跨境电子商务有利于传统外贸企业的转型和升级。

传统贸易模式中,往往是专业外贸经销商专门从事跨境贸易,帮助制造商出口生产的货物,在目的国对接专业的外贸采购商,收货后分给各级分销商、零售商。而在电子商务中,制造商仅需通过跨境电子商务平台即可触达消费者,贸易链条大大缩短。大力发展跨境电子商务,有助于在成本效率方面增强我国进出口竞争优势,提高外贸企业利润率,对维持我国对外贸易的稳定增长具有深远意义。

第二,跨境电子商务为企业打造国际品牌提供了新机会。

在互联网时代,品牌、口碑是企业竞争力的重要组成部分,也是企业赢得消费者青睐的关键因素。当前,我国许多企业的产品和服务质量、性能尽管都很好,但不为境外消费者所知。如图 1-3 所示,相比传统贸易,跨境电子商务能够有效打破渠道垄断,减少中间环节,节约交易成本,缩短交易时间,为我国企业创建品牌、提升品牌的知名度提供了有效的途径,尤其是给一些"小而优"的企业创造了新的发展空间,从而催生出更多的具有国际竞争力的"隐形冠军"。目前,我国已有80%的外贸企业开始运用电子商务开拓海外市场。

第三,跨境电子商务是促进产业结构升级的新动力。

跨境电子商务的发展,直接推动了物流配送行业、电子支付行业、电子认证行业、信息内容服务行业等现代服务业和相关电子信息制造业的发展。目前,我国电子商务平台企业已超过 5000 家,一批知名电子商务

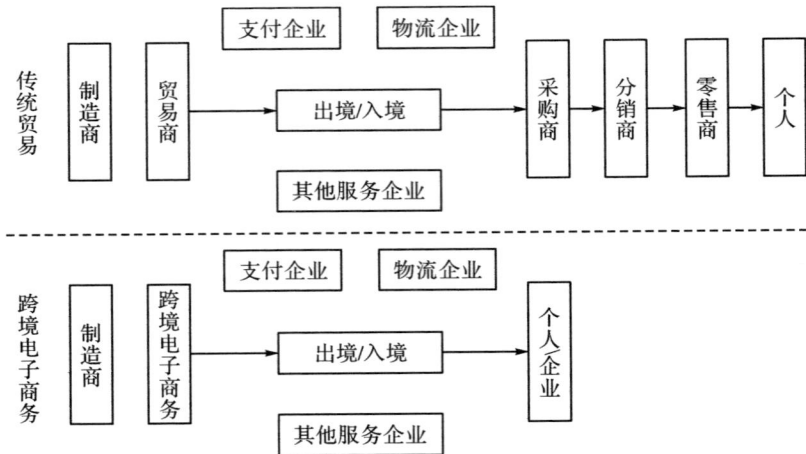

图 1-3　传统贸易与跨境电子商务环节对比

平台企业、物流快递企业、第三方支付本土企业加快崛起。更加突出的是,跨境电子商务将会引发生产方式、产业组织方式的变革。面对多样化、多层次、个性化的境外消费者需求,企业必须以消费者为中心,加强合作创新,构建完善的服务体系,在提升产品制造工艺、质量的同时,加强研发设计、品牌销售,重构价值链和产业链,最大限度地促进资源优化配置。

第四,跨境电子商务为政府提升对外开放水平提供了新抓手。

发展跨境电子商务,既涉及商务、海关、检验检疫、财政、税务、质量监督、金融等多个部门,也涉及多领域的国际合作,既对政府的快速反应、创新、合作等能力提出了新要求,也对政府传统的体制机制提出了新挑战。以跨境电子商务为抓手,推动政府各部门资源共享、高效运行、统一协作、创新服务,将对提升我国政府对外开放水平起到有力的推动作用。

五、跨境电子商务的发展历程和发展趋势

(一)跨境电子商务的发展历程

回顾全球跨境电子商务行业的发展历程可以发现,跨境电子商务是

由传统外贸发展到外贸电子商务,再进一步发展而来的。跨境电子商务发展至今,也不过二三十年的时间,借助于互联网技术的快速发展,跨境电子商务呈现出爆发式增长趋势。我国跨境电子商务在 20 年间从无到有、从弱到强,经历了从萌芽到成长、从扩张到成熟的 4 个阶段。当前,我国跨境电子商务产业正在加速外贸创新发展进程,已经成为我国外贸发展的新引擎。目前,跨境电子商务已经经历了初步期、成长期、发展期3 个阶段,正式进入成熟期。这一时期,大型跨境电子商务开始整合供应链,同时跨境电子商务供应链各环节趋向融合。其间,精细化运营成为主流,新零售、直播营销等创新模式持续渗透。

　　根据网经社电子商务研究中心与网经社跨境电商平台共同发布的《2020 年度中国跨境电商市场数据报告》,从 2014 年到 2020 年,中国跨境电子商务行业交易规模保持高速增长,如图 1-4 所示。2020 年中国跨境电子商务行业交易额达 12.5 万亿元,同比增长 19.04%,当时预计 2021 年市场规模将达到 14.6 万亿元。

图 1-4　2014—2020 年中国跨境电子商务行业交易额及其增长率

(资料来源:根据网经社等的资料整理)

(二)跨境电子商务的发展趋势

1.政策助力跨境电子商务健康发展。跨境电子商务作为海内外贸易交流的重要环节,发挥着巨大作用,一直受到国家的重视。近年来,中国政府更是多次发布前瞻性政策鼓励该行业发展。艾媒咨询分析师认为,各类平台在紧抓政策春风机遇的同时,也需加强行业自律,从产品质量、物流体系、服务体系等多个方面打造良性生态。

2.产品宽度向产品深度转变,垂直性创新成为核心竞争力。随着分众、圈层消费的日益加深,未来跨境电子商务用户的需求将向垂直化、精细化发展,产品宽度将向产品深度转变,垂直性创新将成为平台核心竞争力。

3.产品贸易转向服务贸易,服务红利价值释放。随着跨境电子商务产业的不断发展,对于B端卖家、C端消费者而言,跨境电子商务已不再是纯粹的产品贸易,由物流、客服、支付方式等一系列叠加而成的服务贸易正成为当下跨境电子商务的新形式。伴随服务需求的提高、服务价值的提升,未来跨境电子商务服务红利有望持续扩大。

4.供应链打造坚实基础,线上线下双线融合不断加深。强大的供应链体系成为平台发展的重要基础,未来跨境电子商务线上线下融合将不断加深,平台通过线上赋能线下,线下引流线上,实现双线贯通。同时,双线模式下,企业也将更注重商品池、数据链条的打通及利用科技助力用户体验。

第二节　国外跨境电子商务相关立法概况

本节思维导图

一、国际组织对电子商务的立法状况

(一)世界贸易组织

世界贸易组织(World Trade Organization,WTO)是当代最重要的国际经济组织之一,其成员之间的贸易额占世界的绝大多数,因此

其被称为"经济联合国"。该组织在国际经济交往中承担着管理贸易协定、监督各成员贸易立法,以及为贸易提供解决争端和进行谈判的场所等重要职能。

在跨境电子商务这一新领域,WTO制定了与电子商务相关的一系列文件,如《服务贸易总协定》第四议定书电信附件、《信息技术协定》、《全球电子商务宣言》、《电子商务工作计划》等。自2001年至今,WTO有关电子商务的谈判也一直在进行。但是由于WTO成员在一些原则性问题上分歧严重,其框架下有关电子商务的谈判尚无太多实质性进展。其中,关键性的分歧在于电子商务究竟应该纳入《关税及贸易总协定》《服务贸易总协定》还是《与贸易有关的知识产权协定》的框架进行监管。这一问题不仅会对跨境交易中的法律适用及相关待遇产生重要影响,也会对贸易自由化程度产生重要影响。目前较为明确的是,对线下传递的传统实物产品和直接在网上进行的服务应分别由《关税及贸易总协定》(General Agreement on Tariffs and Trade,GATT)和《服务贸易总协定》(General Agreement on Trade in Services,GATS)规制;但对交易和传递皆在网上完成的数字产品,仍然存在争议。

美国为了维持其在电子商务领域的优势地位,全力主张电子商务应受GATT规制,并提出了三方面理由;欧洲一些国家则提出"文化例外"原则,坚持要求对数字贸易(尤其是视听文化产品)适用GATS的规定,以保护文化多样性;某些成员还主张以《与贸易有关的知识产权协定》(Agreement on Trade-Related Aspects of Intellectual Property Rights,TRIPS协定)规范数字化产品贸易,认为电子软件、在线音乐和电影等贸易的价值主要体现为思想和内容的贸易,属于知识产权的保护范畴;印度尼西亚和新加坡则采取了一种折中的办法,主张适用GATS,但保证GATT层次上的市场准入。

到目前为止,争论各方仍未达成一致,WTO框架下也尚未形成明确清晰的跨境电子商务法律规则。

(二)联合国国际贸易法委员会

联合国国际贸易法委员会也曾对国际跨境电子商务立法做出过一系列努力和尝试。1996 年的《电子商务示范法》是首个基于电子商务立法的 3 个基本原则订立的法律文本,这 3 个基本原则即非歧视原则、技术中立原则和功能等同原则。《电子商务示范法》分两部分,共17 条。第一部分为电子商务总则,共 3 章,即:一般条款;对数据电文的适用法律要求;数据电文的传递。其涉及电子商务中的数据电文、电子数据交换(Electronic Data Interchange,EDI)的定义,数据电文的法律承认,电子合同、电子签字的效力,电子证据的原件、可接受性和证据力,数据电文的确认收讫、发出和收到数据电文的时间和地点,等等。第二部分为电子商务的特定领域,主要涉及货物运输中的运输合同、运输单据、电子提单的效力和证据效力等问题。

2001 年通过的《电子签名示范法》旨在为电子签名和手写签名之间的等同性规定技术可靠性标准,从而促成和便利电子签名的使用。因此,《电子签名示范法》可协助各国制定现代、统一、公平的法律框架,以有效解决在法律上如何对待电子签名的问题,并使电子签名的地位具有确定性。《电子签名示范法》还规定了可能对评估签名人、依靠方和介入签名过程的受信赖的第三方的义务和赔偿责任提供准则的基本行为规则。两部示范法都附有颁布指南,为各国制定更为具体的国内法及其他使用者适用法规提供了指导和帮助。尽管两者并无法律强制性,但它们指引和推动了各国的电子商务立法活动,对世界范围内立法的统一化起到了积极作用。

2005 年的《国际合同使用电子通信公约》旨在通过保证电子合同具有与传统纸质合同同等效力及可执行性,以促进电子通信在国际贸易中的使用,为通过电子通信方式订立商事合同所涉及的相关法律问题提供了解释框架,并对《电子商务示范法》的规定进行了革新。各国(地区)根据公约规定的最新做法修正、更新示范法中的条款,进一步促进了国际电子商务规则的统一。

此外,联合国国际贸易法委员会相关工作组仍在继续为电子商务统一立法展开相关工作,如:电子商务工作组正在拟定电子可转让记录方面的示范法草案,以规范电子票据、电子提单等电子可转让记录的应用。2016 年 2 月 29 日至 3 月 4 日,网上争议解决工作组第 33 次会议在纽约联合国总部召开,会议通过了《跨境电子商务交易网上争议解决技术指引》。该指引是国际社会又一新的努力成果,对推动跨境电子商务网上争议解决在全球范围内的应用具有里程碑式的意义。

(三)经济合作与发展组织

1999 年 12 月 9 日,经济合作与发展组织(以下简称经合组织)理事会通过了《电商环境下消费者保护准则》,提出了保护消费者的三大原则和七个目标。该准则对当时方兴未艾的电子商务的健康有序发展,尤其是互联网背景下对消费者的权益保护,发挥了巨大的促进作用,并影响了成员国的后续立法和产业政策。根据经合组织消费者政策委员会的提议,经合组织理事会于 2016 年 3 月 24 日通过了《电商环境下消费者保护建议书》,旨在取代前述准则。该建议书结合电子商务的一些新发展等,提出了电子商务环境下消费者保护的八大原则。

(四)联合国贸易和发展会议

联合国贸易和发展会议致力于为广大发展中国家或转型经济体提供技术援助。联合国贸易和发展会议自 2000 年开始实施电子商务行动和法律改革计划,在国家和区域层面展开工作,援助措施主要包括立法支持和能力建设。前者侧重于修订法律和搭建区域法律框架,帮助发展中国家起草与区域和国际法律框架相协调的法律,讨论和完善法律框架草案,并在需要时为电子商务立法的区域性协调提供建议,以实现国际互操作性;后者则侧重于培养可持续的地方能力,通过为各国和各区域起草法律框架的立法者和政府官员提供培训,增强其对电子商务法律问题的了解及制定相关法律、政策的能力。该援助计划一直致力于帮助非洲、亚洲和拉丁美洲的发展中国家和区域建立电子商务法律制度,为统一电子商务立法及国际、区域协调做出了重要贡献。

其他国际组织也对跨境电子商务的国际立法进行过相关探索,但总体而言,目前电子商务多边层面的国际立法仍然较为落后。

二、区域组织的立法情况

由于多边机制的滞缓,世界各国开始寻求区域内的贸易合作,电子商务逐渐成为各区域谈判的主要议题之一。

(一)《跨太平洋伙伴关系协定》

发达国家主导下的"3T"谈判,对国际经贸规则的变革产生了深远影响。"3T"即《跨太平洋伙伴关系协定》(Trans-Pacific Partnership Agreement,TPP)、《跨大西洋贸易与投资伙伴协定》(Transatlantic Trade and Investment Partnership,TTIP)和《国际服务贸易协定》(Trade Iin Service Agreement,TISA)。其中,TPP 协议谈判在 2015 年取得实质性突破,并于 2016 年正式签署,电子商务是该协定中的重要内容。尽管目前美国已正式退出 TPP,但 TPP 中的电子商务内容仍然对跨境电子商务国际规则的制定有着重要的借鉴意义。

根据美国贸易代表办公室之前公布的文本,TPP 协定单设第 14 章,对电子商务相关问题予以规制。在关税征收方面,TPP 继续沿袭美国一贯的"零关税"立场,协定第 14.3 条直接提出"零关税"政策,规定"任何一方不得对电子传输征收关税,包括通过电子方式传输的内容。但不排除缔约方针对该内容以与本协定一致的方法征收国内税收或费用"。TPP 也十分重视数据和信息的跨境自由流动,强调以保证全球数据信息的自由流动为原则,但规定了"合法公共政策目标"例外,为防止例外被滥用又规定了两个限制条件,即:采取的措施及其方式不得构成任意或不合理的歧视,或对贸易形成变相限制;对信息流动施加的限制亦不得超过实现目的所需要的程度(第 14.11 条)。与传统规则相比,这一规定的自由化程度之高让诸多发展中国家望而却步。此外,TPP进一步强调了数字产品的非歧视待遇,规定缔约一方向另一方提供的数字产品待遇不得低于其他同类数字产品的待遇(第14.4条);并强化了网上消费者保护,要求各缔约方同意实施并维持消费者保护的有关法律,禁止对网上消费者造成损害或有潜在损害的欺诈行为,制止电子商业信息的单方面推送(即商家向消费者发送)等(第14.8条,第14.14条)。值得一提的是,TPP还对国内监管的便利化提出了相应要求。协定规定,各缔约方国内电子交易法律框架应当与联合国《电子商务示范法》及《国际合同使用电子通信公约》确立的原则相一致。各方应努力避免任何不必要的电子交易监管负担,并在电子交易法律框架的发展过程中为利害关系人提出建议提供便利(第14.5条)。TPP中有关电子商务的内容还对无纸化、电子认证和电子签名、国际合作等方面做出了一系列规定。总体而言,TPP在高标准和自由化程度上有了新的突破,引领着国际经贸规则优化和变革的新趋势。

TTIP谈判虽然前途未卜,但已有的谈判文本中包含了电子商务的相关内容,包括数字产品的非歧视待遇、电子认证、网络服务、电子商务中的消费者保护问题等。

(二)《区域全面经济伙伴关系协定》

2020年11月15日,中国、日本、韩国、澳大利亚、新西兰和东盟十国正式签署了《区域全面经济伙伴关系协定》(Regional Comprehensive Economic Partnership,RCEP),标志着当前世界上人口最多、经贸规模最大、最具发展潜力的自由贸易区正式启航。该协定由20章组成,涉及数字贸易规则的章包括电子商务、服务贸易、投资、知识产权等,主要内容涵盖促进无纸化贸易、推广电子认证和电子签名、保护电子商务用户个人信息、保护在线消费者权益等,并在数据跨境流动、计算设施位置等重要议题上达成共识,为数字贸易的发展创造了有利的环境。

RCEP 中的数字贸易规则旨在促进贸易便利化。RCEP 致力于让各缔约方实施无纸化贸易与承认电子签名的法律效力,但并未强制要求,实际上是考虑各缔约方的真实处境,如柬埔寨、老挝实施无纸化贸易可能会存在一定困难。RCEP 电子商务章第 15 条第 1 款仅对关税做出规定,即各缔约方不对缔约方之间的电子传输征收关税。该条第 5 款未阻止各缔约方征收其他数字税,这或许是由于各缔约方对数字税的主张不同。RCEP 在电子商务领域建立了一个利益相关方对话机制,把数字领域未达成的共识或较为重要的内容纳入其中,如数字产品待遇、源代码保护、金融服务数据跨境流动及计算设施的位置等重要议题。

RCEP 中的数字贸易规则注重数据安全与网络安全。RCEP 规定数据跨境流动和金融服务数据跨境流动必须出于商业行为和日常营运目的,并且这两项条款考虑了各缔约方之间的监管差异,附加了监管机构可以出于基本安全利益或审慎原因对数据跨境流动加以监管等要求。RCEP 认识到法律是个人隐私保护的重要保障,要求各缔约方参考国际标准、准则等制定保护个人信息的法律框架。同时,该条款要求各缔约方从两个方面(即个人和企业)公布个人信息保护的相关信息,包括企业如何遵守法律要求的事前措施和个人如何寻求救济的事后措施。RCEP 还规定企业应该公布其保护个人信息的政策和程序,向消费者表明该企业已经建立良好的数据管理规范。RCEP 充分考虑了各国监管政策的差异,要求不得将数据存储本地化作为进入该国市场进行商业行为的条件,同时规定各缔约方可以基于公共政策目标和安全利益强制数据存储本地化。RCEP 强调网络安全的重要性,建议加强各自国内的计算机安全主管部门能力建设和各缔约方之间的合作。

三、主要国家和地区的立法情况

(一)美 国

美国跨境电子商务出口额居于世界首位,跨境电子商务进口额居世界第二位。它是跨境电子商务的积极倡导者、实践者和推动者。美国拥有完善的电子商务法律体系,其包括《互联网商务标准》《电子签名法》《网上电子支付安全标准》《统一商法典》和《统一计算机信息交易法》等。同时,美国通过《全球电子商务纲要》确立了发展跨境电子商务的五大原则(互联网独特性质、企业主导、政府规避不恰当限制、政策可预测、全球视野),通过将《关于电子商务的宣言》推广到 WTO 等举措来积极主导建立跨境电子商务的国际规则。

跨境电子商务的成功有赖于安全可靠的支付系统满足互联网媒介的特定需求,这是美国联邦政府在《互联网商务标准》中提出的观点。而所谓可靠的支付系统的着眼点是:①保护消费者免遭欺诈;②保护知识产权免受侵权;③保护个人隐私;④确保竞争和鼓励曝光。

在电子商务物流方面,美国采用分别立法模式,对物流业务的不同环节分别立法,实现整体管制。在宏观管理方面,美国以市场法律规则为主,行政政策和政府措施规划为辅,同时在法律上放宽物流行业的准入标准,更注重对行业的运行规范进行管理。相关的法律主要有《协议费率法》《汽车承运人规章制度改革和现代化法案》《斯塔格斯铁路法》《机场航空改善法》《卡车运输业规章制度改革法案》等,推动物流行业向"自由市场体系"靠近。

在个人隐私保护方面,根据《互联网个人隐私法案》,为保证提供恰当的保护并使国际社会不同的隐私政策不妨碍网络数据交流,美国希望采取"双层个人隐私战略",同主要贸易伙伴依据个人隐私原则讨论制定基于市场的个人隐私对策。比如美国在个人隐私问题上倾向于企业进行行业自律,自行保护客户的个人隐私,明确反对在个人隐私领域用成文法来规范电子商务企业的作为,防止企业的自主性和灵活性受到法律破坏,然而国际社会对个人隐私的保护都有明确且严格的法律规定,如此一来,美国公司进入别国开展电子商务就会遇到法律壁垒。此外,美国白宫发布了《国家网络空间可信身份国家战略》,其目的是调和身份认证和隐私保护存在的矛盾,希望建立一个由国防部主导的身份生态认证系统,让用户在可信状态下使用在线业务,同时控制身份认证中需要的个人信息。

(二)欧　盟

1997 年 4 月,欧洲委员会提出《欧盟电子商务行动方案》,确定了建立电子商务法律框架的四项原则。1997 年 7 月,欧洲各国在伯恩召开了欧洲电信部长级会议,通过了支持电子商务发展的部长宣言,明确指出尽量减少不必要的限制,帮助民间企业自主发展并促进互联网经济。2000 年 5 月,欧洲议会通过了《电子商务指令》,旨在全面规范电子商务市场、电子交易、电子商务服务提供者的责任等电子商务相关事宜,保障了电子商务的在线服务能够在共同体内被自由地提供。以上 3 个文件为欧盟的电子商务行业发展构建了一个较为完善的框架。2002 年,英国根据欧盟的《电子商务指令》形成了《电子商务条例》,该条例对跨境电子商务主体做出了规范。德国作为大陆法系的代表国家,法律体系完备健全,虽然至今未出台一部统一的电子商务法律,但涉及电子商务的法律法规名目繁多,包罗万象。德国根据欧盟的《电子商务指令》修订并推出了新《民法典》,以"特殊营销形式"为专题对电子商务进行专门的阐述。在其后颁布的一系列重要法律中,最重要的是《电信媒体法》,其是《电子商务交易统一法案》的第一章。

欧盟的《消费者金融服务远程销售指令》规范了消费者金融服务各方面,同时欧盟还出台了《关于电子货币机构业务开办、经营与审慎监管的指令》及修改补充的《2000/28/EC 指令》。德国有良好的商业环境和信用传统,其对在线支付和跨境电子商务的资金流转问题并没有专门的法律予以管辖;就在线支付等方式会导致的信息安全问题和金融隐患,德国公布了《电子签名框架条件法》及配套的《电子签名条例》,以提高电子支付的安全性。

在物流配送领域,欧盟高度重视作为欧洲经济发展和创新引擎之一的中小企业的重要作用,发布了《欧洲电子商务发展统一包装配送市场绿皮书》《欧盟邮政指令》及《技术协调与标准化新方法》。

欧盟的 SI 2000/2334 号《远程销售条例》在消费者权利保护方面

做出了相关规定。2000年,英国针对网络销售新情况制定了新版本的《消费者保护(远程销售)规章》。

在电子信息安全方面,欧盟出台了《数据保护指令》和第2002/58/EC号《电子通信行业个人数据处理与个人隐私保护指令》。英国的《数据保护法》《信息自由法》《隐私和电子通信条例》和德国的《电信媒体法》都对个人信息安全保护做出了相关规定。

(三)澳大利亚

1999年,澳大利亚以联合国国际贸易法委员会发布的《电子商务示范法》为蓝本,颁布了《电子交易法》。该法在跨境电子商务主体方面遵循"技术中立"和"功能等价"两个原则。《电子交易法》第十条规范了电子签名的使用,同样奉行"技术中立"原则。《支付系统监管法》是澳大利亚在支付领域的纲领性法案,该法确认了澳大利亚联邦储备委员会(后简称"澳联储")对国内的支付系统具有充分的管辖权,澳联储的出发点是管控系统风险、提高效率和促进竞争,该法授予澳联储充分的权力,澳联储可以为了公众利益指定某一支付系统作为国家的支付系统,同时也有权为支付服务制定准入标准和行业规范。澳大利亚出台的《电子资金划拨指导法》,规范了电子支付金融机构及其业务。澳大利亚对个人信息的保护方面体现在《隐私法》上,该法涵盖了个人信息的收集、使用、存储等方面的规范。《隐私法》所保护的个人信息是指一切可以用来识别个人身份的信息,而且不论这些信息的真伪及是否被记录存档。

(四)韩　国

从1999年开始,韩国陆续颁布了《电子商务框架法》《电子签名法》《电子商务用户保护指南》等多项法律法规,为电子商务的发展和应用提供了法律保障。韩国出台的《电子交易基本法》和《电子署名法》等有关电子商务的基本法案,对电子商务的概念进行了初步界定。在交易环境方面,韩国制定和颁布了《电子金融基本法》,其原因是政府认识到亟须一个稳定的网络金融环境以支持电子商务的迅速发展。越来越大的互联网金融隐患也对进一步加强网上金融环境的建设提出了要求,韩国政府试图通过该法建立一个基本金融框架来规范电子交易的各方面。在物流上,韩国以第三方物流独大为特点。韩国政府实施"综合物流业认证制度",其目的是进一步发展物流行业的优势,并为企业发展提供制度保障。在政策优惠方面,韩国政府提出了一些鼓励和扶持物流企业发展的政策措施,主要是关于税收优惠和物流企业财政融资支持的。韩国对个人信息的立法保护,主要体现在早期的《个人信息保护法》和《信息通信促进法》上。随着网络的快速发展和电子商务的崛起,消费者在信息保护方面的需要越来越迫切,韩国修订了《信息通信交流网络的使用和信息通信保护法》,对个人信息安全进行了一系列细致规定。在知识产权保护方面,韩国没有出台专门法律以约束跨境电子商务领域发生的知识产权侵权行为,不过在具体判案中沿用《防止不正当竞争及保护营业秘密法》的已有条款,承认在互联网领域的商标和域名同样具有知识产权属性,侵犯以上两者的合法权益,如抄袭、冒用或者将域名注册为商品商标,视为知识产权侵权,并予以相应的惩罚。

(五)日 本

日本电子商务促进委员会发布的交叉认证指南规定了从业者证书认证的方式,承认不同行业或区域的证书可以交叉互认。日本在《电子签名与认证服务法》中规范了用户的认证和交易双方电子签名的使用。在交易环境方面,日本商业的信用状况较好,电子交易和在线支付呈现良性循环的状况,较少出现严重的纠纷或者问题,因此日本政府对跨境电子商务金融环境的立法主要着眼于改善整体金融环境,放松限制,降低成本,增强跨境电子商务的竞争力。日本在物流方面的立法采取两部制的模式:一方面,制定综合性的物流发展政策,对物流业进行整体指导;另一方面,制定专门性法规对具体环节进行调整,比如有关物流据点规划的立法、运输业的立法、绿色物流的立法。

在综合性法规方面,日本有物流产业纲领性文件《综合物流施政大纲》,对现代物流产业再定位。在专门性法规方面,日本有《流通业务城市街道整备法》《汽车终端站场法》《货物汽车运输事业法》《货物运输经营事业法》《港口运输事业法》等,一系列的法律放松了对物流行业的管制,促进了现代物流业的迅速崛起。日本对个人信息的保护体现在《电子签名与认证服务法》之中,该法的第十一条和第十二条规定,机构必须按照有关部门的法律法规制作与认证服务有关的账册和记录并妥善保管,因工作需要而获得的个人信息,只能用于服务,不得未经用户同意用于其他方面,也不得向第三方泄露。此外,日本的《电子商务与信息交易准则》规定,网络交易平台经营者必须保存网络交易记录至少一年,其目的是防止商家在网络上销售盗窃物品或者遗失物品,并防止不法分子销赃。在专利保护方面,日本将电子商务的业态创新和商业软件视作与计算机软件相关的一种发明形式,为了将其与传统的专利保护协调起来,日本修改了《著作权法》《专利法》《外观设计法》和《商标法》等一系列法律的相关条款,将在跨境电子商务环境中产生的新类型的知识产权纳入日本专利法律体系的保护之下。

(六)新加坡

1998年,新加坡颁布了《新加坡电子交易法》(或称《电子交易法》)。该法是一部内容比较全面和完善的专门法律,它采纳了联合国国际贸易法委员会发布的《电子商务示范法》的绝大部分条文,并规定了许多后者未涉及的内容。新加坡是第一个出台电子商务法律的东南亚国家,电子交易法的出台为新加坡成为一个可信的电子商务区打下了基础。

第三节　中国跨境电子商务法律法规探索

本节思维导图

2012 年,随着电子信息技术和经济全球化的发展,中国跨境电子商务得到初步发展。我国跨境电子商务的发展离不开各项利好政策的支持,国务院办公厅、国家发展和改革委员会、商务部、原国家质量监督检验检疫总局、海关总署、国家外汇管理局、国家税务总局等部门相继出台多项政策文件,引导和规范跨境电子商务发展。

随着我国跨境电子商务的发展,其政策制定呈现出明显的阶段性特征。综合考虑我国跨境电子商务政策阶段性特点及关键政策发布节点,可将我国跨境电子商务政策发展过程划分为前期探索阶段、调整过渡阶段、成熟推广阶段。

一、第一阶段:前期探索阶段

2012 年,传统进出口贸易情况不容乐观,而利用邮政进出口货物的模式却发展得如火如荼。出口方面表现为外贸电子商务,即利用亚马逊、eBay 等平台将产品销售到海外;进口方面表现为海淘代购,即从国外网站或实体店购买商品邮寄回国内销售。政府相关部门注意到跨境电子商务的发展趋势,开始出台试点和扶持政策,见表 1-1。这一阶段,征税方式是按照个人物品征税,即行邮税。在监管方式上,各地监管政策不一。

表 1-1　2012—2016 年政府部门制定的部分跨境电子商务政策

时间	部门	名称	主要内容
2012 年 3 月	商务部	《关于利用电子商务平台开展对外贸易的若干意见》(商电发〔2012〕74 号)	积极推动解决利用电子商务平台开展对外贸易过程中的通关、退税、融资、信保等政策性问题

续　表

时间	部门	名称	主要内容
2012 年 5 月	国家发展改革委办公厅	《关于组织开展国家电子商务示范城市电子商务试点专项的通知》（发改办高技〔2012〕1137 号）	由海关总署组织有关示范城市开展跨境电子商务服务试点工作,批准上海、杭州、重庆、郑州和宁波作为第一批试点城市
2013 年 2 月	国家外汇管理局	《关于开展支付机构跨境电子商务外汇支付业务试点的通知》（汇综发〔2013〕5 号）	决定在上海、北京、重庆、浙江、广东、深圳等地开展试点支付机构跨境电子商务外汇支付业务
2013 年 7 月	国务院办公厅	《关于促进进出口稳增长、调结构的若干意见》（国办发〔2013〕83 号）	积极研究以跨境电子商务方式出口货物（B2C/B2B 等方式）所遇到的海关监管、退税、检验、外汇收支、统计等问题,完善相关政策
2013 年 8 月	国务院办公厅	《关于实施支持跨境电子商务零售出口有关政策的意见》（国办发〔2013〕89 号）	提出跨境电子商务出口七条扶持政策
2013 年 10 月	商务部	《关于促进电子商务应用的实施意见》（商电函〔2013〕911 号）	探索发展跨境电子商务企业对企业（B2B）进出口和个人从境外企业零售进口（B2C）等模式,加快跨境电子商务物流、支付、监管、诚信等配套体系的建设
2013 年 12 月	财政部、国家税务总局	《关于跨境电子商务零售出口税收政策的通知》（财税〔2013〕96 号）	明确跨境电子商务零售出口的退税政策、条件
2014 年 1 月	海关总署	《关于增列海关监管方式代码的公告》（总署公告〔2014〕12 号）	增列海关监管方式,代码"9610",全称"跨境贸易电子商务",简称"电子商务",适用于境内个人或电子商务企业通过电子商务交易平台实现交易,并采用"清单核放、汇总申报"模式办理通关手续的电子商务零售进出口商品

续　表

时间	部门	名称	主要内容
2014 年 3 月	海关总署	《关于跨境贸易电子商务服务试点网购保税进口模式有关问题的通知》(署科函〔2013〕59 号)	明确网购保税进口模式中的试点进口商品范围、购买金额、数量、征税、企业管理等问题
2014 年 7 月	海关总署	《关于跨境贸易电子商务进出境货物、物品有关监管事宜的公告》(总署公告〔2014〕56 号)	进一步明确了跨境电子商务进出境货物、物品通关管理、监管流程
2014 年 7 月	海关总署	《关于增列海关监管方式代码的公告》(总署公告〔2014〕57 号)	增列海关监管方式，代码"1210"，全称"保税跨境贸易电子商务"，简称"保税电商"
2015 年 1 月	国家外汇管理局	《关于开展支付机构跨境外汇支付业务试点的通知》(汇发〔2015〕7 号)	在全国范围内开展支付机构跨境外汇支付业务
2015 年 5 月	国家质检总局	《关于进一步发挥检验检疫职能作用促进跨境电子商务发展的意见》	提出建立跨境电子商务清单管理制度，构建跨境电子商务风险监控和质量追溯体系，创新跨境电子商务检验检疫监管模式
2015 年 6 月	国家质检总局	《关于加强跨境电子商务进出口消费品检验监管工作的指导意见》(国质检检〔2015〕250 号)	提出建立跨境电子商务进出口消费品监管新模式，建立跨境电子商务消费品质量安全风险监测机制，建立跨境电子商务消费品质量安全追溯机制，明确跨境电子商务企业的质量安全主体责任，建立跨境电子商务领域打击假冒伪劣工作机制

续　表

时间	部门	名称	主要内容
2015 年 6 月	国务院办公厅	《关于促进跨境电子商务健康快速发展的指导意见》(国办发〔2015〕46 号)	为促进我国跨境电子商务健康快速发展,提出十二点意见
2015 年 12 月	财政部、国家税务总局	《关于中国(杭州)跨境电子商务综合试验区出口货物有关税收政策的通知》(财税〔2015〕143 号)	对中国(杭州)跨境电子商务综合试验区企业出口未取得合法有效进货凭证的,同时符合一定条件的货物,在 2016 年 12 月 31 日前试行增值税免税政策
2016 年 1 月	国务院	《关于同意在天津等 12 个城市设立跨境电子商务综合试验区的批复》(国函〔2016〕17 号)	同意在天津、上海、重庆、合肥、郑州、广州、成都、大连、宁波、青岛、深圳、苏州等 12 个城市设立跨境电子商务综合试验区,至此全国共有 13 个跨境电子商务综合试验区

二、第二阶段：调整过渡阶段

2016 年 4 月 8 日,我国对跨境零售(B2C)进口商品实行了新税制,行业称为"四八行政"。这一阶段,在征税方式上,国家做了重大调整,按照一般贸易进口征税的思路,把此前的行邮模式切换到跨境电子商务综合税模式,包含关税、增值税和消费税。对监管方式的要求是执行通关单及首次进口的各项批件。但这一监管方式在一个月后就被紧急暂缓执行,发生了 3 次延期。通过在部分城市的集中调研,结合此前的试点反馈,政府明晰了监管思路。在征税方式方面,政府延续此前的跨境电子商务综合税。在监管方式方面,政府明确提出"暂按个人物品监管"。这一时期的具体政策见表 1-2。

表 1-2 2016—2018 年政府部门制定的部分跨境电子商务政策

时间	部门	名称	主要内容
2016 年 3 月	财政部、海关总署、国家税务总局	《关于跨境电子商务零售进口税收政策的通知》(财关税〔2016〕18 号)	明确跨境电子商务零售进口商品按照货物征收关税和进口环节增值税、消费税。跨境电子商务零售进口商品的单次交易限值为 2000 元,个人年度交易限值为 20000 元。在限值以内进口的跨境电子商务零售进口商品,关税税率暂设为 0%;进口环节增值税、消费税取消免征税额,暂按法定应纳税额的 70% 征收
2016 年 4 月	财政部等 11 个部门	《跨境电子商务零售进口商品清单》	公布第一批和第二批跨境电子商务零售进口商品清单
2016 年 4 月	海关总署	《关于跨境电子商务零售进出口商品有关监管事宜》	出口采取"清单核放、汇总申报"方式办理报关手续,进口采取"清单核放"方式办理报关手续
2016 年 12 月	海关总署	《关于增列海关监管方式代码的公告》	增列海关监管方式,代码"1239",全称"保税跨境贸易电子商务 A",简称"保税电商 A"
2016 年 12 月	海关总署	《关于加强跨境电子商务网购保税进口监管工作的通知》(署加发〔2016〕246 号)	网购保税进口业务海关监管中的有关事宜
2017 年 10 月	商务部等 14 个部门	《关于复制推广跨境电子商务综合试验区探索形成的成熟经验做法的函》(商贸函〔2017〕840 号)	将跨境电子商务线上综合服务和线下产业园区"两平台"及信息共享、金融服务、智能物流、风险防控等监管和服务"六体系"等成熟做法面向全国复制推广
2018 年 4 月	海关总署	《关于规范跨境电子商务支付企业登记管理》(总署公告〔2018〕27 号)	验核跨境电子商务支付企业资质
2018 年 7 月	国务院	《关于同意在北京等 22 个城市设立跨境电子商务综合试验区的批复》(国函〔2018〕93 号)	同意在北京市等 22 个城市设立跨境电子商务综合试验区

续　表

时间	部门	名称	主要内容
2018 年 8 月	全国人民代表大会常务委员会	《中华人民共和国电子商务法》	第二十六条规定电子商务经营者从事跨境电子商务,应当遵守进出口监督管理的法律、行政法规和国家有关规定
2018 年 11 月	海关总署	《关于实时获取跨境电子商务平台企业支付相关原始数据有关事宜的公告》（总署公告〔2018〕179 号）	要求参与跨境电子商务零售进口业务的跨境电子商务平台企业向海关开放支付相关原始数据,供海关验核

三、第三阶段：成熟推广阶段

这一阶段,在征税方面,继续保持不变。然而在监管方式上,政策明确规定对跨境电子商务零售"按个人物品监管"。政策明确规定了禁止二次销售及非保税区的线下自提业务,同时对正面清单进行了调整扩充,年度限额和单笔限额也得到了提升。此外,试点区域也进一步得到扩充。这一时期的具体政策见表 1-3。

表 1-3　2018—2021 年政府部门制定的部分跨境电子商务政策

时间	部门	名称	主要内容
2018 年 11 月	商务部等 6 部门	《关于完善跨境电子商务零售进口监管有关工作的通知》（商财发〔2018〕486 号）	对跨境电子商务零售进口商品按个人自用进境物品监管,不执行有关商品首次进口许可批件、注册或备案要求,跨境电子商务平台须建立消费纠纷处理和消费维权自律制度,履行先行赔付责任
2018 年 11 月	财政部、海关总署、税务总局	《关于完善跨境电子商务零售进口税收政策的通知》（财关税〔2018〕49 号）	将跨境电子商务零售进口商品的单次交易限值由 2000 元提高至 5000 元,年度交易限值由 20000 元提高至 26000 元,年度交易总额超过年度交易限值的,应按一般贸易管理

时间	部门	名称	主要内容
2018 年 12 月	海关总署	《关于跨境电子商务零售进出口商品有关监管事宜的公告》（总署公告〔2018〕194号）	对跨境电子商务主体的企业管理、通关管理、税收征管、场所管理、检疫管理和退货管理等做出明确规定
2019 年 2 月	国家邮政局、商务部和海关总署	《关于促进跨境电子商务寄递服务高质量发展的若干意见（暂行）》（国邮发〔2019〕17号）	促进跨境寄递服务高质量发展，保障寄递安全，改进用户体验，降低物流成本，维护公平竞争
2019 年 12 月	国务院	《关于同意在石家庄等 24 个城市设立跨境电子商务综合试验区的批复》（国函〔2019〕137号）	同意在石家庄市等 24 个城市设立跨境电子商务综合试验区
2020 年 1 月	商务部等 6 部门	《关于扩大跨境电商零售进口试点的通知》（商财发〔2020〕15号）	将石家庄等 50 个城市（地区）和海南全岛纳入跨境电子商务零售进口试点范围
2020 年 3 月	海关总署	《关于全面推广跨境电子商务出口商品退货监管措施有关事宜的公告》（总署公告〔2020〕44号）	决定全面推广跨境电子商务出口商品退货监管措施
2020 年 4 月	国务院	《关于同意在雄安新区等 46 个城市和地区设立跨境电子商务综合试验区的批复》（国函〔2020〕47号）	同意在雄安新区等 46 个城市和地区设立跨境电子商务综合试验区
2020 年 6 月	海关总署	《关于开展跨境电子商务企业对企业出口监管试点的公告》（总署公告〔2020〕75号）	增列海关监管方式，代码"9710"，全称"跨境电子商务企业对企业直接出口"，简称"跨境电子商务 B2B 直接出口"，适用于跨境电商 B2B 直接出口的货物；增列海关监管方式，代码"9810"，全称"跨境电子商务出口海外仓"，简称"跨境电商出口海外仓"，适用于跨境电子商务出口海外仓的货物

续　表

时间	部门	名称	主要内容
2021 年 5 月	国务院	《关于同意在河南省开展跨境电子商务零售进口药品试点的批复》（国函〔2021〕51 号）	同意在河南省开展跨境电子商务零售进口药品试点

拓 展 阅 读

《中华人民共和国电子商务法》对规范跨境电商的作用和意义

《中华人民共和国电子商务法》（本部分以下简称《电子商务法》）开了我国电子商务立法的先河，对世界范围内的电子商务立法具有示范意义。《电子商务法》在促进跨境电子商务发展方面做了宏观的、宣示性的规定，但对跨境电子商务管理尤其是进出境管理方面缺乏基本规定和具体规定，不具备实践操作指导性，对规范跨境电子商务的作用有限，实践中突出的问题依然存在。建议有关部门尽快启动针对跨境电子商务进出境监督管理的立法。

2018 年 8 月 31 日，第十三届全国人大常委会第五次会议通过了《电子商务法》。各界对其给予了充分的肯定，归纳出了所谓五大亮点、十大亮点等等。当然在法律出台后，对相关问题也继续存在着诸多的争议，比如第三十八条规定的平台责任，我们相信这些争议在今后的实践中还会更加突出和强烈。

《电子商务法》出台后，有评论认为，对跨境电子商务的规范是此次立法的亮点之一，自此跨境电子商务有了法律上的基本规定和行为规范。对此，我们认为需要谨慎客观地评论。

一、总体评述

通览《电子商务法》全文，其核心还是规范电子商务经营者，尤其是明确电子商务平台经营者的法律责任问题，从某个角度讲，可以将《电子商务法》视为电子商务（或电子商务经营者）管理法。这部法律的根本亮点就是能够整合电子商务的相关问题,在现有法律规定的基础上,做出一个整体性的规定,在世界范围内开了电子商务立法的先河。但就法律本身的具体内容而言,包括一些被列为亮点的内容,笔者觉得这些亮点还不够亮。有些亮点本身就存在争议,有些能否落实、落实的效果还需要时间检验。比如,关于电子商务平台经营者的法律责任问题,《电子商务法》使用的是"相应责任"的字眼,而不是法律上的专门术语,还要靠其他的具体法律规定来甄别、细化,这导致这部法律一出台就产生了巨大的争议,将来的行政执法和司法裁决中也必然存在不确定性和执行困难,笔者认为这不是一个立法应有的理想状态。再比如,关于知识产权保护的问题,《电子商务法》中的相关规定在现行的法律规范中都已有所体现,算不上创新。再比如,关于对所有电子商务经营者征税的问题,实践中如何落实及落实的社会效果如何,需要时间检验。

二、跨境电子商务方面的规定是亮点也是缺憾

也有人将对跨境电子商务的规范作为《电子商务法》的一大亮点。对此,笔者持两个基本意见。一方面,我国跨境电子商务确实存在立法缺失,不光在法律、行政法规的层面上存在缺失,就连海关总署等管理部门的行政规章也没有。目前实践中能见到的就是国务院的一些政策性规定和海关总署等部门的一些公告,行政管理规范严重缺失。从这个方面讲,电子商务立法对跨境电子商务进行规范,确实是一个标志性事件。另一方面,《电子商务法》中对跨境电子商务的规范是框架式的、笼统的,没有具体详细的规定,不具备任何的可操作性。实践中的难题没有真正得到解决。

三、与跨境电子商务相关的条款

具体看,《电子商务法》中,直接提到跨境电子商务的法条有4条:

一条是在第二章"电子商务经营者"中,第二十六条规定,电子商务经营者从事跨境电子商务,应当遵守进出口监督管理的法律、行政法规和国家有关规定。

另外三条是在第五章"电子商务促进"中,其中第七十一条规定,

国家促进跨境电子商务发展，建立健全适应跨境电子商务特点的海关、税收、进出境检验检疫、支付结算等管理制度。……国家支持小型微型企业从事跨境电子商务。第七十二条规定，国家进出口管理部门应当推进相关的服务和监管体系建设。第七十三条规定，国家推动建立与不同国家、地区之间跨境电子商务的交流合作，推动建立与不同国家、地区之间的跨境电子商务争议解决机制。

四、跨境电子商务法律规范中的核心问题分析

就跨境电子商务本身来讲，其规范可以分为两个方面：一方面，与普通的电子商务相通的部分，适用《电子商务法》不存在问题；另一方面，跨境电子商务本身独有的问题，需要单独的、专门的规范。

跨境电子商务这些独有的问题，又体现为民商事法律问题和行政管理法律问题两类。就跨境电子商务民商事法律问题而言，如果跨境电子商务列入了《电子商务法》的规范范畴，就这些问题可以直接适用《电子商务法》。但有的问题是不能纳入《电子商务法》调整范围（或不确定能否纳入）的。我们知道，电子商务一个根本特性就是全球化，局限在一国之内的电子商务很少见，也不是电子商务发展的趋势。现在大型的电子商务平台和其经营者基本上都是在全球范围内经营。《电子商务法》第二条规定："中华人民共和国境内的电子商务活动，适用本法。"这如何理解，非常关键。正如我们之前所分析的，目前电子商务都存在着全球化的情况，如何理解电子商务活动在中国境内？是电子商务经营者注册在中国境内，是电子商务经营平台在中国境内，还是电子商务的交易行为全部或部分发生在中国境内，抑或只要一方主体在中国境内即可？比如中国消费者在国外电子商务平台上购买商品的行为，算不算中国境内的电子商务活动？这一条法律需要解释。根据上下文，我们也可以做一个推断，立法者的本意应该是局限在电子商务经营者、电子商务平台经营者在中国的范畴之内。如果是这样的话，那么大量的跨境电子商务行为将被排除在《电子商务法》的规范之外。

就跨境电子商务的行政管理问题而言，这里专指其特有的进出境

监督管理问题。实践中跨境电子商务存在的最为突出的问题就是海关、税务、外汇等部门的监督管理问题。如何确定跨境电子商务平台销售商品的性质,是货物还是个人物品,如何设定通关模式,如何办理通关手续,如何征收税款,如何办理出口退税,如何办理外汇进出境等,对管理部门和跨境电子商务经营者、消费者来讲都是需要明确的问题。否则,必然会带来不确定性,从而对跨境电子商务带来消极影响,实践中也确实产生和存在着大量的问题。《电子商务法》对上述内容几乎没有涉及,只有一些原则性的、宏观的、宣言性的规定,对社会实际需求而言是远远不够的。

当然我们对此也表示理解。一方面是源于此次立法的重点不在于此,另一方面是跨境电子商务进出境监管方面的相关问题还存在一些争议,有待厘清。

五、结论与展望

综上,《电子商务法》对跨境电子商务,尤其是对跨境电子商务进出境管理方面,只是做出了宏观的宣示性规定,具体问题几乎没有涉及,对实践指导意义有限。但我们希望也相信,《电子商务法》能够推动和促进跨境电子商务立法的完善。

（资料来源：德恒律师事务所｜《中华人民共和国电子商务法》对规范跨境电商的作用和意义）

本章小结

跨境电子商务是指分属不同关境的交易主体,通过电子商务平台达成交易、进行支付结算,并通过跨境物流送达商品、完成交易的一种国际商业活动。从交易主体类型上看,跨境电子商务可以分为 B2B 模式、B2C 模式、C2C 模式等,由于语言门槛、社交软件和物流时效的局限性,目前主要以 B2B 和 B2C 模式为主。跨境电子商务具有全球性、多边化、即时性和可追踪性的特征。

国际组织颁布了《电子商务示范法》《电子签名示范法》等示范法,

为各国制定更为具体的国内法及其他使用者适用法规提供了指导和帮助。美国、欧盟、澳大利亚、韩国、日本和新加坡等先后结合本国或本地区实际制定了跨境电子商务相关的法律法规。

综合考虑我国跨境电子商务政策阶段性特点及关键政策发布节点,可将我国跨境电子商务政策发展过程划分为前期探索阶段、调整过渡阶段、成熟推广阶段。

思考题

1.简述跨境电子商务和传统国际贸易的区别和联系。

2.简述跨境电子商务的分类模式及代表企业。

3.概述我国跨境电子商务政策的发展阶段及核心内容。

第二章
跨境电子商务主体和合同法律法规

学 习 目 标

1. 掌握跨境电子商务的主体构成。
2. 了解跨境电子商务企业的责任与义务。
3. 明确电子合同和其法律效力。
4. 了解电子签名和电子认证。

第一节　跨境电子商务主体的法律法规

本节思维导图

一、跨境电子商务的参与主体

跨境电子商务的参与主体主要包括跨境电子商务企业、跨境电子商务企业境内代理人、跨境电子商务平台企业、境内外服务商和消费者等。

跨境电子商务企业是指自境外向境内消费者销售跨境电子商务零售进口商品的境外注册企业(不包括在海关特殊监管区域或保税物流中心内注册的企业),或者境内向境外消费者销售跨境电子商务零售出口商品的企业,为商品的货权所有人。

跨境电子商务企业境内代理人是指开展跨境电子商务零售进口业务的境外注册企业所委托的境内代理企业,由其在海关办理注册登记,承担如实申报责任,依法接受相关部门监管,并承担民事责任。

跨境电子商务平台企业是指在境内办理工商登记,为交易双方(消费者和跨境电子商务企业)提供网页空间、虚拟经营场所、交易规则、信息发布等服务,设立供交易双方独立开展交易活动的信息网络系统的经营者。

支付企业是指在境内办理工商登记,接受跨境电子商务平台企业或跨境电子商务企业境内代理人委托为其提供跨境电子商务零售进口支付服务的银行、非银行支付机构及银联等。

物流企业是指在境内办理工商登记,接受跨境电子商务平台企业、跨境电子商务企业或其代理人委托为其提供跨境电子商务零售进出口物流服务的企业。

消费者(订购人)是指跨境电子商务零售进口商品的境内购买人。

跨境电子商务通关服务平台是指由电子口岸搭建,实现企业、海关及相关管理部门之间数据交换与信息共享的平台。

二、跨境电子商务的主体资质

2018 年 8 月 31 日下午,第十三届全国人大常委会第五次会议在北京召开,经过 3 次的公开征求意见,4 次审议,在会议上《中华人民共和国电子商务法》终于获得通过。新法一共 7 章 89 条,已于 2019 年 1 月 1 日正式实施。《中华人民共和国电子商务法》直接提到跨境电子商务的法条有 4 条,对跨境电子商务有了法律上的基本规定和行为规范。在第二章"电子商务经营者"中,第二十六条规定"电子商务经营者从事跨境电子商务,应当遵守进出口监督管理的法律、行政法规和国家有关规定"。

境内的跨境电子商务平台企业、物流企业、支付企业等参与跨境电子商务零售进口业务的企业,应当办理工商登记,依据海关报关单位注册登记管理相关规定,向所在地海关办理注册登记;境外跨境电子商务企业应委托境内代理人(即跨境电子商务企业境内代理人)向该代理人所在地海关办理注册登记。

物流企业应获得国家邮政管理部门颁发的《快递业务经营许可证》。直购进口模式下,物流企业应为邮政企业或者已向海关办理代理报关登记手续的进出境快件运营人。

支付企业为银行机构的,应具备银保监会或者原银监会颁发的《金融许可证》;支付企业为非银行支付机构的,应具备中国人民银行颁发的《支付业务许可证》,支付业务范围应当包括"互联网支付"。

参与跨境电子商务的企业应当事先向所在地海关提交以下材料:

1.企业法人营业执照副本复印件;

2.组织机构代码证书副本复印件(以统一社会信用代码注册的企业不需要提供);

3.企业情况登记表,具体包括企业组织机构代码或统一社会信用代码、中文名称、工商注册地址、营业执照注册号,法定代表人(负责人)姓名、身份证件类型、身份证件号码,海关联系人、移动电话、固定电话,跨境电子商务网站网址,等等。

企业按照前款规定提交复印件的,应当同时向海关交验原件。如需向海关办理报关业务,应当按照海关对报关单位注册登记管理的相关规定办理注册登记。

三、跨境电子商务主体的责任与义务

按照"政府部门、跨境电商企业、跨境电商平台、境内服务商、消费者各负其责"的原则,明确各方责任,实施有效监管。

(一)跨境电子商务企业

1.承担商品质量安全的主体责任,并按规定履行相关义务。应委托一家在境内办理工商登记的企业,由其在海关办理注册登记,承担如实申报责任,依法接受相关部门监管,并承担民事连带责任。

2.承担消费者权益保障责任,包括但不限于商品信息披露、提供商品退换货服务、建立不合格或缺陷商品召回制度、对侵害消费者权

益的赔付责任等。当发现相关商品存在质量安全风险或发生质量安全问题时,应立即停止销售,召回已销售商品并妥善处理,防止其再次流入市场,并及时将召回和处理情况向海关等监管部门报告。

3.履行对消费者的提醒告知义务,会同跨境电子商务平台在商品订购网页或其他醒目位置向消费者提供风险告知书,消费者确认同意后方可下单购买。告知书应至少包含以下内容:

(1)相关商品符合原产地有关质量、安全、卫生、环保、标识等标准或技术规范要求,但该标准或技术规范可能与我国的存在差异,消费者自行承担相关风险。

(2)相关商品直接购自境外,可能无中文标签,消费者可通过网站查看商品的中文电子标签。

(3)消费者购买的商品仅限个人自用,不得再次销售。

4.建立商品质量安全风险防控机制,包括收发货质量管理、库内质量管控、供应商管理等。

5.建立健全网购保税进口商品质量追溯体系,追溯信息应至少涵盖国外起运地至国内消费者的完整物流轨迹,鼓励向海外发货人、商品生产商等上游溯源。

6.向海关实时传输施加电子签名的跨境电子商务零售进口交易电子数据,可自行或委托代理人向海关申报清单,并承担相应责任。

(二)跨境电子商务平台

1.平台运营主体应在境内办理工商登记,并按相关规定在海关办理注册登记,接受相关部门监管,配合开展后续管理和执法工作。

2.向海关实时传输施加电子签名的跨境电子商务零售进口交易电子数据,并对交易真实性、消费者身份真实性进行审核,承担相应责任。

3.建立平台内交易规则、交易安全保障、消费者权益保护、不良信息处理等管理制度。对申请入驻平台的跨境电子商务企业进行主体身份真实性审核,在网站公示主体身份信息和消费者评价、投诉信息,并向监管部门提供平台入驻商家等信息。与申请入驻平台的跨境电子商务企业签署协议,就商品质量安全主体责任、消费者权益保障及本通知其他相关要求等方面明确双方责任、权利和义务。

4.对平台入驻企业中既有跨境电子商务企业,也有国内电子商务企业的,应建立相互独立的区块或频道为跨境电子商务企业和国内电子商务企业提供平台服务,或以明显标识对跨境电子商务零售进口商品和非跨境商品予以区分,避免误导消费者。

5.建立消费纠纷处理和消费维权自律制度,消费者在平台内购买商品,其合法权益受到损害时,平台须积极协助消费者维护自身合法权益,并履行先行赔付责任。

6.建立商品质量安全风险防控机制,在网站醒目位置及时发布商品风险监测信息、监管部门发布的预警信息等。督促跨境电子商务企业加强质量安全风险防控,当商品发生质量安全问题时,敦促跨境电子商务企业做好商品召回、处理,以及报告工作。对不采取主动召回处理措施的跨境电子商务企业,可采取暂停其跨境电子商务业务的处罚措施。

7.建立防止跨境电子商务零售进口商品虚假交易及二次销售的风险控制体系,加强对短时间内同一购买人、同一支付账户、同一收货地址、同一收件电话反复大量订购,以及盗用他人身份进行订购等非正常交易行为的监控,采取相应措施予以控制。

8.根据监管部门要求,对平台内在售商品进行有效管理,及时关闭平台内禁止以跨境电子商务零售进口形式入境商品的展示及交易页面,并将有关情况报送相关部门。

(三)境内服务商

1.在境内办理工商登记,向海关提交相关资质证书并办理注册登记。其中:提供支付服务的银行机构应具备银保监会或原银监会颁发的《金融许可证》,非银行支付机构应具备中国人民银行颁发的《支付业务许可证》,支付业务范围应包括"互联网支付";物流企业应取得国家邮政局颁发的《快递业务经营许可证》。

2.支付企业、物流企业应如实向监管部门实时传输施加电子签名的跨境电子商务零售进口支付、物流电子信息，并对数据真实性承担相应责任。

3.报关企业接受跨境电子商务企业委托向海关申报清单，承担如实申报责任。

4.物流企业应向海关开放物流实时跟踪信息共享接口，严格按照交易环节所制发的物流信息开展跨境电子商务零售进口商品的国内派送业务。对于发现国内实际派送与通关环节所申报物流信息(包括收件人和地址)不一致的，应终止相关派送业务，并及时向海关报告。

(四)消费者

1.为跨境电子商务零售进口商品税款的纳税义务人。跨境电子商务平台、物流企业或报关企业为税款代扣代缴义务人，向海关提供税款担保，并承担相应的补税义务及相关法律责任。

2.购买前应当认真、详细阅读电子商务网站上的风险告知书内容，结合自身风险承担能力做出判断，同意告知书内容后方可下单购买。

3.对于已购买的跨境电子商务零售进口商品，不得再次销售。

(五)政府部门

1.海关对跨境电子商务零售进口商品实施质量安全风险监测，在商品销售前按照法律法规实施必要的检疫，并视情发布风险警示。建立跨境电子商务零售进口商品重大质量安全风险应急处理机制，市场监管部门加大对跨境电子商务零售进口商品召回监管力度，督促跨境电子商务企业和跨境电子商务平台消除已销售商品安全隐患，依法实施召回，海关责令相关企业对不合格或存在质量安全问题的商品采取风险消减措施，对尚未销售的按货物实施监管，并依法追究相关经营主体责任。对食品类跨境电子商务零售进口商品优化完善监管措施，做好质量安全风险防控。

2.原则上不允许网购保税进口商品在海关特殊监管区域外开展"网购保税＋线下自提"销售模式。

3.将跨境电子商务零售进口相关企业纳入海关信用管理体系,根据信用等级,实施差异化的通关管理措施。对认定为诚信企业的,依法实施通关便利;对认定为失信企业的,依法实施严格监管措施。将高级认证企业信息和失信企业信息共享至全国信用信息共享平台,通过"信用中国"网站和国家企业信用信息公示系统向社会公示,并依照有关规定实施联合激励与联合惩戒。

4.涉嫌走私或违反海关监管规定的跨境电子商务企业、平台、境内服务商,应配合海关调查,开放交易生产数据(ERP 数据)或原始记录数据。

5.海关对违反本通知规定参与制造或传输虚假"三单"信息、为二次销售提供便利、未尽责审核订购人身份信息真实性等,导致出现个人身份信息或年度购买额度被盗用、进行二次销售及其他违反海关监管规定情况的企业依法进行处罚。对涉嫌走私或违规的,由海关依法处理;构成犯罪的,依法追究刑事责任。对利用其他公民身份信息非法从事跨境电子商务零售进口业务的,海关按走私违规处理,并按违法利用公民信息的有关法律规定移交相关部门处理。对不涉嫌走私违规、首次发现的,进行约谈或暂停业务责令整改;再次发现的,一定时期内不允许其从事跨境电子商务零售进口业务,并交由其他行业主管部门按规定实施查处。

6.对企业和个体工商户在国内市场销售的、《跨境电子商务零售进口商品清单》范围内的、无合法进口证明或相关证明显示采购自跨境电子商务零售进口渠道的商品,市场监管部门依职责实施查处。

第二节　跨境电子商务合同的法律法规

本节思维导图

一、电子合同

电子合同，又称电子商务合同，根据联合国国际贸易法委员会颁布的《电子商务示范法》及世界各国颁布的电子交易法，同时结合我国《中华人民共和国合同法》的有关规定，电子合同可以界定为：双方或多方当事人之间通过电子信息网络以电子的形式达成的设立、变更、终止财产性民事权利义务关系的协议。通过上述定义可以看出，电子合同是以电子的方式订立的合同，其主要是指在网络条件下当事人为了实现一定的目的，通过数据电文、电子邮件等形式签订的明确双方权利义务关系的一种电子协议。

电子数据交换（Electronic Data Interchange, EDI）和 E-mail 是电子合同的基本形式，两者以各自具有的特点和优势在电子商务活动中占据一席之地. 电子合同与传统的合同有着显著的区别。

有关电子合同主要有如下相关法律法规：

《中华人民共和国民法典》第四百六十九条规定：当事人订立合同，可以采用书面形式、口头形式或者其他形式。

书面形式是合同书、信件、电报、电传、传真等可以有形地表现所载内容的形式。

以电子数据交换、电子邮件等方式能够有形地表现所载内容，并可以随时调取查用的数据电文，视为书面形式。

根据联合国国际贸易法委员会《电子商务示范法》第 2 条规定："'数据电文'系指经由电子手段、光学手段或类似手段生成、储存或传递的信息，这些手段包括但不限于电子数据交换（EDI）、电子邮件、电报、电传或传真。"第 5 条规定，利用数据电文进行的各种信息传输是有效的,"不得仅仅以某项信息采用数据电文形式为理由而否定其法律效力、有效性或可执行性"。

第 11 条进一步规定:"就合同的订立而言,除非当事各方另有协议,一项要约以及对要约的承诺均可通过数据电文的手段表示。如使用了一项数据电文来订立合同,则不得仅仅以使用了数据电文为理由而否定该合同的有效性或可执行性。"第 12 条同时规定:"就一项数据电文的发端人和收件人之间而言,不得仅仅以意旨的声明或其他陈述采用数据电文形式为理由而否定其法律效力、有效性或可执行性。"

第 15 条详细规定了发出和收到数据电文的时间和地点:

1.除非发端人与收件人另有协议,一项数据电文的发出时间以它进入发端人,或代表发端人发送数据电文的人控制范围之外的某一信息系统的时间为准。

2.除非发端人与收件人另有协议,数据电文的收到时间按下述办法确定:如收件人为接收数据电文而指定了某一信息系统,以数据电文进入该指定信息系统的时间为收到时间;如数据电文发给了收件人的一个信息系统,但不是指定的信息系统,则以收件人检索到该数据电文的时间为收到时间。如收件人并未指定某一信息系统,则以数据电文进入收件人的任一信息系统的时间为收到时间。

3.即使设置信息系统的地点不同于根据第 4 款规定所视为的收到数据电文的地点,第 2 款的规定仍然适用。

4.除非发端人与收件人另有协议,数据电文应以发端人设有营业地的地点视为其发出地点,而以收件人设有营业地的地点视为其收到地点。就本款的目的而言:"如发端人或收件人有一个以上的营业地,应以对基础交易具有最密切关系的营业地为准,又如果并无任何基础交易,则以其主要的营业地为准;如发端人或收件人没有营业地,则以其惯常居住地为准。"

就合同成立问题,《中华人民共和国民法典》第四百九十一条规定:当事人采用信件、数据电文等形式订立合同要求签订确认书的,签订确认书时合同成立。

当事人一方通过互联网等信息网络发布的商品或者服务信息符合要约条件的,对方选择该商品或者服务并提交订单成功时合同成立,但是当事人另有约定的除外。

第四百九十二条规定:承诺生效的地点为合同成立的地点。

采用数据电文形式订立合同的,收件人的主营业地为合同成立的地点,没有主营业地的,其住所地为合同成立的地点。当事人另有约定的,按照其约定。

二、电子签名

《中华人民共和国电子签名法》对电子签名的条件和效力问题做了相关规定:

第二条 本法所称电子签名,是指数据电文中以电子形式所含、所附用于识别签名人身份并表明签名人认可其中内容的数据。

本法所称数据电文,是指以电子、光学、磁或者类似手段生成、发送、接收或者储存的信息。

第十三条 电子签名同时符合下列条件的,视为可靠的电子签名:

(一)电子签名制作数据用于电子签名时,属于电子签名人专有;

(二)签署时电子签名制作数据仅由电子签名人控制;

(三)签署后对电子签名的任何改动能够被发现;

(四)签署后对数据电文内容和形式的任何改动能够被发现。

当事人也可以选择使用符合其约定的可靠条件的电子签名。

第十四条 可靠的电子签名与手写签名或者盖章具有同等的法律效力。

第十五条 电子签名人应当妥善保管电子签名制作数据。电子签名人知悉电子签名制作数据已经失密或者可能已经失密时,应当及时告知有关各方,并终止使用该电子签名制作数据。

三、电子认证

针对电子签名的认证问题，《中华人民共和国电子签名法》做出如下规定：

第十六条　电子签名需要第三方认证的，由依法设立的电子认证服务提供者提供认证服务。

第十七条　提供电子认证服务，应当具备下列条件：

（一）取得企业法人资格；

（二）具有与提供电子认证服务相适应的专业技术人员和管理人员；

（三）具有与提供电子认证服务相适应的资金和经营场所；

（四）具有符合国家安全标准的技术和设备；

（五）具有国家密码管理机构同意使用密码的证明文件；

（六）法律、行政法规规定的其他条件。

第十八条　从事电子认证服务，应当向国务院信息产业主管部门提出申请，并提交符合本法第十七条规定条件的相关材料。国务院信息产业主管部门接到申请后经依法审查，征求国务院商务主管部门等有关部门的意见后，自接到申请之日起四十五日内作出许可或者不予许可的决定。予以许可的，颁发电子认证许可证书；不予许可的，应当书面通知申请人并告知理由。

取得认证资格的电子认证服务提供者，应当按照国务院信息产业主管部门的规定在互联网上公布其名称、许可证号等信息。

第十九条　电子认证服务提供者应当制定、公布符合国家有关规定的电子认证业务规则，并向国务院信息产业主管部门备案。

电子认证业务规则应当包括责任范围、作业操作规范、信息安全保障措施等事项。

第二十条　电子签名人向电子认证服务提供者申请电子签名认证证书，应当提供真实、完整和准确的信息。

电子认证服务提供者收到电子签名认证证书申请后，应当对申请人的身份进行查验,并对有关材料进行审查。

第二十一条　电子认证服务提供者签发的电子签名认证证书应当准确无误,并应当载明下列内容:

(一)电子认证服务提供者名称;

(二)证书持有人名称;

(三)证书序列号;

(四)证书有效期;

(五)证书持有人的电子签名验证数据;

(六)电子认证服务提供者的电子签名;

(七)国务院信息产业主管部门规定的其他内容。

第二十二条　电子认证服务提供者应当保证电子签名认证证书内容在有效期内完整、准确,并保证电子签名依赖方能够证实或者了解电子签名认证证书所载内容及其他有关事项。

第二十三条　电子认证服务提供者拟暂停或者终止电子认证服务的,应当在暂停或者终止服务九十日前,就业务承接及其他有关事项通知有关各方。

电子认证服务提供者拟暂停或者终止电子认证服务的,应当在暂停或者终止服务六十日前向国务院信息产业主管部门报告,并与其他电子认证服务提供者就业务承接进行协商,作出妥善安排。

电子认证服务提供者未能就业务承接事项与其他电子认证服务提供者达成协议的,应当申请国务院信息产业主管部门安排其他电子认证服务提供者承接其业务。

电子认证服务提供者被依法吊销电子认证许可证书的,其业务承接事项的处理按照国务院信息产业主管部门的规定执行。

第二十四条　电子认证服务提供者应当妥善保存与认证相关的信息,信息保存期限至少为电子签名认证证书失效后五年。

第二十五条　国务院信息产业主管部门依照本法制定电子认证服务业的具体管理办法,对电子认证服务提供者依法实施监督管理。

第二十六条　经国务院信息产业主管部门根据有关协议或者对

等原则核准后,中华人民共和国境外的电子认证服务提供者在境外签发的电子签名认证证书与依照本法设立的电子认证服务提供者签发的电子签名认证证书具有同等的法律效力。

拓 展 阅 读

"代购"机场免税店商品牟利,法院判了

"'代购'机场免税店商品牟利,两人走私化妆品的偷逃税额高达425万余元。"9月29日,澎湃新闻记者从上海市第三中级人民法院(以下简称上海三中院)获悉,近日,该院公开开庭审理了这起走私化妆品案件,对通过机场免税店采购商品后再销售牟利的两名被告人做出一审判决,其中主犯王某获刑10年。

上海三中院经审理查明,2015年起,被告人王某、徐某某在淘宝网开设店铺销售化妆品等。2016—2020年间,王某、徐某某为牟取非法利益,与陈某某、周某某(均立案处理)等人通谋,由陈某某等人在机场免税店采购化妆品等货物,在未向海关申报的情况下,通过机场工作人员通道等方式将化妆品等货物偷运出海关监管区,再经快递寄送、当面交接等方式将采购的货物交付王某、徐某某,由二人在淘宝店铺销售牟利,王某通过银行、支付宝转账等方式向陈某某等人支付货款及好处费。

其间,王某、徐某某多次自行出入境,在机场免税店或线上免税店采购化妆品及其他物品,选走无申报通道将货物携带入境或交由陈某某偷运出海关监管区。其中,王某主要负责联系陈某某等人、传递订单、支付货款等,徐某某主要负责接收清点、寄送货物、维护淘宝店铺经营等。

2021年1月13日,侦查机关接线索后至王某、徐某某住处抓获二人,同时查获并扣押销售单、电脑、手机、U盘等物品。经海关计核,王某、徐某某偷逃化妆品等货物应缴税额共计425万余元。

上海三中院经审理认为,被告人王某、徐某某经与他人通谋,在机

场免税店采购,通过不向海关申报、偷运出海关监管区或选走无申报通道等方式走私涉案化妆品等货物,偷逃应缴税额特别巨大,其行为均已构成走私普通货物、物品罪。在共同犯罪中,王某系主犯,应当按照其所参与的全部犯罪处罚;徐某某系从犯,依法减轻处罚。

综上,法院当庭做出判决,以走私普通货物、物品罪分别判处被告人王某有期徒刑 10 年,并处罚金 150 万元;判处被告人徐某某有期徒刑 3 年,缓刑 3 年,并处罚金人民币 100 万元;违法所得予以追缴,供犯罪所用的本人财物予以没收。

上海三中院介绍,本案涉及的偷逃税额高达 425 万余元,法律规定的基准刑为有期徒刑 10 年,同时考虑到两被告人犯罪事实、性质及分别系主从犯、坦白、自愿认罪认罚、退缴违法所得、预缴罚金等情节,法院做出上述判决。

该案承办法官表示,旅客免税携带行李物品的额度一般不超过 8000 元,如果超量携带而未申报的,可能会被海关监管部门行政处罚;如果个人从免税商店购买大批量免税商品后再擅自销售牟利,偷逃应缴税额达 10 万元以上的,将被追究刑事责任。

(资料来源:澎湃新闻,"代购"机场免税店商品牟利,法院判了)

本章小结

跨境电子商务参与主体主要包括跨境电子商务企业、跨境电子商务平台、境内外服务商和消费者。《中华人民共和国电子商务法》中直接提到跨境电子商务的法条有 4 条,对跨境电子商务有了法律上的基本规定和行为规范。商务部等 6 部门联合发布《关于完善跨境电子商务零售进口监管有关工作的通知》明确,按照"政府部门、跨境电商企业、跨境电商平台、境内服务商、消费者各负其责"的原则,明确各方责任,实施有效监管。

电子合同是双方或多方当事人之间通过电子信息网络以电子的形式达成的设立、变更、终止财产性民事权利义务关系的协议。电子签名是指数据电文中以电子形式所含、所附用于识别签名人身份并表明签名人认可其中内容的数据。电子签名需要第三方认证的,由依法设立的电子认证服务提供者提供认证服务。

思考题

1.简述跨境电子商务的参与主体构成。

2.阐述跨境电子商务企业的责任和义务。

3.简述我国对电子合同的法律效力的认定问题。

第三章
跨境电子商务平台的交易规则

学 习 目 标

1. 了解全球速卖通平台及其交易规则。

2. 了解亚马逊平台及其交易规则。

3. 了解 eBay 平台及其交易规则。

第一节　全球速卖通平台的交易规则

本节思维导图

一、全球速卖通平台简介

全球速卖通(AliExpress)是阿里巴巴面向国际市场打造的跨境电子商务平台,被广大卖家称为"国际版淘宝",见图 3-1。全球速卖通面向海外买家客户,通过支付宝国际账户进行担保交易,并使用国际物流渠道运输发货。全球速卖通成立于 2010 年,目前是中国最大的出口 B2C 电子商务平台、全球第三大英文在线购物网站。全球速卖通覆盖 3C、服装、家居、饰品等共 30 个一级行业类目,其中优势行业主要有服装服饰、手机通信、鞋包、美容健康、珠宝手表、消费电子、电脑网络、家居、汽车摩托车配件、灯具等等。全球速卖通开通了 18 个语种的站点,支持全球 51 个国家的当地支付方式,海外成交买家数量突破 1.5 亿家,覆盖全球 220 个国家和地区,主要交易市场为俄罗斯、美国、西班牙、巴西和法国等。

图 3-1　全球速卖通官网

二、全球速卖通平台基础规则[①]

(一)卖家基本义务

全球速卖通平台规则中基础规则的第一章是卖家基本义务,共包含 8 条。

第一条　卖家在平台的任何行为应遵守中国及其他国家可适用的法律、法规、规章、政令、判决等规范性文件。对任何涉嫌违法的行为,平台有权依照本规则进行处罚或处理。同时,全球速卖通对卖家的处理不免除其应尽的任何法律责任。

第二条　作为交易市场的卖方,卖家应就双方达成买卖交易自主对买家负责,切实履行卖家的信息披露、质量保证、发货与服务、售后及质保等义务。同时,卖家有义务了解并熟悉交易过程中的平台对买

---

① 摘自全球速卖通官网。

家的市场规定,遵守并提供善意、合理的配合。

第三条　遵守平台各类目的商品发布规则;禁止发布禁限售的商品或信息,详见全球速卖通禁限售商品目录。

第四条　尊重他人的知识产权,严禁未经授权发布、销售侵犯第三方知识产权的商品,包括但不限于商标、著作权、专利等,详见全球速卖通知识产权规则。

第五条　卖家应恪守诚信经营原则,及时履行订单要求,兑现服务承诺等,不得出现虚假交易、虚假发货、货不对版等不诚信行为,详见交易类规则。

第六条　保障消费者知情权,履行信息披露的义务。发布商品应如实描述,包括但不限于在商品描述页面、店铺页面、站内信、速卖通通信系统等所有平台提供的渠道中,向买家就自己提供的商品和服务进行真实、完整的描述,包括但不限于对物流、售后、保险等服务的方式、价格,商品的基本属性、功能、包装、成色、价格等等,不应作虚假或误导性陈述。禁止进行包括但不限于如下行为:

1.发布误导性折扣。在促销开始前大幅度提高商品原价再打折出售,夸大折扣的价值以诱导买家消费。

2.发布不合理或虚假价格。包括但不限于为吸引关注,设置过高或过低的商品价格,实际并无此商品销售;在特殊时期哄抬物价,扰乱市场;设置多种参考价格,未明确各种价格的含义;在促销活动中虚构原价,标示的原价并不存在或者从未有过交易记录。

3.开展限时减价、折价等价格促销活动时虚构促销期限及商品价值,使用"最后一天""仅限今日"等不实语言或者其他带有欺骗性、误导性的语言、文字、图片等标价,诱导买家消费。

4.采取价外馈赠或捆绑方式销售商品、提供服务时,不如实标示馈赠物品的真实价格、品名、数量,或者馈赠物品为假劣商品。

常见问题解答:

1.如何判定是否有虚假性折扣?

答:平台会结合历史价格变化与促销价(与折扣前原价相比)进行

综合考虑,若价格变化明显超出合理幅度,则认定为有虚假性折扣。

2.何谓不合理价格?

答:产品价格应当位于同类型产品的价格的合理范围内,过分高于或低于该合理范围即为不合理价格。

第七条 保证出售的商品在合理期限内可以正常使用,包括商品不存在危及人身财产安全的风险,具备商品应当具备的使用性能,符合商品或其包装上注明采用的标准等。

第八条 卖家不遵守本章约定,严重违反卖家基本义务,全球速卖通保留依照本规则进行市场管理的权利。基于维护市场良好持续、保障买家权益的目的,全球速卖通有权进行商品品质抽检及真假鉴定(包括但不限于通过自购或从消费者处获取,通过独立第三方质检机构或品牌权利人进行鉴定、指令合作物流公司协助抽检等);在全球速卖通不定时地检查卖家出售商品是否具有合法来源、是否为真时,卖家有义务保留并出示相关商品合法进货来源的凭证。对于全球速卖通有理由认为检查结果不良,或卖家无法提供相关凭证的,全球速卖通有权对卖家或店铺采取限制措施,包括但不限于扣分、删除商品、关闭店铺、限制其他技术服务等。

(二)交 易

全球速卖通平台规则中基础规则的第二章是交易相关的内容,共包含 6 条。

第一节 注 册

第九条 卖家在全球速卖通所使用的邮箱不得包含违反国家法律法规、涉嫌侵犯他人权利或干扰全球速卖通运营秩序的相关信息,否则全球速卖通有权要求卖家更换相关信息。

第十条 卖家在全球速卖通注册使用的邮箱、联系信息等必须属于卖家授权代表本人,全球速卖通有权对该邮箱进行验证,否则全球速卖通有权拒绝提供服务。

第十一条　卖家有义务妥善保管账号的访问权限。账号下（包括但不限于卖家在账号下开设的子账号内的）所有的操作及经营活动均视为卖家的行为。

第十二条　全球速卖通有权终止、收回未通过身份认证或连续一年 180 天未登录全球速卖通或 TradeManager 的账户。

第十三条　用户在全球速卖通的账户因严重违规被关闭，不得再重新注册账户。如被发现重新注册了账号，全球速卖通有权立即停止服务、关闭卖家账户。

第十四条　全球速卖通的会员 ID 在账号注册后由系统自动分配，不可修改。

第二节　认证、准入及开通店铺

第十五条　全球速卖通平台接受依法注册并正常存续的个体工商户或公司开店，并有权对卖家的主体状态进行核查、认证，包括但不限于委托支付宝进行实名认证。通过支付宝实名认证进行认证的卖家，在对全球速卖通账号与支付宝账户绑定过程中，应提供真实有效的法定代表人姓名身份信息、联系地址、注册地址、营业执照等信息。

第十六条　若已通过认证，根据系统流程完成类目招商准入，此后卖家方可发布商品，商品发布数量限制 3000 个内（只有店铺经营表现获得评估后的商家方可提升商品发布数量），行业对于发布数量有特殊规定的详见《商品发布数量的实施细则》。

第十七条　卖家（无论是个体工商户还是公司）还应依法设置收款账户。应按照卖家规则提供保证金，或按照第十七条之二向网商银行（见第十七条之二定义）缴纳履约担保保证金；未完成上述任一资金缴纳的，卖家不得开始线上销售。

第十七条之一　卖家同意就每个开设的店铺，按入驻的类目（经营大类）在其指定的支付宝账号内缴存一笔资金，并由支付宝冻结作为平台规则的履约保证金（"保证金"）。为澄清，如卖家的店铺入驻多个类目（经营大类），如卖家规则无其他规定，则该店铺卖家就应缴纳多个类目（经营大类）中金额要求最高的保证金。

第十七条之二 对于平台及浙江网商银行股份有限公司（以下简称"网商银行"）审核通过的卖家，将无须缴纳保证金，但卖家将接受由网商银行作为担保人，为其依照平台规则在全球速卖通开展经营行为，向全球速卖通提供的担保服务（"履约担保服务"），为此卖家同意向网商银行支付固定金额作为其履行上述义务的反担保（"履约担保保证金"）。

卖家同意就每个注册、开设的店铺，按入驻类目（经营大类）的规定金额在其指定的支付宝内缴存履约担保保证金，由支付宝划转至网商银行。为澄清，如卖家的店铺入驻多个类目（经营大类），如卖家规则无其他规定，则该店铺卖家就应缴纳多个类目（经营大类）中金额要求最高的履约担保保证金。

第十八条 商品发布后，卖家将在平台自动开通店铺，即基于全球速卖通技术服务、用于展示商品的虚拟空间（"店铺"）。除本规则或其他协议约定外，完成认证的卖家在全球速卖通可最多开设六个虚拟店铺。店铺不具有独立性或可分性，是平台提供的技术服务，卖家不得就店铺进行转让或任何交易。

第十九条 卖家承诺并保证账号注册及认证为同一主体，认证主体即为全球速卖通账户的权责承担主体。如卖家使用阿里巴巴集团下其他平台账号（包括但不限于淘宝账号、天猫账号、1688 账号等）申请开通类目服务，卖家承诺并保证在全球速卖通认证的主体与该账号在阿里巴巴集团下其他平台的认证主体一致，否则平台有权立即停止服务、关闭全球速卖通账号；同时，如卖家使用全球速卖通账号申请注册或开通阿里巴巴集团下其他平台账号，承诺并保证将使用同一主体在相关平台进行认证或相关登记，否则平台有权立即停止服务、关闭全球速卖通账号。

第二十条 完成认证的卖家不得在全球速卖通注册或使用买家账户，如全球速卖通有合理依据怀疑卖家以任何方式在全球速卖通注册买家账户，全球速卖通有权立即关闭买家会员账户，且对卖家依据本规则进行市场管理。情节严重的，全球速卖通有权立即停止对卖家的服务。

第二十一条　卖家不得以任何方式交易全球速卖通账号（或其他卖家的权利义务），包括但不限于转让、出租或出借账户。如有相关行为的，卖家应对该账号下的行为承担连带责任，且全球速卖通有权立即停止服务、关闭该全球速卖通账户等。

第二十二条　完成认证、入驻的卖家主动退出或被准出全球速卖通平台、不再经营的，平台将停止卖家账号下的类目服务权限（包括但不限于收回站内信、已完结订单留言功能及店铺首页功能等），停止店铺访问支持。若卖家在平台停止经营超过一年的（无论账号是否使用），平台有权关闭该账号。

第二十三条　全球速卖通店铺名和二级域名需要遵守命名规范《速卖通二级域名申请及使用规范》，不得包含违反国家法律法规、涉嫌侵犯他人权利或干扰全球速卖通运营秩序等相关信息，否则全球速卖通有权拒绝卖家使用相关店铺名和二级域名，或经发现后取消店铺名和二级域名。

第三节　商标准入及经营

第二十四条　为保证消费者权益，卖家申请经营商标产品，需提供系统要求的商标注册证、授权书或进货发票，审核通过后方可发布商标商品。本规则下"商标"是指已获得法定商标管理部门颁发的商标注册证或商标受理通知书的商标。

第二十五条　限制类商标的准入和经营限制

1.店铺不得销售涉嫌不正当竞争的相关商标（"限制类商标"），即属于任一下列类型的商标或品牌：

（1）与全球速卖通已有的品牌、频道、业务、类目等相同或近似的；

（2）包含行业名称或通用名称或行业热搜词的；

（3）包含知名人士、地名、品牌的；

（4）与知名品牌相同或近似的；

（5）纯图形商标；

（6）经营品牌封闭管理规则的行业，不属于行业邀约品牌名单且未通过品牌审核的。

2.对于入驻时申请经营限制类商标产品的，全球速卖通有权拒绝或终止入驻申请；对于已经营限制类商标产品的，全球速卖通有权要求按照卖家规则规定的程序对相关产品进行下架。

第二十六条　影响消费者权利品牌的准入和经营限制。如卖家经营的品牌在准入中或准入后出现以下情况，平台有权按卖家规则下架该品牌的商品，卖家不得继续经营：

1.品牌商品被全球速卖通或第三方专业机构证明由不具备生产资质的生产商生产，不符合国家、地方、行业、企业强制性标准的；

2.该品牌经全球速卖通或第三方专业机构判定对他人商标、商品名称、包装和装潢、企业名称、产品质量标志等构成仿冒或容易造成消费者混淆、误认的；

3.品牌在经营期间被证明存在高纠纷率、高投诉率、低市场认可度，品牌商品描述平均分严重低于行业平均水平，严重影响消费者体验，经平台告知后在一个月内无明显改善的。

第四节　发布商品

第二十七条　选择"标准销售计划"的店铺，店铺内在线商品数量上限为 3000 个；选择"基础销售计划"的店铺，店铺内在线商品数量上限为 300 个；特殊类目（Special Category）下每个类目在线商品数量上限 5 个。平台保留为行业发展、消费者利益而不时调整可发布商品数的权利。

第二十八条　商品如实描述及对其所售商品质量承担保证责任是卖家的基本义务。"商品如实描述"是指卖家在商品描述页面、店铺页面等所有全球速卖通提供的渠道中，应当对商品的基本属性、成色、瑕疵等必须说明的信息进行真实、完整的描述。

第二十九条　卖家应保证其出售的商品在进口国法律规定的合

理期限内可以正常使用,包括商品不存在危及人身财产安全的不合理
危险具备商品应当具备的使用性能符合商品或其包装上注明采用的
标准,等等。

第三十条　卖家在全球速卖通发布商品应当严格遵守本规则,详
见《速卖通行业标准》。

第五节　搜索排序

第三十一条　全球速卖通有权按照系统设定的统一算法进行平
台商品的排序。商品在搜索页面的排序包含多种因素,包括但不限于
商品的信息描述质量、商品与买家搜索需求的相关性、商品的交易转
化能力、卖家的服务能力、搜索作弊的情况。详见《速卖通平台搜索排
名规则解析》。

第六节　订单超时规定

第三十二条　订单关闭:就平台一般商品,自买家下订单起的 20
天内,买家未付款或者付款未到账的,订单将超时关闭。在闪购、限时
抢购等特殊交易场景下,为维护卖家利益,买家未付款或付款未到账
的订单会在平台认为的合理时限内(半小时起)关闭。

第三十三条　买家取消订单:自买家付款成功之时起到卖家发货
前买家可申请取消订单。买家申请取消订单后,卖家可以与买家进行
协商,如果卖家同意取消订单,则订单关闭,货款全额退还给买家;如
果卖家不同意取消订单并已完成发货,则订单继续。如果卖家不做任
何操作直至发货超时,则订单关闭,货款全额退还给买家;如果卖家对
订单部分发货,并且在发货期内没有完成全部发货,则订单关闭,货款
全额退还给买家。

第三十四条　卖家发货超时:自买家付款成功之时起至备货期间
内,如果卖家无法及时发货,可以与买家协商由买家提交延长卖家备
货期的申请,卖家需在协商期限内发货;如果卖家在备货期内没有完
成全部发货,则订单发货超时关闭,货款全额退还给买家;如果卖家在

备货期内完成全部发货,但订单在规定时间内无有效的物流上网信息,则订单网上超时关闭,货款金额退还给买家。

第三十五条 买家确认收货超时:自卖家声明全部发货之时起,买家须在卖家承诺的运达时间内确认收货(如卖家承诺的运达时间小于平台的默认值,则以平台默认值为准),其间卖家应与买家及时沟通收货情况。如果与买家沟通确实一直未收到货物,可以由卖家延长买家收货时间;如果买家一直未确认收货且未申请退款的,则该订单买家确认收货超时并视为交易完成。

第三十六条 买家申请退款:自卖家声明全部发货后,如卖家承诺的运达时间小于 10 天(自然日,如无特殊说明,下同),则在卖家发货后买家就可以申请退款;如卖家承诺的运达时间大于等于 10 天,则在卖家发货的 10 天后买家可以申请退款。详见第八节纠纷。

第七节 物 流

第三十七条 发货物流方式

1.基于平台的物流政策,卖家可自主选择发货采用的物流服务,包括但不限于菜鸟平台的线上物流服务商、菜鸟无忧物流或其他的线下物流方式。但向部分国家发货,平台有特殊规定的,卖家应按照该规定进行。无论卖家选择线上还是线下的物流服务,卖家均应向买家准确、全面地披露物流服务的相关信息,包括但不限于卖家向买家收取的物流服务费,卖家指定的线下物流服务提供商向买家额外收取的物流费用(如物流服务费、关税、VAT 等)等。如果卖家未按前述规定向买家准确披露物流服务的相关信息且买家提起纠纷,那么买家有权撤销交易,且卖家应承担未如实告知部分的全部费用。

2.如买家自行选择物流方式,卖家发货所选用的物流方式必须是买家所选择的相关物流方式。未经买家同意,不得无故更改物流方式。

3.卖家填写发货通知时,所填写的运单号必须完整、真实、准确,并可查询。

4.同时,为保证经营秩序和买家体验,就特殊市场的订单,卖家应按照另行规定的物流政策选择发货的物流方式。

第三十八条　物流保护政策

1.采用线上发货物流方式的订单:

(1)若产生"DSR物流服务1,2,3分"和物流原因引起的"纠纷提起""仲裁提起""卖家责任裁决率",平台会对该笔订单的这4项指标进行免责(即不记入相关平台考评);

(2)因物流问题产生的纠纷(如妥投地址错误,但卖家填写地址无误的情况),卖家可发起线上发货投诉。

2.采用无忧物流发货的订单:

(1)若产生"DSR物流服务1,2,3分"和物流原因引起的"纠纷提起""仲裁提起""卖家责任裁决率",平台会对该笔订单的这4项指标进行免责;

(2)因物流问题产生的纠纷,直接由平台介入核实物流状态并判责;

(3)物流导致的纠纷退款,由平台承担(标准物流赔付上限为300元;如选购货值保障升级服务,赔付上限为不超过3000元;优先物流赔付上限为1200元)。无忧标准物流的赔付上限:①未选购货值保障升级服务的物流订单,所有国家、商品类目的赔付最高均不超过300元(以实际损失为准),不再存在特殊类目、国家800元的赔付上限;②选择货值保障升级服务且支付相应服务费的物流订单包裹赔付最高不超过3000元(以实际损失为准)。

第三十八条之一　海外仓申明

如卖家在欧盟境内设有仓库,且存储有在全球速卖通平台销售的商品("海外仓"),则卖家应当向全球速卖通进行申明。卖家应在海外仓设立后三个工作日内通过系统(平台后台—海外仓)向全球速卖通进行申明;如果卖家违反前述海外仓申明义务,则构成违规,全球速卖通有权采取违规处理措施,并限制卖家将部分或全部商品销往特定国家。如卖家违规对全球速卖通造成其他损失,全球速卖通有权按照本规则对卖家采取其他处罚措施,且保留所有寻求法律救济的权利。如果卖家使用海外仓时效透传的标识服务,应同时遵守《海外仓时效标识使用规则》。

第三十八条之二　全球速卖通订单上网率规则。5天上网率指标(以下均为自然日)指过去30天全部发货且物流上网时间小于等于5天的订单数除以过去30天支付成功的订单数。

第八节　纠　纷

第三十九条　卖家发货并填写发货通知后,买家如果没有收到货物或者对收到的货物不满意,最早可以在卖家全部发货10天后申请退款(若卖家设置的限时达时间小于10天或者是俄罗斯精品馆订单、本地仓服务订单,则买家最早可以在卖家全部发货后立即申请退款),买家提交退款申请时会在系统中生成争议流程("纠纷")。

第四十条　除本节第四十二条、第九节规定的纠纷外,买家提交或修改纠纷后,卖家必须在5个自然日内对买家纠纷点击"接受"或"拒绝",否则订单将按照买家提出的退款要求被执行。

第四十一条　如卖家不同意买家提出的纠纷诉求,卖家应在买家提起纠纷之日起7个自然日内与买家进行自主协商。协商后仍无法解决的,纠纷将在上述期限后提交至平台进行仲裁。

第四十二条　对于升级至平台,但被平台依照本规则判定不属于售后宝或无忧物流服务订单的纠纷,卖家及买家应在平台作出上述判定之日起接受仲裁。

第四十三条　为提高买家体验和对平台及卖家的信心,平台鼓励卖家积极与买家协商。协商不一致的情况,平台有权主动介入给出建议方案解决。但该等情形下,平台介入不影响买家与卖家的平等协商。

第四十四条　如买卖双方达成退款协议且买家同意退货的,买家应在达成退款协议后10天内完成退货发货并填写发货通知,全球速卖通将按以下情形处理:

1.买家未在10天内填写发货通知,则结束退款流程并交易完成;

2.买家在 10 天内填写发货通知且卖家 30 天内确认收货,全球速卖通根据退款协议执行;

3.买家在 10 天内填写发货通知,30 天内卖家未确认收货且卖家未提出纠纷的,全球速卖通根据退款协议执行;

4.在买家退货并填写退货信息后的 30 天内,若卖家未收到退货或收到的货物货不对版,卖家也可以提交到全球速卖通进行纠纷裁决。

第四十五条　部分纠纷在买家提出后,会依照本规则或其他约定由平台先行介入;如平台判定需要卖家承担责任,卖家应在平台判责后按判定执行处理结果。该等纠纷包括但不限于:

1.享受售后宝服务的订单纠纷;

2.使用无忧物流、符合相关标准,由物流方代为处理的纠纷;

3.其他依约由平台先行介入的纠纷类型。

第九节　售后宝服务

第四十六条　售后宝服务。为提升平台竞争力、保障买家体验,平台在综合消费者反馈和各行业情况下,就特定类目商品的订单在买家因特定货不对版提出纠纷的情况下,对卖家提供赔付处理服务("售后宝服务")。该服务由平台出资免费为符合条件的卖家提供,具体权限开放条件、适用的货不对版纠纷情形以本规则为准。售后宝服务不免除任何卖家根据平台规则、与买家协议及法律法规规定下的义务或责任。

第四十七条　开放类目。平台对符合本规则约定条件的卖家以订单为维度提供售后宝服务,即如卖家销售的商品是指定类目,且该订单纠纷符合本规则确定的特定货不对版纠纷,那么平台为该卖家就此订单提供售后宝服务。对此,平台保留自主决定关闭或新增任一类目(子类目)的权利。

第四十八条　售后宝限制。享受免费售后宝服务的卖家应遵守以下约定,否则平台有权在通知后(以通知发出为准)停止卖家的售后

宝权限,并且在卖家恶意违规的情况下,有权就平台向买家赔偿货款部分向您追偿:

1.对于不享受售后宝的订单纠纷,卖家应按平台规则积极履行相关义务,按纠纷流程及时对买家进行响应,并善意处理相关纠纷。

2.即便卖家在享受售后宝服务,如平台认为解决纠纷需要卖家配合,卖家应尽一切合理努力配合平台及买家,包括但不限于提供或澄清关于产品的信息,提供关于产品出现问题的分析,对不清晰的产品信息进行修正等。如卖家拒绝配合,平台有权终止售后宝服务,并要求卖家直接向买家承担相关纠纷解决的费用和责任。

3.卖家应善意地使用售后宝服务,不得以任何方式滥用售后宝,包括但不限于在达成订单后以次充好、调包商品、短装少发、发空包裹、出售假货,勾结买家诈骗售后宝赔付金等。为进一步说明,滥用售后宝、不能享受售后宝服务的情况还包括(但不限于):

(1)买家投诉卖家销售假货或其他侵权商品的;

(2)买家投诉卖家销售平台禁限售商品的;

(3)买家收的商品多次出现短装、少发、空盒的(无论是否可以证明是卖家的过错);

(4)买家投诉卖家未按约定物流方式发货的;

(5)买家投诉收到商品与购买商品不一致,不属于同一款(包含颜色、款式等属性完全不一致),不属于同一类目或/且价值差距依照平台判断十分显著的;

(6)买家和卖家在任何时候已就纠纷达成一致的;

(7)卖家以直接或间接、明示或暗示等任何方法告知买家平台将退款,或鼓励买家提起纠纷的;

(8)卖家存在且向买家承认过错的(如承认发错货物),让买家提交纠纷并承诺退款的;

(9)因卖家产品信息描述错误、有显著误导或不清晰而导致的纠纷;

(10)因卖家对商品品质缺乏管控,导致所经营的某些类目 SNAD

纠纷率高于该类目均值,影响消费者购物体验的。

第四十九条　对于卖家滥用售后宝服务的,平台有权终止售后宝服务,并要求进行整改,终止期间卖家直接向买家承担相关纠纷解决的费用和责任。并且在卖家恶意违规的情况下,向卖家追偿平台就其订单纠纷向买家支付的全部资金损失;对于卖家滥用售后宝服务、恶意获取售后宝资金涉嫌违法犯罪的,平台有权向执行机关报案。

第五十条　不适用售后宝的情形。就本规则下不适用售后宝服务的货不对版纠纷或其他纠纷,仍应由卖家及责任人向买家履行义务、承担相关责任。该等不适用售后宝的情形包括但不限于:

1. 买家提起的"未收到货物""限时达超时"或"包裹破损"等物流类纠纷;

2. 买家因收到货物出现短装、少发或空盒的;

3. 买家以无理由退货提起的纠纷,该等原因包括但不限于:买家下错单、买家不再需要订单产品、买家购买了更低价优质的产品等。

4. 账号处于 disable(关闭)状态下的卖家的订单纠纷。为避免歧义,卖家账号无论何种原因进入关闭状态后,其交易的任何订单不再享受售后宝服务。

第五十一条　卖家接受售后宝服务应知悉并同意,平台有权就不适用售后宝的情形进行说明,且有权对售后宝规则不时进行修改。

第十节　评　价

第五十二条　平台的评价分为信用评价(Seller Summary)及店铺评分(Detailed Ratings)。其中"信用评价"包括"好评率"和"评论内容","评论内容"包括"文字评论"和"图片评论"。"店铺评分"是指买家在订单交易结束后以匿名的方式对卖家在交易中提供的商品描述的准确性(Item As Described)、沟通质量及回应速度(Communication)、物品运送时间合理性(Shipping Speed)三方面服务做出的评价,是买家对卖家的单向评分。信用评价即买卖双方均可以进行互评,但卖家分项评分只能由买家对卖家做出。

第五十三条 所有卖家全部发货的订单,在交易结束 30 天内买卖双方均可评价。买家提起未收到货纠纷且发生退款,退款结束后,交易结束 30 天内买卖双方均可评价,但不计入好评率。

第五十四条 对于信用评价,买家评价即生效;双方都未给出评价,则该订单不会有任何记录。

第五十五条 商家好评率(Positive Feedback Ratings)、商品评分和店铺评分(Feedback Score)的计算:

1.您店铺的订单将根据系统自动判断计入好评率和商品分数。

2.补运费/差价、赠品类目、定制化商品等特殊商品的评价不计入好评率和商品分数。除以上情况之外的评价,都会正常计算商家好评率、商家/商品评分。不论订单金额,都统一为:四星五星＋1,三星0,一星和二星－1。

第五十六条 评价档案包括近期评价摘要(会员公司名、近 6 个月好评率、会员起始日期),评价历史(过去 1 个月、3 个月、6 个月历史累计的时间跨度内的好评率、中评率、差评率、评价数量)和评价记录(会员得到的所有评价记录、给出的所有评价记录以及在指定时间段内的指定评价记录)。

好评率＝6 个月内好评数量/(6 个月内好评数量＋6 个月内差评数量);

差评率＝6 个月内差评数量/(6 个月内好评数量＋6 个月内差评数量);

平均星级＝所有评价的星级总分/评价数量;

卖家分项评分中各单项平均评分＝买家对该分项评分总和/评价次数(四舍五入)。

第五十七条 对于信用评价,买卖双方可以针对自己收到的差评进行回复解释。

第五十八条 全球速卖通有权对异常订单对应的评价及销量做不计分、屏蔽、删除等处理。异常订单包括但不限于以下情形:

1.交易主体被排查为在注册、登录、交易、评价、退款、售后等环节明显异于正常交易的；

　　2.存在扰乱全球速卖通平台或商家经营秩序情形的订单；

　　3.其他对终端消费者不具购物决策参考意义的订单。

　　第五十九条　全球速卖通有权删除评价内容中包括人身攻击或者其他不适当的言论的评价。若买家信用评价被删除，则对应的卖家分项评分也随之被删除。

　　第六十条　全球速卖通保留变更信用评价体系包括评价方法、评价率计算方法及各种评价率等的权利。

第十一节　放　款

　　第六十一条　为确保全球速卖通平台交易安全、保障买卖双方合法权益，全球速卖通及其关联公司在满足规定的条件时，根据平台规则及本规则决定相应放款时间及放款规则。

　　第六十二条　放款时间：

　　1.一般情况下，全球速卖通将在交易完成、买家无理由退货保护期届满后向卖家放款，即买家确认收货或系统自动确认收货加15个自然日（或平台不时更新并公告生效的其他期限）后。

　　2.全球速卖通根据系统对卖家经营情况和信用进行的综合评估（例如经营时长、好评率、拒付率、退款率等），可决定为部分订单进行交易结束前的提前垫资放款（"提前放款"）。提前放款的具体金额可以为订单的全部或部分，由全球速卖通根据综合评估单方面决定。卖家可随时向平台申请退出提前放款。

　　3.如卖家账号被清退或主动关闭，针对账号被清退、关闭前的交易，为保证消费者利益，平台在订单发货后180天放款。

　　4.如全球速卖通依据法律法规、法院判决或命令、双方约定或合理判断，认为卖家存在欺诈、侵权、严重违反平台规则等行为时，全球速卖通有权视具体情况自行或指示支付宝延迟放款周期，并对订单款项进行处理，或冻结相关款项至相关依据消除。

　　第六十三条　提前放款：

1. 对于经评估符合条件的交易，平台将在卖家发货后、买家付款经银行资金清算到账后进行提前放款，放款时卖家授权全球速卖通及支付宝（新加坡）电子商务有限公司（Alipay Singapore E-Commerce Private Limited）冻结提前放款的部分金额作为卖家对平台的放款保证金。对于保证金数额，卖家同意平台根据卖家经营状况、纠纷率等因素不时调整，卖家可随时在后台查询保证金总额。

2. 因相关订单发生纠纷、买家无理由退款或其他原因导致卖家需要向买家退还货款，而全球速卖通已为该等订单提前放款的，全球速卖通有权从卖家支付宝国际账户、全球速卖通账户直接进行划扣，以及进行相关赔付，不足赔付部分（如有），全球速卖通有权从放款保证金中直接划扣，仍不足赔付的，全球速卖通及买家有权继续向卖家追索。

3. 并非每个卖家的每笔订单均可享受提前放款。如果任何订单存在平台认定的异常，或卖家经系统判断不符合享受提前放款的情形的，平台有权不进行提前放款。无法享受提前放款的订单包括但不限于：

（1）订单卖家综合经营（纠纷率、退款率、好评率等）情况不佳或数据很少（如经营时间不超过 3 个月等）；

（2）卖家违反平台规定进行交易操作；

（3）卖家有违反协议及本规则的行为；

（4）其他平台认为不适宜进行提前放款的情形。

4. 经全球速卖通评估，不再符合提前放款条件的卖家，放款保证金将在全球速卖通平台通知取消之日起 6 个月后退还。其间若因卖家原因导致买家、平台或其他第三方损失或产生退款、垫付的（包括但不限于享受提前放款的订单纠纷等导致的），全球速卖通有权从放款保证金中划扣以补偿损失，并将剩余部分于 6 个月期限届满后退还卖家，不足部分，全球速卖通有权对卖家支付宝国际账户中的资金进行划扣，仍不足赔付的，全球速卖通有权继续向卖家追讨。

第六十四条　提前放款政策特别规定：为在本协议下享受提前放

款,卖家接受《提前放款特别约定》。

第六十五条　卖家在放款后,应自主按照可适用的法律法规对结汇、提现进行申报或操作,并依法纳税。

第六十六条　卖家在进行提现时,银行会收取 15 美元/笔的手续费,手续费在提现时扣除。如卖家余额少于 15 美元,平台会建议卖家不要提现;如卖家坚持提现的,卖家应向平台或银行补足 15 美元手续费。

第十二节　提现、佣金

第六十七条　实时划扣交易佣金及其他服务费(如适用):

1.卖家就享受的发布信息技术服务需要按照其订单销售额的百分比交纳佣金。全球速卖通各类目交易佣金标准不同。同时,全球速卖通保留根据行业发展动态等情况调整佣金比例的权利,届时将依照本规则发布公告,并在公示期满后生效。

2.各类目佣金比例(详见全球速卖通官网)。

3.当买家使用非卖家报价币种的币种支付时,全球速卖通按照汇率转化成买家支付币种的同时,可能会通过技术手段适当调整优化商品的买家支付币种销售价格以促成成交(可能向上或向下小幅浮动)。因调整优化商品的买家支付币种销售价格产生的价格差额盈余将被平台收取为技术服务费,且为平台收取之技术服务费将不多于商品报价的 3%。平台保留调整上述比例的权利,届时将依照本规则发布公告,并在公示期满后生效。如您对调整优化价格技术有疑问,可要求平台停止调整优化商品的买家支付币种销售价格。

4.平台仅针对最终成交的订单金额收取佣金,如订单取消、卖家退款的,佣金将按相应比例退还。

第六十八条　原大额订单(超过 1000 美元一单的付款订单)的佣金优惠自北京时间 2 月 22 日起截止,所有订单将按本节规定收取佣金。

第十三节　拒　付

第六十九条　根据国际惯例以及 VISA、MasterCard 等国际卡组织（"卡组织"）规定，在使用银行卡进行交易时，如果交易出现争议情况（如未得到货物/服务，或货物/服务与描述不符，盗卡类等），持卡人可以在交易入账日起的一定时间内（一般均为 120 天，特殊情况为最长不超过 540 天）向发卡银行提出拒付的请求，发卡银行受理后即展开调查，如争议的情况符合卡组织对拒付的相应规定，发卡银行可以通过卡组织向收单行发出退单，这一过程称为拒付（Chargeback）。

第七十条　常见的拒付有以下几种情况（如表 3-1 所示）：

表 3-1　全球速卖通中常见的拒付原因

拒付类型	拒付原因	定义
盗卡类	未经授权的信用卡使用	持卡人的信用卡被盗用或受欺使用
货物类	未收到货物	持卡人没有收到货物或者未在约定时间内收到货物
	货不对版	持卡人收到的物品与卖家的产品描述不符
	未收到退款	持卡人未收到退款或者曾取消订单
其他	重复扣账	持卡人对同一产品付了两次款项
	金额不符	持卡人的付款金额与产品实际金额有出入

［资料来源：全球速卖通平台规则（卖家规则）］

当卖家收到盗卡类拒付投诉或纠纷时：

1.若卖家未发货，建议卖家不要继续执行该订单，全球速卖通将对订单做关闭处理；

2.若卖家已发货且已在订单页面填写发货通知，全球速卖通会核实，请卖家耐心等待拒付结果；

3.若卖家已发货但未在订单页面填写发货通知，请卖家在 3 个工作日内提供物流单号及物流信息至全球速卖通客服，以便全球速卖通核实跟进。如卖家逾期未提供，全球速卖通将默认卖家未发货，该笔订单将做关闭处理。

4.部分买家会在下单后联系卖家修改地址，全球速卖通提请卖家注意，这种下单后修改地址的行为产生银行盗卡的风险极高。如卖家在交易过程中，发现买家通过站内信、电话或第三方工具要求卖家对订单的收货地址进行修改，全球速卖通建议卖家务必要在"风险地址查询"工具上进行查询（报备）。若卖家未查询（报备）或者在查询结果为地址不安全的情况下，依然进行发货，后续产生的盗卡拒付由卖家承担责任；若卖家查询并通过了报备审批，盗卡拒付风险由平台承担。对于卖家遇到此类情形、为平台配合相关卡组织的调查或保障卖家利益，全球速卖通保留要求卖家配合对发货信息和物流投递信息举证的权利，如卖家收到线下改地址的订单，请积极配合举证，否则平台将根据相应规则进行判责。

5.全球速卖通为维护安全的交易环境，若卖家店铺内出现包括但不限于"虚假发货""虚假交易""不当获利"等严重违规行为的，或被全球速卖通关闭账号的，根据具体交易情况，全球速卖通有权利判定让卖家承担盗卡拒付的责任并扣除相应拒付款项，无论卖家是否按照前述规则进行了地址查询、风险报备。

当卖家收到货物类及其他类拒付投诉或纠纷时：

1.卖家应在收到拒付原因通知的3个工作日之内及时提交申诉资料，逾期提交或未提交，信用卡公司将默认卖家放弃此笔订单的申诉，拒付款项将会被退款给买家。因此，当有订单产生货物类或其他类原因的拒付后，若该订单信用卡公司需要卖家提供资料来对拒付做出判责时，为尽量降低卖家的损失，卖家应登录"消息中心—拒付通知"，点击站内信通知中的申诉链接并按照页面提示提供尽量完整的相关资料，以完成信用卡公司对此笔订单的拒付调查。

2.当持卡人对该一次拒付结果不认可发起上诉，如卖家希望通过信用卡公司继续申诉，则卖家需预先缴付仲裁手续费到平台相应的支付宝账户。卖家授权平台及支付宝代收代扣相关的预仲裁费用，并明确知晓该费用最终由信用卡公司收取。预仲裁是由第三方信用卡组织进行的中立裁决,平台仅传递相关信息。如果裁决卖家败诉,则仲裁手续费及订单拒付金额都会被支付宝代为扣除;如果裁决卖家胜诉,支付宝将申请退回卖家预缴的仲裁手续费,订单拒付金额亦不会被扣除。

如果买家通过 PayPal 方式进行付款,则买家将有权根据与 PayPal 的用户协议通过 PayPal 发起拒付请求。如果买家同时通过 PayPal 和卡组织发起拒付请求,PayPal 和平台将依据与卖家的协议和规则,独立地开展拒付调查和处理。一旦 PayPal 和平台其中的一方依据其自身拒付规则对拒付请求进行了判定,另一方将终止己方的调查程序并接受先行就拒付请求进行判定的一方的判定结果。因此,在该种情况下,除了满足全球速卖通调查程序、遵循全球速卖通拒付规则,卖家还需要同时遵守 PayPal 调查程序和拒付规则。

第七十一条 为了避免或减少拒付发生,全球速卖通建议卖家(但不构成全球速卖通对拒付结果的保证):

1.公平披露信息:尽可能详细、准确地描述所出售的物品,附上照片、规格、预计妥投日期等。

2.合理设置产品的发货时效和预计妥投的限时达期限。

3.合理发布退货和退款规则:在网站上清楚发布退货及退款规则。全球速卖通提请卖家注意,某些法律和发卡方政策规定,买家对任何未发货或有缺陷的商品都有提出拒付的权利,即使卖家已事先说明所有交易都不得撤销且不允许退货。

4.正确发货:将物品运送到买家下单地址或经过"风险地址查询"工具报备并通过的地址,并保留可以在线跟踪的送货证明。

5.加强与买家的沟通,及时做出回复并竭诚解决买家的问题。

6.保留沟通记录:请优先使用平台的沟通工具(如站内信或订单留言)与买家沟通,尽可能多地保留与交易和客户相关的信息。

7.为了保障买卖双方的资金安全,维护全球速卖通平台安全,维护有序的交易环境,建议卖家使用线上退款方式进行退款,不要通过其他线下退款方式(PayPal、西联汇款等)退款给买家。

第十四节 保证金

第七十二条 对于向平台缴纳保证金的卖家,如果出现以下情形,全球速卖通有权从保证金中扣除相应款项:

1. 依据本规则第三章第四节,卖家应向全球速卖通支付违约金的,全球速卖通有权主张违约金。

2. 卖家违反适用法律法规、平台规则及/或卖家与买家的协议,卖家应向买家退还货款或进行赔付;而卖家在合理时间内未能退款或赔付的,包括但不限于因订单纠纷应向买家赔款,买家申请无理由退款且符合平台规则等,全球速卖通有权主张相关赔款金额。

3. 卖家违反适用法律法规、平台规则及/或卖家与全球速卖通的协议,直接或间接造成全球速卖通损失(包括引起交叉违约赔偿、被行政处罚、被判决侵权、商誉受损等),卖家应向全球速卖通赔偿损失,或支付违约金,全球速卖通有权主张相关损失。

第七十三条 卖家应确保保证金金额充足,达到店铺所属类目的规定金额。如果保证金金额少于规定金额,卖家应在 15 日内通过向指定支付宝账户缴存的方式进行补足。保证金金额不足规定金额的一半时,全球速卖通有权冻结店铺提现功能,并采取其他限制性措施;保证金金额为零时,全球速卖通有权下架卖家店铺商品,并采取其他限制性措施。

第七十四条 如果卖家主动关闭店铺、账号,被全球速卖通清退,或出现其他平台规则规定的终止情形,且连续 3 个月内没有未完结的交易,未处理完毕的任何投诉、处罚或纠纷(包括但不限于与全球速卖通、消费者或其他第三方的争议或纠纷)时,全球速卖通将在 10 个工作日内通知支付宝将保证金余额释放至卖家的指定支付宝账户中。

第十五节 履约担保

第七十五条 对于向网商银行缴纳履约担保保证金的卖家,如果出现以下情形,全球速卖通有权要求网商银行为卖家履行担保责任、向全球速卖通支付相应款项（"履行担保款项"）：

1. 依据本规则第三章第四节，卖家应向全球速卖通支付违约金的，全球速卖通有权向卖家或担保人主张相关违约金。

2. 卖家违反适用法律法规、平台规则及/或卖家与买家的协议，卖家应向买家退还货款或进行赔付，而卖家在合理时间内未能退款或赔付的，包括但不限于因订单纠纷应向买家赔款，买家申请无理由退款且符合平台规则等，全球速卖通有权向卖家或担保人主张相关赔款。

3. 卖家违反适用法律法规、平台规则及/或卖家与全球速卖通的协议，直接或间接造成全球速卖通损失（包括引起交叉违约赔偿、被行政处罚、被判决侵权、商誉受损等），而卖家应向全球速卖通赔偿损失，或支付违约金的，全球速卖通有权向卖家或担保人主张相关损失。

第七十六条 在履行担保责任后，网商银行有权从履约担保保证金中扣除履行担保款项。

第七十七条 卖家应确保履约担保保证金充足，达到店铺所属类目的规定金额。如果履约担保保证金少于约定的金额，卖家应在 15 日内通过向指定支付宝账户缴存的方式进行补足。履约担保保证金不足规定金额的一半时，全球速卖通有权冻结店铺提现功能，并采取其他限制性措施；履约担保保证金金额为零时，速卖通有权下架卖家店铺商品，并采取其他限制性措施。

如果卖家主动关闭店铺、账号，被全球速卖通清退或出现其他平台规则规定的情形，且连续 3 个月内没有未完结的交易，未处理完毕的任何投诉、处罚或纠纷（包括但不限于与全球速卖通、消费者、网商银行或其他第三方的争议或纠纷）时，全球速卖通将在 10 个工作日内通知网商银行将履约担保保证金余额退还至卖家的指定支付宝账户中。

（三）违规及处罚规则

第一节 违规处理措施

第六十九条 为保障消费者、经营者或全球速卖通的正当权益，在会员违规处理期间全球速卖通按照本规则规定的情形对会员采取以下违规处理措施,直至全球速卖通确认风险基本可控后予以部分或全部解除管控:

1. 警告,指全球速卖通通过口头或书面的形式对卖家的不当行为进行提醒和告诫;

2. 调整搜索排名,指调整店铺的部分或全部商品在搜索结果中的排序;

3. 屏蔽,指卖家的所有商品(包括违规商品和非违规商品),除了在卖家店铺能看到外,在前台搜索页面不会有任何展示的处罚措施;

4. 限制发送站内信,指禁止全球速卖通会员发送站内信;

5. 删除评价,指店铺评分等删除不计分,并删除评论内容;

6. 限制发布商品,指禁止全球速卖通会员发布新商品的处罚措施;

7. 品牌下挂,指限制或禁止该品牌商品在平台展示;

8. 下架商品,指全球速卖通对会员商品进行下架的处罚措施;

9. 删除商品,指全球速卖通对会员商品进行删除的处罚措施;

10. 限制参加营销活动,是指限制商家参加平台发起或协助组织的营销活动;

11. 关闭经营权限,是指关闭卖家单个经营类目/整个经营大类的权限;

12. 关闭提前放款功能,指关闭卖家使用提前放款的功能;

13. 冻结账户,指下架店铺内所有出售中的商品,限制发布商品的处罚措施;

14. 冻结卖家账户资金(包括但不限于国际支付宝账户/全球速卖通账户),直至平台认为已经风险可控;

15. 关闭账户,指冻结账户,同时限制发送站内信、停止店铺访问、冻结卖家账号资金180天的处罚措施;

16. 关闭账户的同时,平台有权根据违规严重情况对卖家其余订单进行审核处理;

17.限制卖家销往特定国家,是指限制卖家将商品销往特定国家的处罚措施;

18.删除信用及销量,指删除店铺的全部或部分信用积分,以及删除店铺全部商品或部分商品的销量记录。

同时,除上述违规处理措施外,如卖家违反有关国家法律法规或平台规则,直接或间接致使全球速卖通遭受任何重大损失,全球速卖通均有权要求卖家承担全部损失赔偿责任,上述损失包括但不限于任何行政管理部门因上述卖家违法行为做出的直接或间接的处罚,全球速卖通为保证平台、多数卖家或买家的合理权利而采取补救措施所承担的成本,全球速卖通被判决须承担的对第三方的违约金或赔偿金,全球速卖通代卖家向买家支付的退款、违约金或赔偿额,全球速卖通支付的律师费用、消除影响所支出的必要费用等。

全球速卖通将对其正在进行中的订单按以下方式处理:

(1)买家已下单但未付款的订单:关闭订单。

(2)买家已付款(风控审核中)而卖家未发货的订单:关闭订单,订单款项将全额退给买家(备注:平台判定发货的标准为卖家是否已在平台填写并提供货运单号)。

(3)买家已付款(风控审核通过后)而卖家未发货的订单:冻结订单,卖家需提供发货证明、进货证明(及部分产品需提供的相关资质证明)。如果卖家无法提供相关证明,关闭订单,订单款将全额退给买家;如果卖家提供相关证明,订单解冻,允许此订单按正常交易流程进行(备注:平台判定发货的标准为卖家是否已在平台填写并提供货运单号)。

(4)卖家已发货而未产生纠纷的订单:冻结订单,卖家需提供发货证明、进货证明(及部分产品需提供的相关资质证明)。如果卖家无法提供相关证明,关闭订单,订单款将全额退给买家;如果卖家提供相关证明,订单解冻,允许此订单按正常交易流程进行。

(5)已产生纠纷的订单:卖家需在全球速卖通平台限定的申诉期内进行举证,全球速卖通将根据买卖双方提供的举证材料对纠纷进行判定。

（6）交易成功但未放款的订单：冻结订单款资金，卖家需提供发货证明、进货证明（及部分产品需提供的相关资质证明），如果卖家无法提供相关证明，订单款将全额退给买家。

（7）其他订单情况：如果有其他订单情况，全球速卖通平台可酌情处理，要求卖家提供相关证明材料才进行判定。

（8）如果该会员涉嫌在全球速卖通平台同时注册或控制使用其他账号，以上订单处理方法也适用该等关联账号的订单。

第二节　违规类型分类及处理

第七十条　平台将违规行为根据违规性质归类为知识产权禁限售违规、交易违规及其他、商品信息质量违规。知识产权严重违规四套积分制。四套积分分别扣分、分别累计，处罚分别执行。

第七十一条　知识产权禁限售违规包括：知识产权侵权一般违规、禁限售商品发布违法行为；积分累计达48分，账号将执行关闭。

第七十二条　知识产权严重违规包括：知识产权侵权严重违规行为；侵权严重违规行为实行3次违规成立者关闭账号（侵权情节特别严重者直接关闭账号）

第七十三条　交易违规及其他包括：交易违规行为及其他平台杜绝的违规行为；积分累计达48分，账号将执行关闭。

第七十四条　商品信息质量违规包括：搜索作弊等商品发布违规行为；积分累计达12分及12分倍数，账号将执行冻结7天。

第七十五条　积分清零逻辑：四套积分的每个违规行为的分数按行为年累计计算，行为年是指每项扣分都会被记365天，比如2013年2月1日12点被扣了6分，这个6分要到2014年2月1日12点才被清零。

第七十六条　全球速卖通四套积分体系处罚节点一览表（如表3-2所示）：

表 3-2　全球速卖通处罚一览表

违规类型	违规节点	处罚
知识产权严重违规	第一次违规	冻结（以违规记录展示为准）
	第二次违规	冻结（以违规记录展示为准）
	第三次违规	关闭
知识产权禁限售违规	2 分	警告
	6 分	限制商品操作 3 天
	12 分	冻结账号 7 天
	24 分	冻结账号 14 天
	36 分	冻结账号 30 天
	48 分	关闭
交易违规及其他	12 分	冻结账号 7 天
	24 分	冻结账号 14 天
	36 分	冻结账号 30 天
	48 分	关闭
商品信息质量违规	12 分及 12 分倍数	冻结账号 7 天

［资料来源：全球速卖通平台规则（卖家规则）］

第七十七条　如果该会员涉嫌在平台同时注册或控制使用其他账号，全球速卖通可将该等账号进行冻结并同时清退。

第七十八条　若卖家因违反平台规则，被平台处于关闭账户或清退处理的，为保护买家及权利人的合法权益，平台将同时冻结该等卖家的支付宝国际账户及全球速卖通账户 6 个月，违规情节特别显著或严重的，平台有权决定冻结 1 年或 2 年。针对严重扰乱平台秩序，给平台或其他卖家造成实际损害的，全球速卖通有权冻结该等卖家的支付宝国际账户及全球速卖通账户，直至平台认为被损害的一方得到合理赔偿。

第七十九条　冻结期间，卖家对于支付宝国际账户/全球速卖通账户不能进行提现等资金操作，支付宝国际账户/全球速卖通账户中的资金也将被冻结。

第八十条 冻结期间,若卖家未产生退款、赔付或其他纠纷的,冻结期满,平台将支付宝国际账户中的资金(如有)返还给卖家,支付宝国际账户同时关闭。

第八十一条 冻结期间,若卖家因纠纷、银行拒付或其他原因产生退款或赔付义务的,平台有权对卖家支付宝国际账户/全球速卖通账户中的资金进行相应的退款、赔付操作;冻结期满,平台将支付宝国际账户/全球速卖通账户中的资金余额(如有)返还给卖家,支付宝国际账户/全球速卖通账户同时关闭。

第三节 四类违规及处罚

知识产权禁限售违规

第八十二条 知识产权禁限售违规:

详见:全球速卖通知识产权规则及《全球速卖通禁限售违禁信息列表》。

知识产权严重违规

第八十三条 知识产权严重违规:

详见:全球速卖通知识产权规则。

交易违规及其他

第八十四条 交易违规行为:

(1)订单上网率规则。

(2)虚假发货。

(3)严重货不对版。

(4)恶意骚扰。

(5)不法获利。

(6)严重扰乱平台秩序。

(7)不正当竞争。

(8)违背承诺。

(9)诱导提前收货。

（10）引导线下交易。

（11）店铺严重恶意超低价。

（12）资质证明或申诉材料造假：卖家需保证提供的资质证明或申诉材料真实及合法，若出现有明显造假嫌疑的，或者被授权方、官方或其他认证权威鉴定为造假的，全球速卖通有权对该卖家账号做出处罚，甚至关闭账号清退处理。

（13）其他全球速卖通认为违反本规则，扰乱市场秩序，侵害消费者或其他卖家合法权利的不当经营行为。全球速卖通保留在合理期限内公告或告知增加或修改其他违规行为的权利。

（14）泄露他人信息。

（15）成交不卖。

（16）信用及销量炒作。

第八十五条　其他：

1.不正当谋利，是指会员采用不正当手段谋取利益的行为，包括：

（1）向全球速卖通工作人员及/或其关联人士提供财物、消费、款待或商业机会等；

（2）会员通过其他手段向全球速卖通工作人员谋取不正当利益的行为。会员不正当谋利的，无论是否获得利益，会员的店铺及其关联店铺将永久关闭，全球速卖通将永久不向其提供或接受其提供的任何产品或服务；在会员使用全球速卖通关联公司的网站（包括但不限于阿里巴巴中国站、国际站、淘宝网、天猫网站等）所提供的服务过程中，存在违反上述网站不正当谋利条款或有其他涉及不诚信行为被上述网站关闭账户的，全球速卖通有权对该会员拥有或实际控制的在全球速卖通网站上的账户执行相同操作。

实施不正当谋利行为的运营服务商，全球速卖通永久不向其提供或接受其提供的任何产品或服务，由该运营服务商代运营的其他店铺亦应在收到全球速卖通通知之日起3个月内改为自营或更换运营服务商，逾期，则全球速卖通将对相关店铺进行监管直至其执行完毕。

实施不正当谋利行为的会员有如实主动申报及/或如实积极举报情形的,全球速卖通酌情给予从轻或减轻的处理措施。

自对会员进行不正当谋利调查之日起,全球速卖通将限制该会员店铺及其关联店铺参加全球速卖通营销活动,直至调查终结。

会员向全球速卖通工作人员及/或其关联人士明确表达不正当谋利意图或已经开始实施不正当谋利行为,但由于会员意志以外的原因而未得逞的,该会员的店铺将永久关闭。

有以下情形之一的,视同为不正当谋利行为:

(1)商家为全球速卖通工作人员的,直接关闭会员的店铺;

(2)商家为全球速卖通工作人员之关联人士且该全球速卖通人员未依据《阿里巴巴集团商业行为准则》规定进行如实申报且该全球速卖通工作人员利用职务便利条件的,直接关闭会员的店铺。

2.不正当营销行为。卖家应以合法、合规、合理的方式进行营销。未经买家事先同意,卖家不得通过打扰买家的方式触达买家,包括但不限于以营销为目的发送邮件、拨打电话、发送短信,通过全球速卖通平台提供的系统服务联系买家。

第八十六条　商品信息质量违规:

1.搜索作弊。

2.商家图片盗用。

3.商家水印图盗用投诉。卖家在所发布的商品信息或所使用的店铺名、域名等中不当使用他人水印图等或卖家所发布的商品信息或所使用的其他信息造成消费者误认、混淆。扣分规则为:扣分6分/次,首次投诉不扣分;首次投诉5天内算一次;其后一天内若有多次投诉成立扣一次分。时间以投诉结案时间为准。

4.发布非约定商品的规则。

5.留有联系信息或广告商品。任何字段或图片中禁止出现联系方式,如邮箱、微信、手机号、QQ、MSN、SKYPE等;如以宣传店铺或商品为目的,发布带有广告性质(包括但不限于在商品标题、图片、详细描述信息等中留有联系信息或非全球速卖通的第三方链接等)的信息,吸引买家访问,而信息中商品描述不详或无实际商品,同时在任何描述中禁止出现非全球速卖通平台的网站链接。

留有联系信息或广告商品,平台有权退回或删除商品信息,违规商品信息过多或屡犯者,全球速卖通平台将视违规行为情节保留扣分及直接账号处罚的权利。

6.其他不当发布行为。

(1)虚假发布商品,即发布商品却用于交易其他商品或用于其他目的,以形式上符合或类似平台要求的方式掩盖真实的违规或非法交易,包括但不限于:

A.通过在任何第三方平台或应用(如 Facebook、WhatsApp、Vkontakt)发布或展示商品,却设置平台的其他商品链接,用于跳转到全球速卖通商品,利用该商品完成交易的(依据全球速卖通的追踪工具)。

B.在平台,包括但不限于通过商品留言区、与买家对话,或通过邮箱、电话等方式,向平台买家留有站外联系方式、其他商品广告,用以引导买家在其他第三方平台或应用进行违规或非法交易的。以上联系方式包括但不限于 Facebook 账号及站内信、WhatsApp、谷歌、电话、邮箱等。

C.以非常规的数量单位、款式型号或其他信息或属性进行商品描述,足以让正常消费者产生误导,不可依据一般社会认知理解商品信息,平台自主判断存在售假等违规或违法嫌疑的发布行为(以平台自主判断为准)。上述非常规发布包括但不限于,卖家店铺内鞋子价格与袜子一致、显著低于平均价格,商品没有信息或极简单、买家和卖家无法沟通但大量成交的。

D.通过编辑商品类目、品牌、型号等关键属性暗示另一款商品,无法让正常消费者进行判断或选择,足以让正常消费者产生误导,不可依据一般社会认知理解商品信息,平台自主判断存在售假等违规或违法嫌疑的(以平台自主判断为准),上述非常规发布包括但不限于,在非鞋类商品中标注全部鞋类尺码,在补运费链接中标注颜色、尺码、材料等属性等。

E.其他存在非常规、异常信息,且平台有理由认为卖家存在售假等违规或违法嫌疑的发布行为(以平台自主判断为准)。

(2)躲避平台规则的,指刻意规避全球速卖通商品SKU设置规则发布商品或隐藏、遮挡、模糊处理商品相关信息的发布行为。

(3)在商品、店铺标题、描述中带有攻击性、亵渎性、虚假等违法或有违道德的文字图片,或信息内容与所发布的商品不相关或带有诱导性或其他不恰当语言,如:①发布中文信息;②违反行业发布规范;③信息类型设置错误,如求购与销售信息混淆;④非商业信息,如单纯的工厂、车间展示,求职、征婚、投诉、求医等信息;⑤不当使用第三方软件发布商品;⑥其他通过虚假、恶意规避的方式不当发布的行为。

(4)其他违反行业发布规则的行为。针对上述其他不当发布行为,平台有权依据违规情节的严重程度,进行以下任一或全部处罚:①单个或相关所有商品发布退回或删除;②违规信息过多、屡次发布违规信息或发布的违规信息性质恶劣(包括但不限于引起大量投诉,损害买家利益的),处以6—12分/次扣分,和/或直接暂停或关闭账号,和/或冻结店铺提现的处罚;③对于违反特定行业商品发布规范的违规订单,全球速卖通有权关闭订单;如卖家违规发布,但买家已付款,平台有权判罚卖家全额退款给买家(而无论物流状态);④或其他行业发布规则规定的处罚。。

第四节　违约金

第八十七条　如果卖家缴存了保证金,则全球速卖通有权在出现以下3款情形时从卖家的保证金中划扣对应金额(如表3-3所示)。

表 3-3　全球速卖通违约场景及处罚

违规类型	违规场景	违约金金额及其他处罚
违规扣分	因知识产权严重违规累计达 2 次	3000 元
	因知识产权禁限售违规扣分累计达 24 分时	3000 元
	因知识产权禁限售违规扣分累计达 36 分时	5000 元
	因商品信息质量违规扣分,每扣 12 分节点时	500 元
	因知识产权禁限售违规、交易违规及其他、知识产权严重违规等被扣 48 分或直接关闭账号的	如卖家适用第十七条之一的保证金制度,违约金金额为保证金金额;如卖家适用第十七条之二的履约担保制度,违约金金额为履约担保保证金金额
违反虚假发货规则	构成虚假发货规则的一般违规,每被扣除 2 分	500 元
	构成虚假发货规则的严重违规,每被扣除 12 分	1000 元
违反成交不卖规则	构成成交不卖规则的一般违规,被扣除 2 分	500 元
	构成成交不卖规则的严重违规,被扣除 12 分	1000 元

［资料来源:全球速卖通平台规则(卖家规则)］

第八十八条　为避免歧义,如果卖家构成第八十七条规定的多个违约场景,全球速卖通有权按各违约场景对卖家采取限制性措施。

第八十九条　如果保证金余额不足,导致全球速卖通无法划扣对应金额的违约金,卖家应向全球速卖通支付不足部分。如果网商银行仅向平台履行部分违约金的,卖家应向全球速卖通支付不足部分。

第九十条　如卖家行为对平台造成更大的实际损害,平台有权向卖家继续追偿直至弥补全部损失。

第二节 亚马逊平台的交易规则

本节思维导图

一、亚马逊平台简介

亚马逊公司(Amazon)是美国最大的网络电子商务公司,位于华盛顿州的西雅图,是网络上最早开始经营电子商务的公司之一。亚马逊成立于1994年,一开始只经营网络的书籍销售业务,现在则扩及了范围相当广的其他产品。亚马逊及其他销售商为客户提供数百万种独特的全新、翻新及二手商品,如图书、影视、音乐和游戏、电脑、家居园艺用品、玩具、婴幼儿用品、食品、服饰、鞋类和珠宝、健康和个人护理用品、体育及户外用品、玩具、汽车及工业产品等,见图3-2。

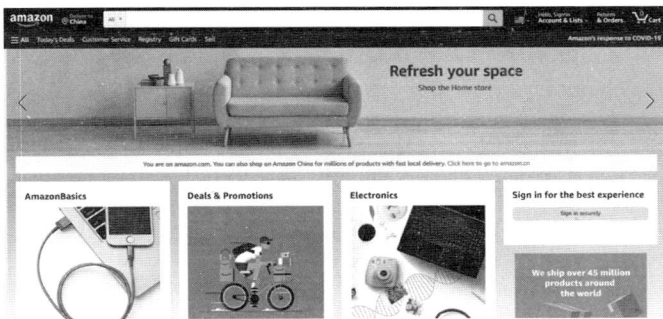

图3-2 亚马逊平台官网

二、亚马逊平台基础规则[①]

(一)卖家行为准则

本政策要求卖家在亚马逊商城遵循公平、诚实的行事原则,以确保

---

① 卖家行为准则与政策,内容来源于亚马逊全球开店官网。

安全的购买和销售体验。所有卖家都必须遵循以下准则:始终向亚马逊和我们的买家提供准确的信息;公平行事,且不得滥用亚马逊的功能或服务;不得试图损害其他卖家及其商品/评分或者加以滥用;不得试图影响买家评分、反馈和评论;不得发送未经请求或不恰当的沟通信息;只通过买家与卖家消息服务联系买家;不得试图绕过亚马逊销售流程;在没有合理业务需求情况下,不得在亚马逊上经营多个卖家账户。

若违反行为准则或任何其他亚马逊政策,亚马逊可能会对卖家的账户采取相应措施,例如取消商品、暂停或没收付款及撤销销售权限。下文提供了有关这些政策的更多详情。

1.准确的信息。您需要了解亚马逊全球开店基本成本组成,以便更好地优化您的销售利润空间;您必须向亚马逊和我们的买家提供准确的信息,并在信息发生变化时予以更新。这意味着您使用的企业名称必须能准确标识您的企业,并且您必须将商品发布到正确的分类中。

2.公平行事。卖家必须遵循公平、合法的行事原则,且不得滥用亚马逊提供的任何服务。不公平的行为示例包括:

(1)向亚马逊或买家提供具有误导性或不恰当的信息,例如为同一商品创建多个详情页面或发布具有冒犯性的商品图片;

(2)篡改销售排名(如接受虚假订单或卖家已付款的订单),或在商品名称或描述中声明销售排名相关信息;

(3)试图在订单确认后提高商品价格;

(4)人为增加网络流量(例如,使用机器人或付费购买点击量);

(5)试图损坏其他卖家、其他商品;

(6)允许他人以违反亚马逊政策或卖家与亚马逊达成的协议的方式代表卖家行事。

3.评分、反馈和评论。卖家不得试图影响或夸大买家的评分、反馈和评论。卖家可以采用中立的态度请求买家提供反馈和评论,但不能:

(1)通过支付费用或提供奖励(如优惠券或免费商品)来请求买家

提供或删除反馈或评论；

（2）要求买家只编写正面评论或要求他们删除或更改评论；

（3）仅向获得良好体验的买家征集评论；

（4）评论卖家自己的商品或竞争对手的商品。

4.沟通。卖家不得发送未经请求的或不恰当的消息。卖家与买家的所有沟通信息必须通过买家与卖家消息服务发送，并且只能是处理订单或提供客户服务所必需的信息。禁止进行营销类沟通。

5.绕过销售流程。不得试图绕过亚马逊销售流程或将亚马逊买家转移到其他网站。这意味着卖家不能提供提示用户访问任何外部网站或在别处完成交易的链接或消息。

6.亚马逊上的多个销售账户。除非卖家有开设第二个账户的合理业务需要且卖家的所有账户均信誉良好，否则卖家只能为每个商品销售地区保留一个卖家平台账户。如果卖家有任何信誉不佳的账户，亚马逊可能会停用卖家的所有销售账户，直至所有账户拥有良好的信誉。

合理的业务需要示例包括：

（1）卖家拥有多个品牌，并分别维护单独的业务；

（2）卖家为2个不同且独立的公司制造商品；

（3）卖家应聘参与需要单独账户的亚马逊计划。

7.以代理商或品牌保护机构的身份提交侵权通知。亚马逊知悉，许多品牌方可能选择让品牌保护机构或代理商代表他们举报知识产权侵权行为，并接受授权代理商提交的通知。但是，亚马逊不允许拥有活跃销售账户的个人作为品牌代理商提交侵权通知，因为这些侵权通知的提交可能对这些个人自己的销售账户有利（例如，通过移除竞争商品）。任何作为代理商提交通知以获取其卖家身份利益的卖家都可能被撤销其销售账户。

8.买家信息。如果卖家收到用于配送订单的地址或电话号码等买家信息，只能将该信息用于配送订单，且必须在处理订单后将其删除。卖家不得使用买家信息联系买家（除非买家通过亚马逊平台与卖家联系),也不得将其分享给任何第三方。

(二)违规侵权相关政策

2020 年 6 月 24 日,亚马逊宣布成立全球打假团队,这是一个新的部门,专门负责打击那些违反法律法规和亚马逊商城规则、在亚马逊上销售假冒商品的售假者,并将其诉诸法律。

这支全球性的跨职能团队由前美国联邦检察官、资深调查人员和数据分析师组成。亚马逊全球打假团队负责调查售假者试图规避亚马逊流程和系统监测,以及违反亚马逊商城规则上架假冒商品的案件。

亚马逊全球打假团队通过挖掘亚马逊商城相关数据,与支付服务商等第三方合作或通过其他公开来源搜集信息,并借助当地资源,收集案件线索并定位售假者。

为什么要谨慎遵循亚马逊政策?消费者相信亚马逊能提供一个安全的购物环境,卖家有责任采购并销售安全合规的商品。侵权行为一旦被确认,下架商品,暂停销售权限,还有可能会损失库存,甚至支付品牌方高额赔偿金。销售假冒伪劣商品的卖家和供应商还可能承担相应法律责任。

亚马逊知识产权政策主要涵盖对版权、专利权及商标权的保护。亚马逊非常重视知识产权侵权问题,即使卖家在不知情的情况下侵犯了他人的知识产权,仍然会采取措施,卖家账户可能会收到警告或被暂停。当卖家的商品收到知识产权侵权举报,亚马逊会在核实举报信息之后采取相应措施,如下架商品、暂停账户。

1.版权。版权旨在保护原创作品,如视频、电影、歌曲、书籍、音乐作品、视频游戏和绘画等,鼓励为了公众利益而创作原创作品。要获得版权保护,作品必须具有精神性内容,有一定的形式,且必须具有一定程度的创新性。原创作品的作者通常拥有该作品的版权。

2.商标。商标是指公司用来识别其商品或服务并将其与其他公司的商品和服务区分开来的文字、符号或设计,或其组合(如品牌名称或徽标)。换句话说,商标表示了商品或服务的来源。一般来说,商标法旨在防止买家对商品或服务的来源产生混淆。如果卖家决定在亚马逊上销售商品,请先考虑以下问题:销售的商品是否来自知名的经销商? 这些商品是如何获得的? 如需验货,能否证明它们为正品? 描述这些商品的方式是否会给买家造成混淆?

3.专利。专利是针对发明的一种法律保护形式。已公布的专利可授予其所有者禁止他人在固定年限内制造、使用、提供销售、销售或将发明进口到其他国家的权利,专利有 3 种主要类型:发明、实用新型专利和外观设计专利。

常见的侵犯专利权示例:卖家所售手机壳的样式、材质与已经获得其他商家专利的手机壳相似;卖家所售扫地机器人模仿热卖扫地机器人已经获得专利的静音功能;卖家售卖的可折叠婴儿车的折叠方式已经被其他商家申请专利。

制假贩假是侵权的一种形式。假货是指非法仿制全部或部分注册商标,或者仿制与注册商标极其类似的标志,销售来自非商标持有者的商品。在亚马逊上出售的商品必须是正品。亚马逊希望打造一个消费者始终可以放心购物的电子商务网站,希望客户知道他们在亚马逊购物时所投入的信任不会因购买到伪造商品而遭到破坏,所以严禁销售假冒伪劣商品,包括非法复制、仿造或制造的商品。如果卖家销售假冒伪劣商品,亚马逊会提供侵权申诉,在严重的情况下可能会暂停或终止卖家的亚马逊销售账户(以及任何相关账户)。

亚马逊一直致力于保护买家和权利所有者,与制造商、权利所有者、内容所有者、供应商和卖家共同合作,以便更有效地检测并阻止假货流入买家手中。全球打假团队专门负责打击那些违反法律法规和亚马逊商城规则、在亚马逊上销售假冒商品的售假者,并将其诉诸法律。诉诸法律的形式根据调查情况和证据不同包括民事诉讼,也包括跟当地执法机构合作,提供支持,由执法部门发起刑事诉讼。冻结资产也是打击违规售假的有效手段之一。

第三节　eBay 平台的交易规则

本节思维导图

一、eBay 平台简介

eBay 是可让全球民众上网买卖物品的线上拍卖及购物网站,主要服务范围有网上拍卖、电子商务、购物商场等,其网页见图 3-3。1995 年 9 月 4 日,皮埃尔·欧米迪亚(Pierce Omidyar)创立 Auctionweb 网站,总部位于美国加利福尼亚州圣荷西,Auctionweb 是 eBay 的前身。eBay 在全球拥有 37 个独立的站点及门户网站,全球主要销售站点有美国站、英国站、澳大利亚站、德国站、法国站、中国站等,支持全球 23 种语言,覆盖 190 多个国家和地区,拥有近 3 亿用户。

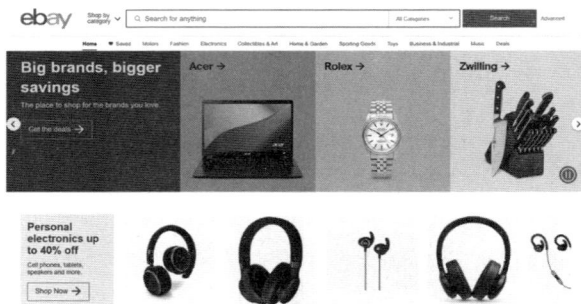

图 3-3　eBay 平台官网

二、eBay 平台基础规则[①]

(一)交易行为违规和用户沟通规则

1. 交易行为违规。

---

① 　基础规则来源于 eBay 官网。

(1)严禁卖家成交不卖。当卖家刊登在 eBay 上的物品有买家成功竞标,买卖双方相当于签订了交易合同,双方必须在诚信的基础上完成交易。

A. 当网上成功竞标后拒绝实际成交。

B. 收到货款不发货。如果卖家因为物品本身的原因无法完成交易(如损坏),卖家需及时与买方沟通,解释说明并提供解决方案,以获得买家的理解与谅解。虽然在这种情况下,eBay 鼓励买家与卖家进行沟通,获取新的解决方案,但买家不一定要接受卖家的解决方案,同时这可能会被记录为一次卖家的不良交易(Transaction Defect Rate)。所以,请卖家在刊登商品时务必熟知商品库存,在收到款项后及时发货,避免违反此政策。

(2)禁止卖家自我抬价。自我抬价是指人为抬高物品价格,以提高物品价格或增大需求为目的的出价行为,或者是能够获得一般大众无法获得的卖家物品信息的个人的出价。也就是卖家在竞拍的过程中,通过注册或操纵其他用户名虚假出价,或者由卖家本人或与卖家有关联的人所进行,从而达到将价格抬高的目的。

自我抬价以不公平的手段来提高物品价格,会造成买家不信任出价系统,为 eBay 全球网络交易带来负面影响。此外,这种行为在全球很多地方都是被法律所禁止的,为确保 eBay 全球交易的公平公正,eBay 禁止自我抬价。

由于卖家的家人、朋友和同事可以从卖家那里得到其他用户无法得到的物品信息,因此即使他们有意购买物品,为保证公平竞价,亦不应参与出价竞投。不过,家人、朋友和同事可在不违反本政策的条件下,以"一口价"的方式直接购买物品。

2.用户沟通规则。

(1)禁止使用不雅言辞。eBay 绝不允许网站的公共区域上有任何不雅或粗俗的语言出现,包括种族歧视、仇恨、色情,或者带有亵渎性及淫秽含意的语言。所谓公共区域,指的是网站上会员可查阅的所有区域,包括物品页、"我的档案"页、"eBay 商店"页、讨论区、聊天室或其他任何区域。如果买家对卖家的信用评价意见中含有不雅言辞，卖家可以详照"信用评价移除政策"，依规定提出移除信用评价申请。

（2）禁止未经允许的滥发电邮（垃圾邮件）。eBay 禁止滥发垃圾邮件。垃圾邮件是指未经要求且具广告性质的电邮。请特别注意：禁止发送提议在 eBay 以外进行私下交易的电邮。这种性质的提议对买卖双方而言，都具有潜在的诈骗风险，而且构成规避 eBay 收费的违规行为；警惕假冒 eBay 的电邮和网站，eBay 绝不会在电邮中要求你通过邮件中的链接及功能提供个人资料。

垃圾邮件不包括以下所列：eBay 意见调查、推广活动信息或其他电邮；非滥发性质的电邮（包括令人反感或不受欢迎的电邮）。如果你收到其他 eBay 会员寄发的垃圾邮件，请立即检举。为方便调查垃圾邮件的检举案件，请附上所收到的完整电邮，包括该信件的完整标题。在 eBay 之外进行的即时短讯和其他通信方式不在本规则的管辖范围之内。

（3）禁止滥用 eBay 联系功能。eBay 提供了一套联络系统，让会员有问题时，可以彼此联络。联络系统包括"联络会员""询问卖家问题"等功能，这些功能开设的目的是为会员提供公开的沟通途径，所以必须是为了协助交易顺利进行才可以通过这个系统传送讯息，请勿作为宣传及发送广告等私人用途。互相沟通的过程是会员在 eBay 交易时非常重要的体验，为了让会员们能够有更好的交易经验，eBay 除了提供联络渠道之外，也希望借着政策规范，避免会员滥用，以保护会员的权益。

（二）评价政策

1. 不得索取评价。

（1）买家不能以留低分、差评的方式威胁卖家获取额外的利益。买家不能以威胁卖家给予差评的方式让卖家提供本不属于产品的服务或者以低价购得产品。相同地，他们也不能使用相同的方式迫使卖家接受退货/退款。

（2）卖家不能以提供利益的方式要求买家留取好评或给予高分或修改评价。卖家不能以强制要求买家提供好评的方式，给买家发送他们购买的产品，或者接受退货退款的请求。卖家同样不能为了获取好评而提供给买家额外金钱或者其他好处。

当然，一旦一笔交易结束了，卖家可以邀请买家留下好评。如果双方解决了交易中发生的问题，卖家也可以邀请买家修改差评。希望各位卖家和买家能遵守评价管理政策，一旦发生违反评价管理政策的情况，则 eBay 将会采取相应的措施，比如限制购买或销售的资格，甚至暂停账号，违规案例如下。

买家不能以留差评或给卖家服务评级（Detailed Sellar Ratings，DSR）低分的方式来威胁卖家提供以下服务：卖家接受不包含在刊登条款或者 eBay Money Back Guarantee 中的退货并支付退货运费；卖家对于不包含在刊登条款或者 eBay Money Back Guarantee 中的商品提供全额或部分退款；降低运费和处理费；发送不属于该刊登产品的额外商品。这不包括买家要求更换与原始商品描述不符的商品的情况。

卖家不能在只有买家留好评或 DSR 高分的情况下才运送商品或退款给买家。

告知买家只有在买家留好评或者 DSR 高分的情况下才提供保修服务；卖家不能以向买家提供货币补偿的方式，如部分退款，换取买家的好评或修改中评及差评。

2.不得操纵评价。eBay 的评价系统允许会员在交易后互相留评。这是一个对于买卖双方来说在平台上赢得良好声誉的方式。为了确保这个系统平稳及公平的运行，我们通过规则来规范它的使用。任何企图通过增加你的评价成绩或降低其他成员评价的行为被认为是操纵评价。当然，eBay 不允许任何方式的操纵评价或留低分。如果买卖双方不遵守，评价可能被移除，而且 eBay 可能对买卖双方采取一系列的警告行为，包括限制买卖权利甚至暂停账户。

被允许的行为：如果一个商品的名字包含"评价"这个词，那是被允许出现在标题中的;先收到其他成员给你留的评价后你留下评价。

不被允许的行为:通过交换评价的方式提高评价评分,从而获得网站权利,或达到提高信誉的目的;在标题中包含"评价"一词或其他和 eBay 评价相关的内容(除非该词被用来描述销售的商品);通过重复购买和留低分的方式来操纵另一账号的评分;买卖评价;与其他账号合作或注册多个账户来人为地增加评价量。

对于以上不允许的违规行为,平台成员可以进行举报,这也是为了帮助我们尽可能公平和诚实地做出评价和卖家评分。在举报时,如果可以的话,确保提供用户名及商品编号,并简要概述该情况。

常见问题解答:

(1)什么是评价操纵政策?

答:任何企图通过提高你的评价成绩或降低其他成员评价成绩的这种行为都被认为是操纵评价。它有很多种形式,比如刷好评、买卖评价、给予不公平的低分。

(2)当某些人尝试操纵评价的时候,我应该做什么?

答:通过报告该成员的用户名、情况的简要描述和商品编号来让eBay 知道。

3.移除评价政策。在大多数情况下,评价是不能被更改或移除的,除非它违反了 eBay 的评价政策。但是,如果你觉得某个评论是错误的或者不公平的,可以请求修改评价。你是卖家,如果买家留下中性或负评价,我们鼓励你与买家联系,找到一个可接受的解决方案。请记住,eBay 不允许卖家通过强迫或欺凌买家来获得更好的评级。你有 30 天的时间提出修改评价的请求。每收到 1000 评论可以有 5个发送修订评价的额度。买家有 10 天的时间做出回复,要么接受并修改评价或不接受并提交原因。

(三)VeRO 项目规则

eBay 上的卖家有义务确保在 eBay 上刊登的物品是真实的,并且相应的物品描述不侵犯他人的权利。一些侵权的案例:带有权利人商标的物品,如商标,但未经权利人授权;未经授权的音频、视频或其他媒体副本;未经授权使用权限所有者刊登的图像或文本。VeRO 项目允许知识产权所有人及其授权代表向 eBay 报告可能侵犯他们权利的 eBay 网站上的在线刊登。VeRO 项目是 eBay 为提供一个安全的交易环境、尊重权利人权利的表现。

常见问题解答：

1. eBay 的刊登是因为哪些原因被举报了?

答:在 eBay 上的刊登被举报,主要有以下几个原因:

(1)商标侵权。商标是一个公司用来标识其产品或服务的独特标志(如名称、词组、短语、标识或符号)。例如,eBay 是公司名称,但它也是公司网站和各种 eBay 产品上使用的商标。《中华人民共和国商标法》存在的主要目的是保护消费者不让一家公司的商品或服务与另一家公司的商品或服务产生混淆。

(2)复制品和仿冒品。销售假冒伪劣商品或名牌产品的复制品是违法的,eBay 不允许在其平台销售这些物品。例如,某样物品并不是制造商生产的,但上面有某品牌的标签,比如有 Burberry 标签但不是 Burberry 生产的钱包。

(3)品牌名称误用。如果某产品不是由该品牌生产或与该品牌不兼容,则不能在刊登中使用该品牌名称。如果你所描述的产品是专门设计用于与该品牌的产品兼容的,你可以在该品牌名称前使用"兼容""适合"或"为……之用"等内容。例如,一个为 iPhone 设计的手机壳使用"Apple"品牌。

(4)商标滥用。如果卖家在物品描述中包含商标,请确保卖家有权使用它们。未经许可使用某权利人的商标是违反《中华人民共和国商标法》的,并可能误导买家。创建一个类似于其他人的商标也是商标侵权行为。例如,未经授权在描述或图片中列出某品牌商品并包含该品牌的商标。

(5)承诺保证。含有关于物品保证的虚假陈述的刊登违反《中华人民共和国商标法》。与产品保证有关的信息被视为重要信息而不应被歪曲陈述。卖家应该阅读承诺保证条款或联系制造商,以确保承诺保证条款符合买家的要求,然后再在刊登中做承诺保证。例如,刊登某个产品并包含制造商的承诺保证,而未事先检验该承诺保证是否包括转售产品。

(6)版权侵权。版权是对电影、音乐、软件、照片和书籍等创作作品的作者的法律保护,包括已出版和未出版的作品。版权保护可防止他人未经许可使用他人的作品。

(7)图像和文本。未经许可使用他人的图片或描述可能违反版权法。如果卖家使用由其他人创建的文本或图像,请确保卖家具有使用该文本或图像的权限。例如,从其他网站搜索复制的图像或文本。

(8)媒体软件、电影、绘画。出售未经授权的媒体软件、电影或绘画副本违反版权法。未经授权的副本包括但不限于备份、盗版、复制。版权保护可防止他人未经许可使用创造性作品。版权保护还涉及限制受版权保护产品的分销权。例如,制作未经授权的电影或音乐副本并出售。

(9)设计权(仅限欧洲、亚洲、澳大利亚和新西兰)。设计权适用于产品的外观、形状和配置,但不适用于其功能。设计权保护设计不被他人复制和使用。

例如,设计师设计的沙发的外形和制作的材料被复制并用来制作仿制品或类似品。

(10)专利权(欧洲)。专利是授予发明人的一组特定权利,赋予发明人排除他人制造、使用和销售其发明的权利。专利在各地区的专利商标局注册。

(11)平行进口。某些产品只能在某些特定的市场或国家进行销售,若将这些产品销售到另一个国家或市场可能违反商标法或版权法。我们强烈建议卖家在开展销售之前对所在国及产品即将销售的国家的法律进行必要的了解。例如,仅在美国销售的产品刊登后向欧洲买家开放销售。

2.如何创建一个合法的刊登?

答:(1)为卖家的刊登编写的文本并对刊登的产品进行拍照。未经内容所有者的特别许可,请勿使用来自其他网页、制造商网站、第三方产品目录或其他来源的文本或图像。

(2)使用 eBay 产品目录创建卖家的物品。如果卖家正在创建已添加到 eBay 产品目录中的刊登,则可以利用现有的图片和产品详细信息。

(3)确保刊登中的陈述是正确的和完整的。权利所有人可能会反对含有虚假、不准确或误导性的品牌或产品声明的刊登。

(4)适当使用品牌名称。如果卖家卖的是名牌产品,卖家可以在卖家的商品刊登中注明该品牌名称,并附上卖家所卖商品的照片。如果不是,不要在卖家的刊登中暗示卖家是该品牌的授权经销商/经销商。

(5)查看由知识产权所有者创建的 VeRO 参与者页面。eBay 鼓励知识产权所有人通过 VeRO 项目创建一个参与者简介页面,说明他们有关侵权的政策和相关举报流程。如果卖家对某个感兴趣的商品有疑问或疑虑,请查询相关"VeRO 项目参与者简介页面"。

3. 如果有超过一次的 VeRO 违规,eBay 会怎么处理?

答:继续侵犯知识产权的卖家将面临一系列后果,包括但是不限于限制销售甚至暂停账号。

4. 为何卖家的刊登被移除了,但是 eBay 上的其他同类刊登正常显示?

答:卖家可能会在 eBay 上看到与卖家的物品相似但尚未删除的刊登。这发生的原因可能有:卖家的刊登与其他刊登之间可能存在不明显的差异。知识产权所有人可能报告了卖家的刊登涉嫌侵权,但尚未报告其他刊登。如果卖家看到另一个刊登并认为其违反了所有者的权利,请以电子邮件与权利人取得联系。

5. 卖家向 eBay 支付的费用能否返还?

答:如果因为卖家的刊登违反政策而被 eBay 移除,eBay 可能会向卖家退还相应的费用,具体取决于卖家违反的政策及卖家过去是否违反了 eBay 的政策。

6.如果 eBay 认为权利人错误地举报了相关刊登,该如何进行处理?

答:如果卖家的刊登被举报,并且卖家认为该刊登是被错误地举报,请直接与权利人联系。eBay 会向卖家发送含有权利人联系信息的刊登删除的电子邮件通知。如果权利人的确存在错误,他们会给 eBay 发电子邮件收回他们的举报。

7.如何填写反通知(仅适用于美国)?

答:根据美国《数字千年版权法》,反通知只能提交基于美国的版权举报。卖家可以根据《美国法典》第 17 卷第 512(g)(3)节所述,了解卖家在提交反通知时所需要提供的信息。一旦 eBay 收到有效的反通知,我们将向 VeRO 项目参与者提供一份通知副本,并通知他们,如果他们不通知 eBay,为了限制卖家的刊登,他们已经提起诉讼或寻求法院命令,卖家的发布将在 10 个工作日后恢复。如果卖家想提出反通知,卖家可以联系 eBay。

8.刊登被删除后,eBay 能再一次刊登吗?

答:如果卖家的刊登被删除了,请勿在没有找到原因的情况下重新进行刊登。如果卖家的刊登是由于描述方式(图像或文本)而被删除的,卖家可以编辑并删除有争议的内容并重新刊登。重新刊登通过 VeRO 项目举报的假冒商品可能会导致一系列后果,包括但不限于限制销售或暂停账号。换言之,重新刊登不适用于被报告为涉嫌侵权的物品。

9.eBay 能核实卖家刊登的物品吗?

答:不,eBay 不是知识产权方面的专家。因此,eBay 无法对卖家所列的物品是授权还是合法做出判断。这就是 eBay 敦促卖家直接联系权利人的原因。

10.为什么 eBay 不联系卖家就删除了卖家的刊登?

答:当 eBay 通过 VeRO 项目收到一个据称侵犯知识产权的刊登的举报时,eBay 必须尽快删除该刊登。eBay 无法在 eBay 网站删除涉嫌侵权的刊登和/或内容之前与其联系。

拓 展 阅 读

三千亚马逊中国卖家账号被封:"滥用评论"与"善用工具"

持续多月的"亚马逊封店潮"喧嚣过后,跨境电子商务巨头亚马逊终于出面回应此事。2021年9月17日,亚马逊全球副总裁、亚马逊全球开店亚太区执行总裁戴竫斐(Cindy Tai)在接受包括《澎湃新闻》在内的媒体采访时表示,在近期关注的封号事件中,亚马逊共封禁600多个中国品牌,约3000个卖家账号,这些账号均有多次反复滥用评论行为。

戴竫斐称,被封号的600多个中国品牌涉及反复滥用评论之外的违规行为,例如伪造身份、行贿(和一些灰色产业方合作)、销售非法产品等。这是亚马逊首次公开回应此事。在过去的几个月中,一批亚马逊上的头部中国卖家接连账号(店铺)被封,澎湃新闻记者从多个被封商家处了解到,封店此前也有发生,但通常申诉解释后就可恢复,但这一次亚马逊的力度显然"史无前例",且商家认为亚马逊的规则尺度难以掌握。

约3000个卖家账号被封

亚马逊的封店潮不断蔓延,深圳的B2C跨境电子商务首当其冲,从上市企业的公告中可以一窥跨境电子商务卖家的困境。6月16日,星徽股份(300464)发布公告称,星徽股份子公司深圳市泽宝创新技术有限公司旗下的RAVPower、Taotronics、VAVA 3个品牌涉及的部分店铺于2021年6月16日被亚马逊平台暂停销售,经查,原因可能是部分产品赠送礼品卡,涉嫌违反亚马逊平台规则。7月6日晚间,天泽信息(300209)连发3份利空公告,股价相应下跌。对这家困境中的上市公司来说,相比并购贷款逾期、5年前收购的子公司陷入经营困境,作为公司摇钱树的全资子公司有棵树科技有限公司(以下简称"有棵树")出问题才是更大的麻烦,后者因涉嫌违反亚马逊平台规则被封禁。天泽信息披露因违反平台运营规则,有棵树2021年度已新增被封或冻结站点数约 340 个,占 2021 年 1 月至 5 月亚马逊平台存在销售收入的月均站点数的 30％左右,1.3 亿元资金被冻结,预计上半年有棵树营收下滑 40％—60％。从公开报道中可知,这是迄今为止,亚马逊对中国卖家惩罚最重的个案。8 月 27 日晚间,天泽信息发布半年度业绩报告,报告表明:2021 年上半年营业收入约为 11.77 亿元,同比减少 50.27％;归属于上市公司股东的净利润亏损约 9.49 亿元;基本每股收益亏损约 2.27 元。

8 月初,又一家亚马逊大卖家被封号。8 月 4 日晚间,ST 华鼎(601113)公告披露,7 月中下旬以来,全资子公司深圳市通拓科技有限公司(以下简称通拓科技)的多个品牌涉及的店铺被亚马逊暂停销售且资金被冻结。公告称,原因可能系部分商品的评论涉嫌违反亚马逊平台规则。截至公告日,通拓科技被禁售关闭店铺数共计 54 个,冻结资金 4143 万元,占公司 2020 年末货币资金的 4.27％。

封店、冻结资金,给卖家带来的灾难性后果是现金流断裂。一位不愿透露姓名的卖家负责人告诉《澎湃新闻》记者,为了扩大销量,中国卖家往往采用铺货模式。鉴于海运时间较长,卖家要先把货物运到亚马逊海外仓库,第一批到货时第二批货已在路上,"封店、冻结资金,必然导致资金流断裂"。深圳一直在打造"跨境电子商务之都"。深圳海关数据显示,2021 年上半年,深圳海关监管跨境电子商务货物货值过千亿元,已超 2020 年全年总量,继续领跑全国。曾有公开报道援引深圳市跨境电子商务协会统计称,2021 年 7 月和 8 月这 2 个月时间,亚马逊平台上被封店的中国卖家超过 5 万家,行业损失金额预估超千亿元,而深圳电子商务行业在此次封店风波中受损最为严重。

直到 9 月 17 日,亚马逊给出了数字——600 多个中国品牌、约 3000 个卖家账号被封。不过亚马逊方面表示,中国卖家在亚马逊平台的销售额占比并没有发生改变。"从官方数据上,没有观察到封号事件对中国卖家的业务影响。中国卖家在亚马逊上的业务增长是可观的。"戴竫斐回应道。一家年销售额超过 10 亿元的跨境电子商务企业从业人员马斯（化名）则反驳了亚马逊方的说法，他表示，虽然资金可以解封，但其本身对电子商务的现金流和周转影响很大，"之前卖家备货，需要把现金压在上面，现在把我的出货口断了，我只能去其他渠道卖，量肯定没有那么多。我的现金90天才能解封，对企业而言，现金流断裂的影响是很大的"。

为什么大规模查封？

在此次封店潮中，亚马逊给出的理由是"滥用评论"，还有涉及伪造身份、行贿（和一些灰色产业方合作）和销售非法产品等。5月20日，在《致亚马逊全体卖家信》中，亚马逊全球客户信任与合作伙伴支持团队副总裁达摩什·梅塔（Dharmesh Mehta）称，亚马逊的政策一直明确规定卖家不可以滥用评论。根据亚马逊的《销售政策和卖家行为准则》，通过支付费用或提供奖励（如优惠券或免费商品）请求买家提供或删除反馈或评论、要求买家只编写正面评论或要求买家删除或更改评论、仅向获得良好体验的买家征集评论等操控评论的行为都是被禁止的。若违反相关政策，亚马逊可能会对卖家账户采取取消商品、暂停或没收付款及撤销销售权限等措施。

一家年销售额超10亿元的企业的跨境电子商务从业人员马斯称，中国第三方卖家运营模式，主要是精品模式和铺货模式。前者有自己的品牌、产品，不是自己生产。后者以量取胜，拥有大量的最小存货单位（Stock Keeping Unit，SKU）（产品），比如耳机、电灯、木桌椅，海量的产品形态，甚至有几万几十万件产品，都是买来再贴上自己的牌子销售。"左手买，右手卖，总有几款能卖火的，以量取胜。"马斯透露，为了提升销售业绩，卖家的办法除了通过亚马逊站内广告或站外引流，还有就是提升产品本身的星级排行。"排行越高越靠前，星级评价、评论数量越多，越能吸引客户去下单。"马斯称，此前亚马逊并未严格执行这项政策。"大约从2015年开始，他们每年在会员日大卖之前，都会定期封号，但都是针对特定行业的。"

这次查封与以往有何不同？

马斯称，之前只封店铺，不封品牌，这次同一品牌下的店铺全封。

像这次这样大规模全行业封号且解封无望的情况还是第一回。他说：
"亚马逊之前的管理是，我封你的号，你申诉时是否认识到你做错了，
你要给我一个解决方案，你怎么纠正自己的错误。你触犯了平台的规
则，我就封你。封了之后，你给我一个合理的理由，我就去解封。"戴竫
斐则表示，根据亚马逊的流程，对卖家给予多次申诉机会。"必须到了
完全无法相信这个卖家，我们才会做出这样的决定"。马斯提到的中
国卖家想办法提升产品星级排行的手法，亚马逊也注意到了。在 9 月
17 日的活动上，戴竫斐称，中国卖家在使用提升销量的工具上，非常积
极并得心应手。但在品牌打造的工具上，中国卖家的积极度与使用情
况，却有比较大的差距。显然，中国卖家吃透了亚马逊的销售规则，熟
悉如何提高销量，但对于亚马逊的红线却未加以研究。

一名跨境电子商务从业者对《澎湃新闻》记者表示，希望今后亚马
逊在制定规则后，能为卖家提供电子商务平台合规培训或者更多阐释
性文件。"类似司法解释，毕竟我们中小卖家对规则的理解能力有限，
很难做到合规。"也有受访卖家对亚马逊大规模封杀中国卖家质疑，认
为亚马逊基于自身平台封杀中国卖家，在封号过程中存在选择性"执
法"。但这名卖家没有为自己的说法提供具体证据。

马斯告诉《澎湃新闻》记者，关于封号原因，刷单、虚假评论只是一
部分原因，亚马逊规则很多，被投诉也可能被封号。马斯说，亚马逊针
对不同区域的卖家，执行规则也不同。"如果是美国卖家，触犯平台规
则的是 80 分，对中国卖家的规则是 60 分。这是我们的业务同事反馈
的。"马斯称，"亚马逊会把规则写在纸面上，但说实话，说得比较宽泛，
不会清晰告诉你。还有它的规则本身也在变化，不是一成不变的。一
方面纸面上的规则要去遵守，另一方面，卖家也要摸索规则的把
控度。"

对于中国卖家的这番表态，亚马逊方面并不认可。戴竫斐在 9 月
17 日表示，亚马逊的封号行为并非针对中国商家，全球商家都有涉及，
"我们的政策绝对是全球一致的，卖家所在地和我们的政策无关。不
针对卖家在哪里，不针对卖家的大小，仅仅是针对卖家的具体行为。

至于在哪个国家,这是我们不可控的。"不过,亚马逊并未提供今年同期全球范围内封号的具体数据。

深圳鼓励电子商务独立站建设

2021 年 8 月 5 日,深圳市商务局发布通知,鼓励支持有条件的企业通过应用独立站开展跨境电子商务业务,对符合条件且评审通过的每个项目给予 200 万元资助。

有分析认为,深圳市商务局此举意在引导卖家通过独立站的方式获得更多主导权,避免跨境电子商务业务过度依赖亚马逊,从而减少对外贸易活动的风险。

8 月 13 日,针对亚马逊大规模封店对卖家的影响,深圳市商务局召开了跨境电子商务企业座谈会。在这次座谈会上,深圳市政府主要了解了亚马逊封店对跨境电子商务出口企业带来的负面影响,企业目前已采取了哪些自救措施,以及跨境电子商务企业希望政府部门提供哪些帮助。在接受《澎湃新闻》记者的采访时,深圳市商务局称,跨境电子商务企业代表在座谈会上主要表达了 3 点诉求:一是,平台封号导致账户资金被冻结,库存被要求尽快移出,企业有短期流动性资金需求。二是,企业希望亚马逊方能够建立与卖家更加直接的申诉沟通渠道,希望平台能够给卖家更多的合规指导。三是,希望媒体能够客观真实地报道封号事件,避免跟风报道未经核实的企业负面信息。深圳市商务局称,会支持企业尽快恢复正常经营,降低事件负面影响,并将结合企业诉求,会同有关部门通过组织相关活动为受影响企业提供法律咨询指导、搭建政企平台三方沟通渠道、协调金融支持和新的销售渠道等,帮助企业通过合法途径维护自身权益、缓解周转资金压力、解决短期经营困难。深圳市商务局也表示,将通过完善通关节点、创新监管服务、降低经营成本等举措持续优化深圳跨境电子商务产业发展环境,以及通过支持独立站建设、数字化应用和公共海外仓建设,助力深圳跨境电子商务企业高效拓展海外市场。

在 8 月 5 日的专项资金支持事项申报工作通知中,深圳市鼓励跨境电子商务企业建设独立站,化解依附电商平台的渠道风险。官方最后说:"将通过搭建风险防控资讯服务体系、开展跨境电商合规经营系列培训、强化合规经营企业支持、编制企业合规建设指引等方式推动跨境电商企业加强合规经营能力建设,增强企业抵御风险能力,促进跨境电商行业持续健康发展。"戴铮斐也提及,未来将持续加大对中国卖家的本地化服务。

呼吁净化电子商务从业环境

在跨境电子商务行业,深圳平湖华南城和坂田聚集了国内跨境电子商务的头部、腰部企业。被封号的通拓科技、有棵树等企业的总部均位于华南城。《澎湃新闻》记者前往平湖华南城,上述企业没有接受采访。大规模封店一定程度上影响了深圳跨境电子商务行业的发展,但广东头狼教育科技有限公司创办人朱加宝认为,从长远来看,这次查封对行业的正面影响会远远大于负面影响,更不会对全行业造成毁灭性打击。这家位于华南城一号交易广场5楼的专业技能培训机构紧邻同一楼层的通拓科技,数百名学员正在接受电子商务培训。朱加宝介绍:"这边很多企业的员工都是我们从学校招聘过来再培训的。从2015年开始,跨境电子商务方面的学员多起来了,大约有3000多人。"

朱加宝认为,亚马逊这次封号属于良性市场行为,很多中小卖家进入跨境电子商务行业后,习惯性用中国的市场行为去干预平台的规则,造成违规者获益的情况。本来相对"保守"的大卖家被迫采取相同措施,通过一些手段去干预市场。他说:"现在大规模查封不守规矩的商家,整体看是净化市场环境,让卖家都遵守市场规则,不像以前那样,拿钱刷单。那样的话,老老实实做生意的人就没有机会,现在大家在一个起跑线上,拼服务拼质量。"

(资料来源:澎湃新闻,三千亚马逊中国卖家
账号被封:"滥用评论"与"善用工具")

本章小结

全球速卖通是阿里巴巴集团面向国际市场打造的跨境电子商务平台，被广大卖家称为"国际版淘宝"，目前是中国最大的出口 B2C 电子商务平台，是全球第三大英文在线购物网站。全球速卖通平台的基础规则分为卖家基本义务、交易规则和违规及处罚规则。

亚马逊公司成立于 1994 年，是美国最大的网络电子商务公司。亚马逊平台规则包括卖家行为准则和违规侵权相关政策。

eBay 是可让全球民众上网买卖物品的线上拍卖及购物网站，主要服务范围有网上拍卖、电子商务、购物商场等，覆盖 190 多个国家和地区，有近 3 亿用户。eBay 平台规则包括交易行为违规和用户沟通规则、评价政策和 VeRO 项目规则。

思考题

1. 全球速卖通平台上常见的拒付原因有哪些？
2. 简述亚马逊平台的违规侵权相关政策。
3. eBay 上的发布被举报的主要原因有哪些？

第四章
跨境电子商务支付的法律法规

学习目标

1.了解跨境电子支付的概念。

2.掌握跨境电子支付的主要模式、特征与支付流程。

3.掌握常见的跨境支付工具、使用范围及优缺点,以及主流跨境支付方式的综合比较。

4.了解我国跨境电子支付的发展现状。

5.理解并掌握我国跨境电子支付现存的法律法规。

6.理解并掌握美国、欧盟、巴塞尔委员会、联合国贸易法委员会等的与跨境电子支付有关的法律法规。

7.了解我国跨境电子支付法律存在的问题及相关建议。

第一节 跨境电子支付基本介绍

本节思维导图

一、跨境电子支付的概念界定

2020年,我国跨境电子商务进出口额为1.69万亿元,同比增长31.1%。在2020年的"618"年中大促销中,各大进口跨境电子商务平台纷纷"参战",京东国际成交额同比增长110%,苏宁国际当日开场2小时的订单较去年同期增长了128%。跨境电子商务作为新兴贸易业态,在全球疫情的冲击下呈现逆势增长态势,成为我国外贸发展新亮点,而跨境电子商务规模的快速扩张离不开跨境电子支付的重要支撑。

目前对于跨境电子支付的概念仍缺乏权威性的解释或规范性表述。根据中国人民银行 2005 年颁布的《电子支付指引(第一号)》,电子支付是指单位、个人直接或授权他人通过电子终端发出支付指令,实现货币支付与资金转移的行为。同时,国家外汇管理局将支付机构跨境外汇支付业务定义为:"支付机构通过银行为电子商务(货物贸易或服务贸易)交易双方提供跨境互联网支付所涉的外汇资金集中收付及相关结售汇服务。"因此,可将跨境电子支付理解为:两个或两个以上国家或地区之间因国际贸易、国际投资及其他方面发生的国际债权债务,借助一定的电子化结算工具和支付系统实现的资金跨国和跨地区转移的行为。如跨境电子商务中,由于买卖双方所持币种不同,就需要通过一定的结算工具和支付系统实现两个国家或地区之间的资金转换,最终完成交易。

二、跨境电子支付的主要模式与比较

(一)跨境电子支付的主要模式

跨境电子支付可以分为银行间直接支付和第三方支付机构参与下的跨境互联网支付模式两大类,具体模式如表 4-1 所示。

表 4-1 我国跨境电子支付的主要模式

类型	到账时间	手续费用	应用场景
银行账户直接收付款	2—3 天	费用较高但有封顶	B2B 大额交易 传统进出口贸易
通过第三方支付机构通道收付款	T+0	手续费率较低	小额且高频交易

1.银行间直接支付模式。银行间直接支付是指跨境电子商务平

台与跨境买卖双方开设账户的商业银行直连,通过平台对接的银行入口进行支付结算,这种模式与最传统的外贸企业收款模式并无本质区别,银行间系统直连能够从根本上保障支付数据的安全,具体包括电汇、银联国际、卡组织等形式。该模式可以理解为线上下单、线下支付模式,即境内消费者通过电子商务平台查询、搜索海外商品信息,挑选商户,再通过海外商户"了解交易信息"后发出订单信息,待消费者完成付款后,由海外商户通过国际快递发货。在此模式下,消费者需要应海外商户要求通过银行柜台或网上银行购汇,并填写汇款申请表,按照订单金额汇入海外商户指定账户,并承担汇款后海外商户不发货等风险。可归入传统商业银行付款模式的还有信用卡支付模式,即消费者在完成订单确认提交订单后,选择信用卡完成支付,海外商户在收到支付完成信息后发货。使用信用卡支付的情况下,如果海外商户接受人民币,那么境内消费者可以使用人民币信用卡向境外商家付款;如果海外商户接受其他货币(如美元),境内消费者应使用双币种或多币种信用卡支付。

2.第三方支付机构参与下的跨境互联网支付模式。第三方跨境支付指第三方支付机构为跨境电子商务、境外线下商务的交易双方提供跨境互联网支付或移动支付服务,包含外汇资金集中收付及相关结算等业务,具有快速便捷、安全性高等特点。该模式下境内消费者可通过电子商务平台提供的海外特约商户,选择自己希望购买的商品,以电子订单的形式发出购物请求,然后通过与第三方支付机构账号绑定的银行卡,支付相应的人民币给第三方支付机构即可以完成付款,第三方支付机构与备付金存管银行或合作银行来完成外汇兑换,最后由第三方支付机构将货款划转给境外商户的开户银行。具体包括消费者(付款人)在境内、商家(收款人)在境外交易模式(进口模式)和消费者(付款人)在境外、商家(收款人)在境内模式(即出口模式)。

(二)第三方跨境支付与传统跨境支付的比较

第三方支付机构解决跨境电子商务平台单独对接各银行的难题，降低了平台开发成本及平台使用费率，为用户提供了更加友好的跨境支付操作界面，而且可以在买家和卖家的交易中发挥货款监管的作用，因此第三方支付机构通道是目前大多数跨境电子商务出口平台上境内卖家使用的收款模式。

与传统跨境 B2B 贸易相比，跨境 B2C 贸易有着小额、高频、对回款速度要求高的特点，而传统跨境支付手段无法满足这样的需求。传统银行电汇汇款到账一般需要 3—5 天，而第三方跨境支付可以实现更快到账，快速回款不仅大大降低了商家的汇率损失风险，同时保证了其资金得以正常运转；同时银行电汇及汇款公司都存在手续费高昂、流程烦琐的痛点，第三方跨境支付机构通过聚集多笔小额跨境支付交易，有效降低交易成本，非常适用于金额小、数量多的跨境电子商务交易。

三、常用的跨境支付工具

(一)常用的跨境支付工具简介

1. 银行电汇(T/T)。银行跨境电汇是传统的进出口贸易跨境结算方式之一，也常常用于跨境电子商务零售模式中，适合跨境电子商务零售较大金额的交易付款。电汇是最快捷的一种汇款方式，银行对电汇业务一般都是当天处理，不占用汇款资金。它在收取汇费时需要加收电报费，由汇款人承担。银行电汇业务分为前 T/T(预付)和后 T/T(发货后或收到货后付款)。其交易风险高于信用证，但支付给银行的手续费远远低于使用信用证的费用。其在实际工作中的业务流程是：汇款人先向银行提交汇款申请，并向银行交款付费，再由银行通过发送加押电报或电传等方式告知汇入行，汇入行给收款人发送电汇通知书，收款人接到通知后去银行兑付，银行进行解付，解付完毕后汇入行发出借记通知书给汇出行,同时汇出行向汇款人出具电汇回执。

(1)优点:在跨境电子商务零售模式中,采用电汇方式时,一般要求使用前 T/T 方式,即先付款后发货,这样可以较好地保护跨境电子商务卖家的利益;银行电汇设置了汇款手续费的最高限,但是对汇款金额没有最低限和最高限的设置,不管汇款金额多少都可以使用;电汇对于汇款人的身份也不做限制,相对于传统结算方式中的信用证和托收,电汇结算手续比较简单,易于操作。

(2)缺点:作为传统的线下支付方式,汇款人需要去银行柜台办理相关业务,业务的发展受限于银行网点的分布;银行基本占领传统进出口贸易的跨境支付结算市场,买卖双方都要支付手续费,相对于新兴的线上跨境支付工具,其手续费较高;在跨境电子商务零售交易中,一般卖方要求使用前 T/T 方式,这样买方要承担较大风险,不利于交易的迅速达成。

2.西联汇款(Western Union)。西联汇款是世界上成立较早并成功转型的金融服务公司,拥有先进的电子汇兑金融网络,在全球近 200 个国家和地区拥有众多特快汇款代理网点。西联汇款在中国的合作伙伴主要有中国建设银行、中国农业银行、中国光大银行、中国邮政储蓄银行、浦发银行等多家银行,适用于 1 万美元以下中等交易金额的支付。通过西联汇款无须银行账号,只需要收款人的名字、地址和电话,汇款人的姓名、国家、币种和金额及监控号(Money Transfer Control Number,MTCN)即可。有了这些信息,收款人前往就近的西联合作网点,填写西联取款表格,将汇款监控号、表格和身份证件交给工作人员,经核实后即可领取汇款。此种支付方式方便快捷,大概只需花费 15 分钟。西联汇款手续费采用按笔收取的方式,其安全性主要体现在卖家先收钱后发货,对卖家最有利,在欧洲和美国客户中接受程度相对较高。

(1)优点:跨境电子商务商家即西联汇款的收款人无须支付任何汇款手续费;西联全球安全电子系统提供操作密码和自选密码以核实款项的相关信息,确保每笔汇款安全快速汇到指定的收款人手中;办理汇款手续简单,依托全球电子金融网络系统,收款人仅需短短数分钟即可收到汇款;西联国际汇款公司在国外的代理点包括银行、邮局、外币兑换点、火车站和机场等,代理网点分布众多,便于交易双方汇款和收款;西联汇款与国内银联电子支付共同推出在线汇款方式,实现从线下到线上的转变,更加方便快捷。

(2)缺点:对于汇款人而言,需要按照一定的比例支付汇款金额的手续费,如有其他额外要求,则加收附加服务费,对于小额款项而言手续费偏高;对于初次交易的买卖双方,要先付款后交货,买方因承担较大风险而易于放弃交易;结算货币单一,目前仅支持美元汇款。

3.速汇金(Money Gram)。速汇金国际汇款是一种个人间的环球快速汇款业务,与西联汇款相似,业务模式也基本相同,适用于年交易额在5万美元以下的跨境电子商务零售业务。采用速汇金汇款无须通过银行渠道,而是依托于速汇金的汇款通道。速汇金与国内的工商银行、中国银行、中信银行、交通银行均建立了广泛的业务合作关系。

(1)优势:汇款速度快,在速汇金代理网点(包括汇出网点和解付网点)能够正常受理业务的情况下,速汇金汇款在汇出后十几分钟即可到达收款人账户;汇款手续费实现系统自动扣收,分为业务手续费和佣金两个部分,无其他附加费用和隐藏费用,收费略低于西联汇款。与西联汇款相似,手续费由汇款人支付,收款方无须承担任何手续费或附加费;汇款手续简单,无须填写复杂的汇款路径,也不要求收款人预先开立银行账户。

(2)缺点:速汇金服务仅限工作日办理,因此非工作日无法为客户提供汇款服务;并且仅服务于境外汇款,汇款人及收款人均必须为个人,不适用于公司身份的交易双方;若客户使用现钞汇款,需交纳一定的现钞变汇的手续费;属于传统的线下支付模式,不能很好地适应跨境电子商务零售的发展需求。

4.第三方支付。随着跨境电子商务的不断发展,尤其是跨境电子商务零售如B2C、C2C、F2C模式的迅速发展,线下跨境支付方式日益不能满足小额跨境消费的支付需求,跨境电子商务第三方支付方式应运而生,如 Paypal、阿里巴巴 Secure Payment、CashrunCashpay、Moneybookers、Payoneer、WebMoney 等众多在线支付方式层出不穷,相比线下支付方式,第三方支付方式更适用于从事跨境电子商务零售平台的企业和个人。以 PayPal 为例,PayPal 于 1998 年诞生于美国,被广泛用于跨境在线交易,提供即时支付、即时到账服务,企业或个人通过电子邮件注册即可成为 PayPal 客户。作为全球化支付平台,PayPal 目前拥有约 2.77 亿个活跃用户,这些用户分布在全世界 200 多个国家,支持超过 100 种货币,近 70% 的在线跨境买家都喜欢使用 PayPal 为海外购物买单。它通常适用于小订单或样品等的小额收款。PayPal 采用电子邮件的方式来实现线上支付,在有效减少传统的邮寄或者汇款方式所带来的不安全和不方便的同时,大大提高了便捷性和时效性。同时,PayPal 最大限度地保证了买家和卖家的利益。例如,对于买家来说,如果交易符合买家保障的条件,一旦出现意外,PayPal 会赔偿其损失。对于卖家来说,只要符合卖家保障条件的交易,通过 PayPal 收款,卖家再也不必担心收到"未经授权的付款"或买家"从未收到物品"等不良情况。集成在 PayPal 账户中的高级管理功能,能够帮助商家轻松追踪每一笔交易详情,保护买卖双方的权益。因其品牌效应良好,PayPal 在欧美地区使用率极高,甚至可以说是全球范围内在线支付企业的代表。在中国,PayPal 已与中国银联、AliExpress 等展开业务合作。

(1)优点:方便快捷,无须临柜办理汇款手续,可实现足不出户完成跨境交易的支付环节;在网络环境下可随时随地完成跨境在线支付,不受时空分布的影响;支付成本较低,操作方便,交易双方不必考虑背后复杂的技术操作过程;第三方支付平台在交易中起到信用保证的作用,可以促进跨境交易的达成;整合多种支付方式,并与银行相关联完成交易结算,交易双方可根据需要选择相应的支付方式,使网上购物更加快捷便利。

(2)缺点:第三方支付平台的提现手续费较高;容易造成收款方资金沉淀,在缺乏有效的流动性管理的情况下,存在资金安全和支付风险;由于没有强制性的付款约束,在交易纠纷中第三方支付往往更偏向保护客户的利益,收款方存在被拒付风险。

5.国际信用卡方式。信用卡兼具支付和信贷功能,持卡人无须事先存款,即可先行刷卡消费,并享有一定期限内的免息还款的权利。国际信用卡支付方式适用于从事跨境电子商务零售交易的平台和独立的 B2C 平台。许多跨境电子商务平台,通过与卡组织合作如 Visa、MasterCard 等,或直接与海外银行进行合作,支持外贸中 1000 美元以下的小额支付。

(1)优点:买家付款过程简单方便,付款快捷,仅需 3—5 秒钟;信用卡的用户人群非常庞大,尤其是欧美地区客户,因其习惯于提前消费,信用卡支付方式迎合其消费习惯;由于属于银行对银行模式,如果是恶意拒付,会影响持卡人在银行中留下的信用状况,给持卡人日后的生活、学习、工作会带来极大的不便,因此有助于降低拒付风险;采用信用卡方式进行支付,当涉及交易争议时,银行仅冻结该笔交易的金额,而不会对整个账户进行冻结。

(2)缺点:国际信用卡需要支付开户费和年服务费,用以国际银行支付网关的通道维护;一般而言,每张信用卡都设置了一定的信用额度,甚至部分信用卡还设有单笔限额和日交易限额,超出额度与限额的付款请求将无法完成;信用卡普及率在不同国家间有较大差异,一些国家和地区如中东,信用卡的持有比率较低;国际信用卡有 180 天的拒付期,持卡人在拒付期内可以向银行申请拒付账单,因此收款方仍存在被拒付的风险。

(二)主流小额跨境支付方式的综合比较

跨境支付方式的选择一般都遵循"易操作、好收款、低成本"的原则。以下将从费用、风险、便捷性 3 个方面对所选的 3 种主流跨境支付方式进行比较。

1.费用。跨境支付的手续费、交易费或提现费对跨境小额订单而言,仍然是一笔不小的成本。使用 PayPal 在线付款不必支付任何手续费,如使用其他货币付款,则只需支付小笔兑换费用。对商家而言,虽然无月租费、无开户费,但在使用PayPal收款时需要支付一定的交易费。商户月销售额越高,所需支付的交易费率越低(3.4%—4.4%)。另外,如果需要提现,PayPal客户需支付一定的手续费,手续费按提现次数收取。提现方式及出款币种不同也会影响手续费的高低。例如,每笔电汇至中国的银行账户提取美元需要支付35美元的手续费,而通过支票提现美元每笔需支付5美元的手续费。可以看出,小额多次提现对PayPal客户而言并不经济。

使用西联汇款,手续费由买方承担,卖方则无须另行支付费用。西联汇款业务的手续费根据汇款金额而有所不同,汇款金额越高手续费就越高。如汇款金额在1万美元以下,手续费在15美元到40美元不等。超过1万美元,则每增加500美元需加收20美元的手续费。因此,对于1万美元以下的交易额,商户可以根据具体金额选择使用PayPal或者西联汇款,超过1万美元的汇款,使用西联汇款的手续费更加低廉。使用电汇汇款同样会产生手续费,不同银行的费率收取标准不同。买卖双方可以自行决定手续费由哪方来承担,比较灵活。除了手续费,使用电汇时,可能还需要支付一定的电报费。

2.风险。网络安全和信用问题一直是电子商务发展无法回避的痛点。欺诈问题广泛存在于国际贸易小额支付中,并且撤单率、纠纷率非常高。同时,较之于传统商店,网上交易商品的质量难以得到保障,需要建立一套完善的信用体系来保证交易的正常进行。作为全球应用率最高的第三方支付平台,PayPal向用户提供防欺诈检查清单和买卖双方保障。对卖家来说,只要交易符合条件,PayPal针对未经授权的付款、因欺诈发生的付款撤销及物品未收到的补偿申请为卖家提供保障。对买家来说,如果订购的物品未送达或与描述不符,则可以在180天内提出补偿申请。但使用PayPal仍有风险,如PayPal支持买家在利用该平台付款后,在半年内仍可以利用"发起争议"或"未授权"声明进行撤款,这会增加卖家账号被冻结的风险。

作为世界领先的汇款公司,西联汇款提供的全球安全电子系统能够确保每笔汇款的安全,并有操作密码供客户核实,使汇款能够安全地交付到指定的收款人手中。西联汇款采用先付款后发货的模式,且到款时间快,属于保护卖家的一种支付方式。反观,其缺点也非常明显。因其要求先付款后发货,且到款时间快,买家在察觉到被骗时为时已晚,此时钱款已经被提走,而且银行不承担任何责任,且不负责审核证件的真实性。因此,很多买家都不信任这种交易模式,这对于其开发新客户非常不利。

电汇 T/T 是指应汇款人的申请,汇款银行通过拍发加压电报、电传或者国际资金清算系统(Society for Worldwide Interbank Financial Telecomm,SWIFT)等方式向收款人支付一定金额的汇款方式。作为一种惯用的国际贸易付款方式,相比较托收和信用证,电汇有速度快、安全系数高、费用低等优点,但也存在风险。电汇在实际业务中主要有 3 种应用形式:预付货款、货到付款和前 T+后 T。预付货款也称为前 T/T,是指卖方在收到全额付款后再安排生产、发货和交单。这有利于卖方资金的周转,相当于买方单方面给予卖方融资的一种方式。但能否按时发货完全寄托于卖方的信用,很容易造成买方钱货两空的境地,因此这种做法很难为买方所接受,通常只适合小额贸易。货到付款,也称为后 T/T,是指卖方先安排生产、发货并寄单,等货到后再收款。显然这种做法对卖方是不利的,最好在合同中规定好买方最晚付款的时间。此种方式通常适用于订单持续稳定且订单金额不大的老客户、老产品。

无论是预付货款还是货到付款,这两种方式都将风险完全压在一方身上,显然不利于交易的达成,因此衍生出第三种折中的做法,即前 T+后 T。通常是买方先支付一定比例的定金,卖方安排生产、发货,买方可以在提货后若干天内付清余额,这种方式下卖方仍面临买方只提货不付余额的风险;抑或通过在合同中规定卖方可凭买方的提单复印件,要求其支付余额来降低卖方的收款风险。虽然存在风险,但这种方式已经是一种国际贸易惯例,对于小额订单还是相当普遍的。

不论采用何种支付方式,风险都是存在的,有效地规避风险只能依靠订单前的沟通和了解,并根据自己的需要和风险评估选择更适合的支付方式。

3.便捷性。便捷性也是影响商户选择支付方式的重要因素之一。便捷性不仅指到账速度要快,也要求手续简单便捷。小额跨境商户通常对资金的流动性要求很高,结算速度稍慢便可能影响其整体运营。Paypal一直与连连支付合作,为众多中国跨境电子商务的卖家提供快捷的人民币提现服务。可是自2018年7月1日起,Paypal停止了快捷人民币提现业务。但中国的Paypal用户仍然可以通过电汇的方式以美元形式提现至其在中国的银行账户,并通过银行完成结汇。这样一来,中国Paypal账户可以做到及时收款,但提现需要一定的时间。此外,从Paypal账户提现,每年有结汇5万美元的限制,而且也存在账户被暂时冻结的风险。西联汇款到账速度最快,通常可以在手续完成几分钟后收到汇款,有利于资金的周转,但西联汇款单笔收汇金额最高为2万美元(含)。电汇速度较快,有利于出口商及时收款。但电汇分为大额转账和小额转账。2万美元以下的转账属于小额转账,2万美元以上的转账为大额转账,大额转账若选择直连方式则即时到账,但如果选择间连方式则需要等待一段时间。

上述3种支付方式中,Paypal属在线支付,双方都需要用邮箱注册账户,操作简便,但提现需要一定的时长。西联汇款和电汇属线下支付,本质上都是利用银行的资金转账体系。其中,西联汇款要求提供双方的个人信息,汇款人需填写汇款申请,收款人需携带个人证件去银行收款。中国各大商业银行均提供西联汇款服务,需要汇款人使用借记卡现汇账户,只需数分钟,汇出款项即可到账。但是西联汇款的收发均有额度限制。所以如果是大额的付汇或者收汇不建议使用西联汇款,可以选择电汇。电汇是银行对银行的转账,适合金额较大的汇款。

四、我国跨境电子支付的发展现状

综观全球跨境支付历史演变过程,跨境支付是随着国际产业分工及国际交往活动的持续发展而兴起的。在最早期,国际间使用贵金属进行跨境支付清算,后续出现了纸币现金、纸质转账的清算方式,再到现代电子转账清算阶段,跨境支付随着整个国际社会各项活动的日益频繁和科学技术的更迭进步,逐渐向着迅速、安全、节约的方向发展。根据艾瑞咨询的数据,2018 年全球跨境支付总金额达到了 125 万亿美元,预计 2022 年将达到 218 万亿美元,由此可产生巨额收益。我国跨境支付的发展历程与国际跨境支付史发展轨迹基本吻合,虽然总体起步较晚,但近年来却取得了长足的进步。

第三方跨境支付的产生与发展依托于跨境电子商务市场的更迭演变。全球经济发展和互联网普及带来了贸易全球化及贸易电子化。根据艾瑞咨询的数据,全球零售电子商务额占全球零售额的比例逐年提升,电子商务行业在欧美、亚洲等各国境内逐渐发展成熟,电子商务平台及第三方支付机构的成熟运营无疑为电子商务踏出国门奠定了基础;加之,各国之间贸易往来日益频繁,进出口贸易需求的增加进一步促使跨境电子商务市场不断壮大。截至 2020 年 9 月,仅在阿里巴巴贸易平台上,就有 6800 万家活跃的中小企业,交易场景遍布全球200 多个国家和地区。

自 2014 年起,全球 B2C 跨境电子商务交易额增速保持在 28.8%的高年复合增长水平上,在其发展过程中,第三方跨境支付不仅凭借技术手段降低了金融服务的成本和门槛,提高了用户使用频次,同时具有快速便捷、安全性较高的优势,已成为不可或缺的支付渠道。

中国第三方支付公司主要参与跨境电子商务中的零售领域,其中又分为跨境零售出口电子商务和跨境零售进口电子商务,而跨境 B2B电子商务仅有小部分支付机构参与,如阿里巴巴集团旗下的阿里巴巴国际站,其跨境支付服务由支付宝提供。

在跨境出口零售电子商务领域,国内第三方跨境支付公司主要参与其中的收款环节,服务于 B 端平台及商户,提供完整支付解决方案,而收单业务则主要由以 PayPal 为首的国际第三方支付公司完成,最终参与结售汇环节的主体除了传统银行外,还有国内 30 家持牌公司。

而在跨境进口零售电子商务及垂直支付(出国旅游及出国留学线上付费)领域,支付宝、微信因在国内拥有占绝对优势的用户数量及支付市场份额,得以在跨境支付 C 端领域形成双强领先格局。

但 2019 年跨境支付赛道融资事件数量明显下降,同时近 3 年行业新增企业数量也呈现明显下行趋势:一方面是由于行业经过几年快速发展,目前已形成暂时较饱和的市场格局;另一方面由于政策收紧及行业经营难点问题,资本及局外者呈观望状态止步不前。

跨境电子商务是第三方跨境支付依托发展的重要领域,2019 年中国跨境电子商务行业规模达到 5.5 万亿元。其中,第三方跨境支付主要应用于跨境零售电子商务及小部分跨境 B2B 电子商务领域,为商户提供收单、收款、结售汇等服务。

在经历了早期的高速增长之后,中国跨境电子商务规模增速逐渐放缓,因此在没有新的业务模式或新兴领域出现的情况下,依托于跨境电子商务的第三方跨境支付行业很难再呈现高速增长趋势。

同时,2020 年由于全球范围内新冠肺炎疫情暴发,国际物流线路严重受阻,跨境 B2B 电子商务因其单包裹体量较大受到的冲击尤大,且欧美多国经济下行趋势导致消费者购买力亦进一步下降,预计跨境电子商务行业总体规模增速将大幅下滑。

第三方跨境支付公司 C 端线上支付领域主要包含跨境进口电子商务及垂直支付,在这一领域,第三方跨境支付发展受到制约:一方面,由于跨境进口电子商务市场趋于饱和,增速放缓,且一部分电子商务平台逐渐将收单收款业务交由支付宝国内、微信国内端负责,再自行进行后续购汇款;另一方面,垂直支付领域规模也将逐渐缩小,因其存在单笔支付金额较大、部分交易无法还原真实性等问题,将面临更加严格的管控。

同时 2020 年受全球新冠肺炎疫情影响,虽一定程度上会刺激消费者的线上购物行为,但由于国际物流及经济环境的负面影响,以及出国旅游及留学市场受到重创,线上整体规模会呈负增长趋势。

而线下部分则主要是布局国人出境游时境外线下消费场景,支付宝、微信近年来着力布局此方向。但 2020 年受全球新冠肺炎疫情影响,C 端线下支付规模大幅缩水,然而疫情过后随着出境旅游及出国留学消费市场的恢复,预计其增速将回归高位线,规模最终有望超过线上领域。

无论是线上还是线下领域,第三方跨境支付行业均已进入发展平稳期,除了行业依托发展的各个市场趋于稳定饱和外,行业大环境及企业经营层面也存在很多制约因素。

强监管政策及外资机构的进驻,势必带来行业格局的变化,在此大环境下处于不同梯队的支付公司也将面临不同的发展方向。2015年,中国人民银行暂停支付牌照申请之后,支付公司向外管局申请跨境支付试点资质就非常困难了,因此目前对于已经处在头部的非持牌机构,获得牌照最佳的捷径无疑是通过并购的方式。

而对于中小型非持牌支付机构而言,因受到自身规模及收益限制,它们缺少足够的现金量支撑其采购牌照,所以未来的发展方向极有可能是向第四方支付公司转型,以自身的渠道优势为第三方支付公司及跨境商户提供不同的支付解决方案。

行业在政策鼓励下经历几年快速发展后,涌现出一批优秀的企业,但同时跨境支付这块大蛋糕也引来一些不良企业意图在法律灰色地带展业与无牌展业,因此近两年国家逐步加大对跨境支付行业的整顿力度,接连发声并出台政策。行业合规整顿及备付金利息收益的消失殆尽,为行业带来阵痛期的同时,也必将推动行业向着更深度的科技服务和更广度的市场发掘方向全面转型。

第二节　跨境电子支付法律法规

本节思维导图

一、跨境电子支付中各方法律关系

我国消费者购买海外商户的产品时需要将人民币兑换为外币,卖家在收到外国货款时需要根据国家公布的外汇牌价将其转换为本国货币,进行第三方支付时,相关的外汇结算工作由第三方支付机构与合作银行完成。下面以第三方跨境电子支付流程为例,研究其中的参与主体及他们之间的法律关系。整个支付流程如下:国内消费者登录海外网上购物平台,选择他们想要购买的商品并下订单,国内消费者输入信息并选择人民币支付方式,第三方支付机构将支付信息发送到备付金存管银行,海外商户收到第三方支付机构的购汇款信息后,向国内消费者发送产品并提供相关服务,待境内消费者确定收货后,备付金存管银行再将对应外汇款划转到境外商户的委托银行,到此整个交易过程结束。具体流程如图 4-1 所示。

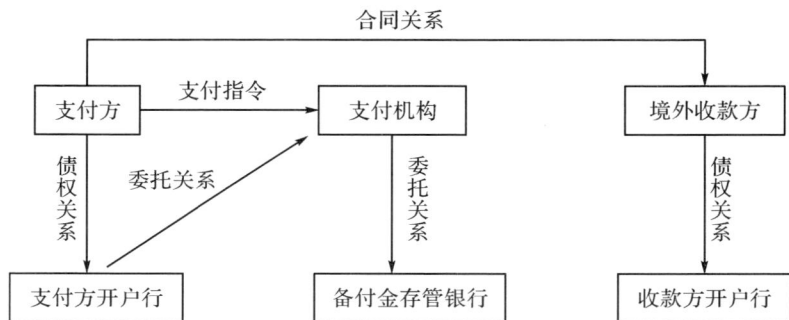

图 4-1　第三方跨境电子支付流程

可以看出,第三方跨境电子支付中有 3 种类型的主体:一是跨境支付的买卖双方;二是第三方支付平台、备付金存管银行和境外商户委托银行;三是法律监管机构,包括国内监管机构和境外监管机构。因此,以监管为核心,第三方跨境电子支付中的法律关系可分为以下3类。

1.监管机构与买卖双方之间——保护与监管。一方面,监管机构要保护跨境消费者在跨境支付活动中的合法权益,保证其隐私和资金安全,为其提供救济途径;另一方面,监管机构应调整和完善监管规则,规制本国消费者的行为,监督纠正其不合规行为,并大力进行法制教育宣传。

2.监管机构与第三方支付机构之间——鼓励和监督。中国人民银行、中国证券监督管理委员会等机构明确表示将鼓励第三方支付行业发展,支持有条件的第三方支付机构开展跨境业务,从而带动我国经济社会发展;同时,针对第三方支付机构采用违规经营手段、超越业务经营范围、泄露客户信息等问题,监管部门要联合多方监管力量,追究其违规责任,责令其对受损害者进行赔偿与补救,并监督其纠正不合规行为。

3.国内监管机构与海外监管机构之间——冲突与合作。跨境支付的法律制度和管理模式因国家而异,为了保护跨境消费者的权利和维护国家法律主权,在发生纠纷时常常会产生冲突和法律选择上的分歧;同时,对跨国经济类违法犯罪活动的打击需要各个国家之间相互协作,探索出有效的纠纷解决机制,防止犯罪分子钻法律漏洞,逃避监管部门的管制而逍遥法外。

二、我国跨境电子支付现存的法律体系

跨境支付市场是新生事物,也是金融市场的一部分,如何在促进跨境电子商务发展的同时,保持金融稳定,不出现系统性风险,同样考验着我国监管机构的监管水平。2010年以来,我国相关监管机构发布了一系列针对跨境支付的监管规定和政策,反映了监管机构对发展跨境电子商务的重视。

2010年6月,中国人民银行发布《非金融机构支付服务管理办

法》,指出支付市场参与者多元化,但针对跨境支付业务的监管细则未出台。

2012年12月,中国人民银行表示将在支付系统中增加跨境支付清算功能。

2013年2月,国家外汇管理局制定了《支付机构跨境电子商务外汇支付业务试点指导意见》,决定在上海、北京、重庆、浙江、广东、深圳等地区开展试点,允许参加试点的支付机构集中为电子商务客户办理跨境收付汇和结售汇业务。

2013年3月,《银行卡收单管理办法》(征求意见稿)中,增加了跨境支付管理的相关条款。

2013年3月,全国政协委员、国家邮政局局长马军胜在全国政协十二届一次会议上提交提案,指出跨境网购在跨境支付、进出通关、退(征)税、结汇及跨境寄递等方面的阶段性障碍亟待突破。

2013年9月,支付宝、财付通、快钱、汇付天下等17家第三方支付企业获得跨境支付业务试点资格。

2014年2月,中国人民银行印发《关于上海市支付机构开展跨境人民币支付业务的实施意见》(以下简称《意见》),《意见》指出,支付机构参与跨境人民币支付业务作为新金融业态的一种形式,在区内开展增值服务、综合支付服务方案、境内外综合银行卡收单等创新业务,有利于外向型企业资金管理能力的提高,贸易条件的改善和竞争能力的增强,有利于进一步满足我国境内居民在海外购物的需求,对培育金融国际化功能与拓展金融创新空间有较大的推动作用,有利于在更大范围推进上海自由贸易试验区建设。

2014年7月,试点支付机构增批至22家。

2015年1月,国家外汇管理局在总结5地试点经验的基础上,正式下发了《国家外汇管理局关于开展支付机构跨境外汇支付业务试点的通知》(汇发〔2015〕7号)。本次试点以"试机构,不试地区""守住风险底线拓宽业务范围"为原则,将试点经验推广至全国,进一步丰富了服务贸易种类及促进了单笔交易金额上线。

2015 年 3 月,国务院批复浙江省政府,同意设立中国(杭州)跨境电子商务综合试验区(国函〔2015〕44 号)。与此同时,国家发改委、外交部、商务部联合发布《推动共建丝绸之路经济带和 21 世纪海上丝绸之路的愿景与行动》,主旨是推动“一带一路”沿线各国经济相互对接和优势互补,其中贸易通畅是各国合作的重点内容,在此政策红利下,无论是货物或传统进出口贸易,还是出海的中小企业,对于跨境支付的需求都在不断提高。

2015 年 5 月,国务院下发《关于大力发展电子商务加快培育经济新动力的意见》(国发〔2015〕24 号)。

2015 年 6 月 20 日,国务院办公厅正式下发《关于促进跨境电子商务健康快速发展的指导意见》,其中提出完善电子商务支付结算管理的要求。

2015 年 10 月 8 日,人民币跨境支付系统(一期)成功上线运行。人民币跨境支付系统(Cross-border Interbank Payment System, CIPS)为境内外金融机构人民币跨境和离岸业务提供资金清算、结算服务,是重要的金融基础设施。该系统按计划分两期建设,一期工程便利跨境人民币业务处理,支持跨境货物贸易和服务贸易结算、跨境直接投资、跨境融资和跨境个人汇款等业务。其主要功能特点包括:一是 CIPS(一期)采用实时全额结算方式处理客户汇款和金融机构汇款业务;二是各直接参与者一点接入,集中清算业务,缩短清算路径,提高清算效率。三是采用国际通用 ISO 20022 报文标准,便于参与者对跨境业务的直通处理;四是运行时间覆盖欧洲、亚洲、非洲、大洋洲等的人民币业务主要时区;五是为境内直接参与者提供专线接入方式。

为培育公平竞争的市场环境,中国人民银行发布了《人民币跨境支付系统业务暂行规则》,规定了参与者准入条件、账户管理要求和业务处理要求等,为 CIPS 稳定运行奠定制度基础。同时,推动成立了跨境银行间支付清算(上海)有限责任公司,负责独立运营 CIPS。该公司接受中国人民银行的监督和管理。

CIPS 中首批直接参与机构包括中国工商银行、中国农业银行、中国银行、中国建设银行、交通银行、招商银行、浦发银行、中国民生银行、兴业银行、平安银行、华夏银行、汇丰银行(中国)、花旗银行(中国)、渣打银行(中国)、星展银行(中国)、德意志银行(中国)、法国巴黎银行(中国)、澳大利亚和新西兰银行(中国)和东亚银行(中国)等 20 家境内中外资银行。此外,同步上线的间接参与者包括位于亚洲、欧洲、大洋洲、非洲等地区的 38 家境内银行和 138 家境外银行。

2009 年以来,中国人民银行陆续推出一系列政策,便利人民币跨境贸易投资和使用,深化双边货币合作。中国人民银行通过"代理行模式"和"清算行模式"等多种方式支持人民币跨境支付业务。目前,人民币已经成为中国第二大跨境支付货币和全球第四大支付货币,迫切需要建设基础设施支撑业务发展。经过充分论证和研究,在境内有关商业银行的密切配合和支持下,中国人民银行于 2012 年启动建设CIPS。党中央、国务院对 CIPS 建设高度重视,李克强总理在 2015 年政府工作报告中指出,要"加快建设人民币跨境支付系统,完善人民币全球清算服务体系"。

2016 年 1 月 15 日,国务院下发《关于同意在天津等 12 个城市设立跨境电子商务综合试验区的批复》(国函〔2016〕17 号)。

总体来看,相关规定和政策的制定主体单一,主要是国家外汇管理局单独制定政策,而其主要考虑的是外汇管理政策的执行情况,对于报关、货物和服务贸易真实性审核、第三方支付机构的管理、用户身份管理等缺乏经验,难以制定出详尽而有效的管理规定。也就是说,单靠国家外汇管理局一家专业性机构,难以监管涉及多个监管部门的规定和政策,其制定出的规定和政策往往是相互割裂和片面的,也难以形成监管合力。

2018 年 5 月 2 日,CIPS(二期)全面投产,符合要求的直接参与者同步上线。CIPS 向境内外参与者的跨境人民币业务提供资金清算及结算服务,为人民币国际化铺设"高速公路",是符合国际标准的重要金融基础设施。截至 2018 年 3 月底,CIPS 内共有 31 家境内外直接参与者,695 家境内外间接参与者,实际业务范围已延伸到 148 个国家和地区。

相比较 CIPS(一期),CIPS(二期)在功能特点上进行了改进和完善:一是运行时间由 5×12 小时延长至 5×24 小时＋4 小时,实现对全球各时区金融市场的全覆盖;二是在实时全额结算模式的基础上引入定时净额结算机制,满足参与者的差异化需求,便利跨境电子商务;三是业务模式设计既符合国际标准,又兼顾可推广可拓展要求,支持多种金融市场业务的资金结算;四是丰富参与者类型,引入金融市场基础设施类直接参与者;五是系统功能支持境外直接参与者扩容,为引入更多符合条件的境外机构做好准备。考虑到 CIPS(二期)时序调整后的夜间时段正值欧美金融市场的营业时间,为满足境内外直接参与者夜间调剂流动性的需要,保障支付清算安全,中国人民银行研究决定在银行间货币市场加开夜盘。

CIPS 的建成运行是我国金融市场基础设施建设的里程碑事件,标志着人民币国内/国际支付统筹兼顾的现代化支付体系建设取得重要进展。未来,CIPS 将根据市场需求和人民币国际化发展的要求继续升级完善,不断提升服务水平,为人民币全球使用提供重要保障和支撑,积极支持金融市场跨境互联互通。

2018 年 3 月,财政部、税务总局、商务部、海关总署发布《关于跨境电子商务综合试验区零售出口货物税收政策的通知》,对综试区电子商务出口企业出口未取得有效进货凭证的货物,同时符合下列条件的,试行增值税、消费税免税政策:①电子商务出口企业在综试区注册,并在注册地跨境电子商务线上综合服务平台登记出口日期、货物名称、计量单位、数量、单价、金额。②出口货物通过综试区所在地海关办理电子商务出口申报手续。③出口货物不属于财政部和税务总局根据国务院决定明确取消出口退(免)税的货物。

2019 年 4 月 29 日,为便利跨境电子商务结算,促进支付机构外汇业务健康发展,防范外汇支付风险,国家外汇管理局在总结支付机构跨境外汇支付业务试点经验的基础上,制定了《支付机构外汇业务管理办法》,这标志着支付机构跨境支付业务进入新阶段。

三、国外跨境电子支付现存的法律体系

国外关于跨境电子支付服务风险监管的立法主要是以内国法经验为主的体系构建,其中以美国法为主,欧盟法也具有一定的示范作用,同时联合国国际贸易法委员会 1992 年关于"跨境电子支付"的《国际贷记划拨示范法》具有重要的指引作用,但其没能及时修改、完善,还有就是 21 世纪初巴塞尔委员会颁布的大量关于电子货币、支付系统风险监管、跨境电子银行监管等方面的规则。

(一)美国有关跨境电子支付的法律规定

美国的支付体系包括大额支付系统和小额支付系统。美国的大额支付系统主要包括美联储参与管理、运行的联邦电子资金划拨系统(Federal Reserve Communication System,通常称之为 Fedwire)、美联储支票清算体系、纽约清算所协会经营管理的清算所银行同业支付系统(Clearing House Interbank Payment System,CHIPS)、自动清算所体系及电子数据交换系统。其中,联邦电子资金划拨系统建立了风险控制系统和风险管理策略。在小额支付系统中,美国银行体系提供了现金、支票、借记与贷记卡及银行卡等支付工具。

美国电子支付服务法律主要包括 1978 年的联邦《电子资金划拨法》(Electronic Fund Transfer Act of 1978)与美联储 E 条例和美国《统一商法典》第 4A 篇。《电子资金划拨法》是世界上第一部关于电子支付的法律,该法为电子支付参与方的权利、义务及责任提供了基本框架,该法调整的主要对象是利用电子终端机、电话相关设备、计算机及磁性存储设备等进行的小额电子支付。根据《电子资金划拨法》的授权,联邦储备系统理事会制定了美联储 E 条例,以对该法内容进行细化。《电子资金划拨法》和 E 条例的内容涉及消费者与金融机构之间关系的各方面,对消费者及电子资金转移服务的权利和义务内容做了规定,并对各金融机构参与的相关活动、银行卡发行与银行卡信息

管理等程序制定了标准。美国《统一商法典》第 4A 篇对非自然人间的大额电子资金划拨行为进行调整,排除了对小额电子资金即消费性电子资金的调整,并针对欺诈支付指令的风险责任承担,创设性地引入"支付命令与安全程序"这一概念,对电子资金划拨的风险负担做出规定。

美国、欧盟针对第三方支付平台在本国的独特发展特点,分别采取了不同的立法模式,并以此形成了两类较具特色的、有代表性的支付平台规制模式,为实务中支付平台的发展提供了充分的法律制度支持。美国电子商务起步较早,电子商务法律体系较完善,其尤其重视对货币服务业务的监管。在美国,第三方支付被认为是一种典型的货币转移业务,第三方支付机构是非银行金融机构。《金融服务现代化法》将第三方支付行业纳入货币服务业务监管体系,标志着美国步入全面监管第三方支付行业的时代。美国将第三方支付机构认定为货币服务机构,其历来重视对第三方支付交易过程的监管,即功能性监管模式。美国并没有针对第三方支付业务专门立法,而是通过完善成文法、判例的方式将其纳入货币服务业务监管体系。自 1995 年始,美国各州相继出台了规制电子商务的法律,包括《统一电子交易法》《伊利诺伊州电子安全法》,这些对于规制各州范围内的电子商务活动起到功不可没的作用,对第三方支付业务的规制亦起到一定参考作用。为了推动各州立法加强对第三方支付机构的监管,联邦政府于 1997 年始相继出台一系列法案。除此之外,联邦储备委员会相继出台了 D 条例和 Z 条例用于规制货币转移业务。

(二)欧盟有关跨境电子支付的法律规定

欧盟立法规定了所有成员国的法律框架的统一,该规定也扩展到了欧洲经济区,即除了欧盟 28 个成员国之外,冰岛、列支敦士登和挪威也包括在内。欧盟理事会和欧洲议会作为欧盟立法机关,使用的具有法律约束力的主要文书是法案和指令,用于协调欧盟现有规则。

欧盟成员国之间适用的支付体系为欧洲间即时全额自动清算系

统（The-European Automated Real-time Gross settlement Express Transfer，TARGET），该支付清算体系总部设在比利时的布鲁塞尔，该体系支付系统发达，支付服务高效。该支付清算体系由 15 个国家的即时支付结算系统（Real Time Gross Settlement，RTGS）、欧洲中央银行支付机构（ECB Payment Mechanism，EPM）及互联系统构成，该系统能够有效进行信用风险和流动性风险的管理与控制。欧盟电子支付服务立法主要包括 1997 年欧盟委员会发布的关于电子支付方式的指令建议，1998 年欧盟委员会发布的两个关于发行电子货币的指令，目的是为电子货币发行机构建立规范性的法律框架及对电子货币下定义。同时，欧洲议会和理事会于 2009 年通过了《2009/110/EC 指令》，该指令对《2005/60/EC 指令》和《2006/48/EC 指令》进行了修订，进一步规范了第三方非金融机构进入电子支付服务领域的市场准入标准，确立了对电子货币机构的审慎监管原则。下面将介绍一些与欧洲央行权限范围相关的法律规定和立法举措。

1.《结算最终性指令》（Settlement of Finality Pirective，SFD）。为给经济和货币联盟提供稳定和高效的支付基础设施来支撑跨境支付，促进欧盟有效的和符合成本效益的跨境清算，减少系统性风险，1998 年 5 月，欧盟理事会和欧洲议会颁布了《结算最终性指令》，确保支付系统参与者进入破产程序时，涉及系统的稳定运行不会受到国内外破产法的危及。SFD 共 5 部分 14 条：一是，明确了条款适用于支付结算系统、系统参与者及与系统参与者有关的或成员国中央银行履行央行职能的与操作有关的抵押证券，同时，也对系统、破产程序、结算代理人、划拨指令及系统参与者等相关专业名词进行了法律定义；二是，建立了结算最终性和轧差有效性规则，明确规定划拨指令和净额结算应具有法律强制执行性，即划拨指令进入系统的时刻是一个决定能否免于反转的最为关键的时点；三是，对破产程序启动时刻进行了明确，规定破产程序的启动时刻应为有关司法或行政当局做出决定的时刻。

2006 年欧盟对 SFD 的实施情况进行了评估，认为该指令得到了较好落实。但由于连接系统的参与者数量的增加，一些法律规定需要明晰和简化。因此,欧盟于 2009 年对 SFD 进行了较大幅度的修改,并以(EC)2009/44 指令发布。

《结算最终性指令》的主要成就有:一是,消除了支付和结算系统中的主要风险;二是,即使是应用外国的破产法,系统仍然可以平稳运行;三是,抵押品强制执行的法律确定性。

2.《金融担保品指令》。为消除欧盟各国之间的法律差异给开展担保品管理业务带来的阻碍,欧盟于 2002 年 6 月颁布了《金融担保品指令》,力求在担保设定方式、担保效力、准据法的确定等问题上进行统一规定,并在欧盟内部建立起一套完整的金融担保制度。该指令适用于公共部门、中央银行、金融机构、中央对手方、结算代理人和清算所,涉及以金融工具、信用债权和现金形式为主的抵押品。该指令于 2009 年进行了修改,修改内容主要有:一是,重新界定了合格主体的范围;二是,引入银行贷款作为合格担保品,并建立了配套制度。

《金融抵押品指令》的主要成就有:一是,信用债权和抵押品协议的保护、有效性和可执行性,即便交易对手启动了破产程序,也将会按照信用债权和抵押品协议中的条款执行;二是,有效降低了行政负担,减少了手续和烦琐的程序;三是,建立了明确的法律框架。

3.《金融工具市场指令》。《金融工具市场指令》于 2007 年正式生效,旨在促进欧盟形成金融工具批发及零售交易的统一市场,同时在多个方面改善对客户的保护,其中包括增强市场透明度、出台更符合惯例的客户分类规则等。根据《金融工具市场指令》的要求,如果提供"投资服务"的公司位于欧洲经济区的成员国境内,将受到该指令的影响。指令对上述公司施加了"最佳执行"义务,其必须为客户的指令提供最好的执行结果,即投资公司需要采取所有合理的步骤,以便为客户的指令获得最好的执行结果,涉及价格、成本、速度、指令执行的可能性及指令的处置结果。2008 年金融危机过后,欧盟委员会于 2011 年对《金融工具市场指令》进行了一次修订,并于 2014 年 6 月公布了第二版《金融工具市场指令》。《金融工具市场指令 II》旨在使金融市场更加高效、灵活、透明,用多种方式和渠道构建监管框架来加强对投资者的保护。根据安排,该指令已于 2018 年 1 月 3 日正式启动并执行。

《金融工具市场指令》的主要成就与清算和结算系统有关,因为其要求成员国授予:一是,本地监管市场从另一个成员国进入中央交易方、清算所或结算系统的权限;二是,来自其他国家的投资公司在该成员国领土上使用中央交易方及清算和结算系统的权限;三是,本地投资公司可以使用另一成员国的中央交易方、清算所或结算系统的权限。

4.《信用机构重组与清算指令》。2001 年 4 月,欧盟理事会正式批准通过了《信用机构重组与清算指令》。该指令的颁布,对于欧盟金融市场一体化的建设与发展具有重大推动作用。作为建立单一监管框架的重要审慎监管规则,该指令的出台,为在整个欧盟内规范信用机构重组与清算程序、统一法律适用规范并健全有问题银行处理制度,从而根本实现"设立和提供服务自由"及金融市场一体化,提供了更加有力的法律支持与保障。

为了确保公平对待所有债权人和能够使信用机构的重组与清算在整个欧盟真正发挥作用,《信用机构重组与清算指令》致力于达成两项目标:第一,母国的行政管理或司法部门享有唯一的职权来批准与实施银行的重组措施与清算程序;第二,居住在其他成员国而不在母国的债权人的利益均应得到同等保护。由此可以看出,欧盟已就从信用机构的市场准入、经营监管到市场退出机制建立了一套相对完善的法律体系,使欧盟"银行单一执照"制度更加成熟与完备。

5.《支付服务指令》。《支付服务指令》(Payment Service Directive,PSD)为支付创建了统一的法律框架,并为 SEPA 建立了通用的法律基础,从而确保欧盟各个成员国可以在各自国内和各国之间安全地进行支付,特别是信用转账、直接借记和卡支付。该指令还确立了"支付机构"的概念,即获得许可的支付服务提供商,并指出,可以在整个欧盟范围内,在比银行监管力度更低的监管体制下提供支付服务。通过这种市场开发方式,欧洲立法者允许新的服务提供商在公平的竞争环境中与现有参与者竞争,从而促进更强的竞争。

2015 年 11 月,欧洲议会和欧盟理事会发布新的支付服务指令,即 Payment Service Directive 2(PSD2)。PSD2 自 2016 年 1 月 12 日起正式生效,根据其要求,欧洲经济区内各国必须在 2018 年 1 月 13 日前将 PSD2 转化为相关法律。PSD2 是欧盟国家的开放银行立法基础,也引领了全球范围的开放银行监管趋势。

PSD2 相对于 PSD 的核心变化是纳入了支付发起服务商(Payment Initiation Service Provider, PISP)和账户信息服务商(Account Information Service Provider, AISP)两类新兴第三方支付服务提供商,并制定了支付账户开放规则(Access to Payment Account, XS2A),强化了开放银行的核心监管要求。无论是科技巨头、新兴数字银行,抑或金融科技初创公司,都可能成为 PSD2 定义下的第三方支付服务提供商。支付账户开放规则规定,以银行为代表的支付机构要向第三方开放用户的账户、交易数据。开放以用户同意为前提,无须第三方与银行之间签订协议,这对银行的身份验证和数据交换技术提出了更高的标准。

6.《跨境支付法案》。《跨境支付法案》于 2009 年 11 月生效,替代了(EC)2560/2001《欧元跨境支付法案》。该法案规定,如果以欧元计价的跨境支付费用在 5 万欧元以内,且支付服务使用者的本国货币也为欧元,该收费应该等同于使用者在其国内相同交易所产生的费用。但此平等原则并不适用于非欧元区成员国的支付服务提供者。《跨境支付法案》给予非欧元区成员国自行确定其国内的本国货币交易是否适用该法案。

为了建立统一的支付市场并进一步促进欧盟单一市场的运作,欧盟委员会于 2018 年 3 月就《跨境支付法案》提出了修正草案,草案提议降低以欧元进行跨境支付的收费,且提高货币转换收费的透明度。经欧盟理事会、欧洲议会和欧盟委员会三方会谈后,已批准《跨境支付法案》的修正,新法案已于 2019 年 3 月发布于欧盟官方公报中。

7. 欧盟 2015/847 法案。2006 年 11 月推出的欧盟汇款条例,即(EC)1781/2006 法案规定,付款服务提供者必须在付款过程的每个阶段传递有关付款人的完整信息。该信息包括付款人的姓名、地址和账号,并且应在资金转账之前由付款人的付款服务提供商对上述信息进行验证。欧盟区内收款人的收款服务提供商在收到资金转账后,也需要检查付款人信息是否完整、准确。实施这项措施的目的是预防、调查和发现洗钱及恐怖主义融资行为。该法规将反洗钱金融行动特别工作组(Financial Action Task Force on Money Laundering,FATF)的特别建议转化为欧盟法律,并成了欧盟反恐行动计划的一部分。

2015 年 6 月 26 日,欧盟反洗钱 4 号令(EU)2015/847 法案中关于资金转移业务信息方面的管理规定正式生效,并已于 2017 年 6 月 26 日起实施,替代了(EC)1781/2006 法案。这标志着欧盟国家在反洗钱立法领域逐步符合及达到 FATF 提出的"新 40 项建议"第 16 条的标准。新法案要求汇款行、收款行及中转行都对资金转移业务中的汇款人和收款人信息的完整性和准确性进行校验。

8.《电子货币指令》。欧盟委员会于 2000 年 9 月颁布了《电子货币指令》,其目标是要在欧洲建立统一的电子货币市场。最初,该指令试图规范新型支付服务提供商的市场准入。根据其规定,电子货币的发行人与信贷机构部分等同,尤其是使电子货币的发行人受到授权和监管的要求,以便为电子货币的发行创造一个公平的竞争环境,并为提供此类服务创造"单一护照"。

2009 年 9 月,修订后的《电子货币指令》为电子货币机构规定了更宽松的监管制度,将初始资本要求从 100 万欧元减少到 35 万欧元,并对电子货币机构自有资金的计算引入了新的规则。新规则将使活跃于其他行业(例如电信行业)的电子货币机构更容易在支付市场上开发创新服务。由此,新指令扩大了电子货币机构的可执行活动范围,同时放松了监管框架。此外,电子货币机构不再被视为信贷机构。

9.欧盟第三方支付法律规制。欧盟将第三方支付机构界定为电子货币机构,采取机构监管模式,为促进第三方支付行业的健康发展,主张通过对电子货币的监管来规制第三方支付业务。

欧盟历来重视消费者权益保护,为促进第三方支付行业的发展,着力于监管第三方支付机构,制定了一系列法律法规。2000 年,欧盟先后公布了《2000/46/EC 指令》和《2000/28/EC 指令》,全面规定了电子货币方面的内容,上述法案的颁布标志着欧盟开启了电子货币监管的进程。《电子签名共同框架指引》(2001)明确了电子签名的合法效力,规定用户可以在欧盟成员国内使用电子签名。同年颁布的《电子货币机构指引》,明确了电子货币机构的地位。《2007/64/EC 指令》进一步明确第三方支付机构应当遵守审慎监管原则,欧盟央行负责对第三方支付机构的审批,其在获得业务许可、取得执业资格后,才能从事第三方支付业务。《2009/110/EC 指令》在上述规定的基础上更进一步明确电子货币机构资格,要求第三方支付机构实行重要事项报告制度,加强对交易的监管。欧盟各成员国依据欧盟指令,根据本国情况制定和完善国内相关立法。

(三)巴塞尔委员会有关跨境电子支付的法律规定

1996 年,支付清算系统委员会、中央银行计算机专家组、十国集团共同推出《电子货币安全》报告,其中在分析了电子货币结构和功能的基础上提出了电子货币风险范围和安全措施,包括复制设备、修改或复制数据或软件、修改信息、盗窃及拒绝交易及计算机本身发生故障等风险,而安全措施包括预防措施、监测措施及限制排除措施等。

其在 2003 年推出的《电子银行风险管理原则》对风险管理面临的挑战及电子银行风险管理原则进行了较为全面的分析,具体包括内部人事监管、安全控制原则、法律和信誉风险的管理原则等三大方面。

其在 2003 年推出的《跨境电子银行活动监管》对典型的跨境电子银行活动进行分析,其涉及的风险管理的原则包括:第一,从事跨境电子银行活动时,银行机构首先应当进行恰当的风险评估和审慎调查,以建立有效的风险管理机制;第二,银行机构应当在其网页上做充足的信息披露,以允许潜在消费者来判断银行的身份、主权国及管理许可证等。其在跨境风险监管中强调各监管当局之间的合作,同时,当一个银行在某主权国家服从监管,并有许可证从事跨境业务时,要求主权国监管者明确各自的作用和责任及地方监管者应当注意的事项。

2001 年,支付清算系统委员会推出的《重要支付系统核心原则》规定,支付系统安全的保障要求重要支付系统应该有全面的、能够应对偶然性事件的处置安排,支付系统安全的操作可靠性依赖于支付系统各组成部分的操作可靠性,支付系统运行者应当监督和评估支付服务系统的安全政策和操作水平。

2004 年,支付清算系统委员会推出的《电子货币与网上、移动支付发展调查》认为,网上支付和移动支付系统的安全重点在于预防非授权使用者的欺诈,要求建立基于能够预防非授权使用的欺诈的安全水平的安全系统,措施包括加密技术的应用和精确综合导航系统在移动支付中的应用。同时,欧洲中央银行要求电子支付系统安全性评估应当包括有效性、真实性或授权许可、完整性、履约性及机密性等。

其在 2006 年推出的《有效银行监管核心原则》是具有国际权威性的银行监管规则,该规则是对银行运行、经营的总体监管要求,跨境电子支付服务作为银行发展跨境业务的重要组成部分,其风险监管当然需要符合核心原则的要求。

(四)联合国贸易法委员会有关跨境电子支付的法律规定

联合国贸易法委员会于 1992 年颁布的《国际贷记划拨示范法》是国际上规范跨境电子支付最为规范的法律文件。从结构上看,该示范法包括总则、各当事方的义务、贷记划拨未完成的后果、贷记划拨的完成等 4 章,共计 19 个条文。该示范法对于规范与统一贷记划拨法律有着重要的贡献,为各国电子支付服务立法提供了重要的参照蓝本。该示范法在跨境电子支付的适用范围、支付相关方的义务、贷记未完成或错误划拨或迟延划拨的法律结果及安全风险的责任划分等方面进行了较为全面的规定。但是,随着全球化的发展与深化及计算机信息技术的多样化,电子商务产生了多样化的变革,这对电子支付服务提出了更高的要求。该示范法在跨境电子支付服务风险监管上的缺陷主要表现为缺少网上支付服务的相关规则及风险监管制度。

从立法上讲,各国首先都对电子支付服务中交易关联方之间的权利义务内容及责任划分做了较为详细的规定,主要是从合同法等民商法的角度来规范电子支付服务,因此缺少针对性强的"风险监管"立法,没有在现有监管制度下做出电子支付服务监管的法律调整。从风险监管技术上讲,对交易中"欺诈"的预防与控制主要通过电子资金划拨、电子商务、电子银行等方面的立法来完成,对于风险控制与管理主要通过专业性强、适用性强的支付清算系统来完成,支付清算系统规则在适用中具有普遍的约束力。因此,国外电子支付服务监管的研究重点在于对电子支付服务实践中安全的监管,强调监管为电子支付服务的创新服务,因此没有对电子支付服务监管进行整体性研究,缺少对电子支付服务监管与一般金融监管的协调性研究。

第三节　我国跨境电子支付法律存在的问题及建议

本节思维导图

一、我国跨境电子支付法律存在的问题

总体而言,我国跨境电子支付服务立法还存在以下几个方面的问题。

1. 法律层次较低,监管权配置模糊。目前与电子支付相关的规定大多是由中国人民银行制定的文件、指引或办法,其效力低于国务院制定的行政法规,更低于全国人大及其常委会制定的法律,与电子支付服务中的风险相比,这种低层次的立法显然不能有效解决实际问题。同时,这种低层次的立法导致多部门对电子支付服务都有监管权,致使监管权配置模糊,造成中国人民银行、商务部、工业和信息化部等多个部委都有监管权的混乱局面,不能形成有效的风险监管制度。在现有金融监管框架下,第三方支付平台服务主体的监管法律制度不够完善,对第三方支付平台的风险监管技术还不够完善,第三方支付平台的风险识别、风险评估方面的规则不够完善。

2.在跨境监管法律合作方面,我国与其他国家间的电子支付服务法律协调机制尚未形成,监管当局之间缺少跨境电子支付服务方面的合作,没有形成有效的电子支付服务风险处置合作机制和信息交流机制,我国跨境电子支付服务立法相对滞后,没有进行专门性的立法。

3.从跨境风险监管技术上讲,我国还没有形成系统的跨境电子支付服务风险监管机制,特别是电子商务、电子银行风险管理的技术还比较落后,主要靠行政管制,技术监管控制比较弱。我国第三方电子支付平台与国际上大型电子支付平台之间的风险技术合作方面的规则还没有形成。

二、完善我国跨境电子支付法律监管的建议

(一)电子支付服务监管法律制度的完善

从立法上讲,提高立法层次,加强电子支付服务交易立法,借鉴美国的《电子资金划拨法》和美国《统一商法典》第4A篇关于电子支付中参与各方权利义务及责任分担的内容,结合我国电子支付服务实践,制定相应的法律,以规范电子支付服务中参与主体间的权利义务关系,特别是风险分担规则的制定,是风险监管的前提和基础。同时,在风险监管立法上,还应当借鉴巴塞尔委员会推出的《电子银行风险管理原则》《跨境电子银行活动监管》等关于"电子支付"的相关规定。

一是,电子支付服务立法中支付风险范围的确定、风险的识别及风险监管的基本原则等,具体分为电子货币方面的风险监管和网络银行方面的风险管理。

二是,跨境电子支付服务方面的监管协调方法的借鉴,具体包括从事跨境电子业务的银行应当进行恰当的风险评估和审慎调查,从而得到客观、可靠的信用保障。同时,在跨境风险监管中强调各监管当局之间的合作,要求母国和东道国监管当局明确各自的作用和责任,并进行持续的、完整的监管合作。

从监管法律制度完善上讲,强调监管立法协调与明确、分层次立法,提高立法技术,征集实务界专家建议,以风险控制与促进电子支付服务发展为共同目标。具体地讲,第一,明确电子支付服务的监管主体,明确监管责任。从世界范围来看,电子支付的风险监管与安全大多是由各国央行来监管的,这是由央行维护支付体系稳定的责任所决定的。因此,要确立中国人民银行电子支付服务的主监管制度,通过立法明确中国人民银行在电子支付服务监管中的法律地位与责任,分层次规定银保监会、商务部、工业和信息化部等其他监管者的权力,明确各自的监管范围和监管责任。第二,加强对数字技术、电子技术与监管法律标准的研究,建立具有信息化时代特征的监管法律技术,完善跨境电子支付服务风险监管法律规范的内容。这主要包括制定谨慎监管规则、制定反信息盗窃机制、制定应急处置机制及制定反洗钱犯罪应对机制等。第三,加强对第三方电子支付服务平台的监管,包括对第三方支付平台主体的市场准入监管、日常运营全程监管、危机处置监管与市场退出监管等一系列内容的系统化和法律化,并借鉴巴塞尔委员会推出的《有效银行监管核心原则》中风险识别、风险评估的规定来完善第三方支付平台的风险监管机制。

(二)跨境电子支付服务风险监管的国际合作

从国家间法律协调上讲,我国应当加强与不同国家之间电子支付服务监管的立法协调,具体包括电子支付服务内容、风险责任认定及监管标准等方面的协调,以及不同国家监管主体之间的协调,主权国家监管主体与国际规则监管主体之间的协调,明确各主权国家监管主体的责任和任务。同时,加强国内法与国际监管规则的衔接,在国家间电子支付服务法律协调还存在极大阻力的情况下,积极促进电子支付服务国际监管规则在主权国家间的适用具有更为重要的意义。巴塞尔委员会推出的《有效银行监管核心原则》及其修改建议文件都强调银行跨境业务的监管需要母国监管当局和东道国监管当局的合作和信息交流。在风险监管技术合作上,跨境电子支付服务风险会涉及不同的主权国家,但各个国家的电子支付风险监管技术存在差距,特别是不同国家中第三方支付平台之间,要结合不同国家的监管技术优势,在强化透明度、强化信息披露和身份认证的识别等方面进行更为安全的监管技术合作,共同促进跨境电子支付服务的发展。

(三)加强行业自律风险管理与控制规则的研究

行业协会监管在整个社会监管中占有重要地位,行业协会监管的优势早已被经济法学者论证,美国等发达国家的电子支付清算体系风险监管中行业自律监管起着重要作用,环球银行间金融通信协会(Society for Worldwide Interbank Financial Telecommunication, SWIFT)系统在支付风险和系统风险防范中能够提供有效的安全措施和风险管理机制。2011年,商务部发布《第三方电子商务交易平台服务规范》,其中的"监督管理"包括行业协会监管,鼓励第三方平台经营者依照本规范进行行业自律,支持有关行业组织对平台经营者的服务进行监督和协调,鼓励行业协会设立消费警示制度,监督和约束有不良行为的平台经营者,鼓励平台经营者成立行业自律组织,制定行规和行约,建立网上交易诚信体系。因此,应当加强跨境电子支付的行业监管,建立多层次的跨境电子支付服务监管体系,推动跨境电子支付服务和电子商务的安全发展。

案例1 外汇局通报违规案例:多家银行被开巨额罚单

2018年以来,国家外汇管理局(后简称外汇局)深入贯彻落实党的十九大精神和党中央、国务院工作部署,紧紧围绕服务实体经济、防控金融风险、深化金融改革3项任务,加强外汇市场监管,依法查处各类外汇违法违规行为,严厉打击虚假、欺骗性交易。根据《中华人民共和国政府信息公开条例》(国务院令第492号)等相关规定,现将部分违规典型案件通报如下:

华夏银行上海分行违规办理转口贸易案,处以罚款200万元,暂停对公售汇业务两年。

交通银行厦门前埔支行违规办理转口贸易案,处以罚款 600 万元,暂停对公售汇业务 3 个月,并责令追究负有直接责任的高级管理人员和其他直接责任人员责任。

南洋商业银行(中国)杭州分行违规办理转口贸易案,处以罚没款 131 万元。

北京银行上海分行违规办理转口贸易案,处以罚没款 84 万元。

锦州银行大连分行违规办理贸易融资案,处以罚没款 52.98 万元。

民生银行厦门分行违规办理内保外贷案,处以罚没款 2240 万元,暂停对公售汇业务 3 个月。

广州银行深圳分行违规办理内保外贷案,处以罚没款 295.8 万元。

厦门国际银行泉州分行违规办理内保外贷案,处以罚款 280 万元。

韩亚银行广州分行违规办理内保外贷案,处以罚没款 216.26 万元,暂停对公售汇业务 6 个月,责令追究负有直接责任的高级管理人员和其他直接责任人员责任。

天津银行第六中心支行违规办理内保外贷案,处以罚没款 740.25 万元。

中国银行莆田分行违规办理个人外汇业务案,处以罚款 70 万元。

中国工商银行深圳市分行违规办理个人外汇业务案,处以罚款 43 万元。

（资料来源：国家外汇管理局于 2018 年 7 月发布的《国家外汇管理局关于外汇违规案例的通报》。）

案例2　支付宝、财付通各被罚60万元：违规办理跨境外汇支付业务

外汇局方面表示，2018年以来，外汇局针对银行、第三方支付机构、企业转口贸易等重点主体和业务开展专项检查，严厉打击各类外汇违法违规行为。数据显示，2018年上半年共查处外汇违规案件1354件，罚没款3.45亿元，同比分别增长19.7%和59.5%。其中，查处金融机构违规案件455件，企业违规案件340件，个人违规案件559件。多家第三方支付机构也是首次出现在被通报的受罚名单中，其中不乏支付宝、财付通这类第三方支付巨头。具体处罚情况如表4-2所示。

表4-2　外汇局关于第三方支付机构外汇违规案例一览表

第三方支付机构	被罚案由	被罚金额
智付	2016年1月至2017年10月，凭虚假物流信息办理跨境外汇支付业务，金额合计1558.8万美元	1530.8万元
易智付	2016年2月至2017年6月，通过系统自动设置办理分拆购付汇，金额合计159万美元	107.45万元
支付宝	2014年1月至2016年5月，超出核准范围办理跨境外汇支付业务，且国际收支申报错误	60万元
财付通	2015年1月至2017年6月，未经备案程序为非居民办理跨境外汇支付业务，且未按规定报送异常风险报告	60万元
盛付通	2015年1月至2017年6月，违规办理跨境付款业务，且国际收支申报错误	62.5万元

其中，2014年1月至2016年5月，支付宝因超出核准范围办理跨境外汇支付业务，且国际收支申报错误，被处以罚款60万元。

2015年1月至2017年6月，财付通未经备案程序为非居民办理跨境外汇支付业务，且未按规定报送异常风险报告，亦被处以罚款60万元。

国家外汇管理局旗下期刊《中国外汇》中的文章透露,包括财付通、支付宝在内的第三方支付机构,因开展跨境支付方面的违规问题被罚。文章指出,2017 年以来,相关部门针对第三方支付机构开展的跨境外汇支付业务专项检查,暴露出部分第三方支付机构在展业中的"高危漏洞"。其中,第一大漏洞是交易真实性审核风险;第二大漏洞是超范围经营风险;第三大漏洞是本外币监管套利风险。文章所指出的支付机构利用人民币跨境结算开办海外"当面付"业务,指的就是支付宝和财付通在海外开展的"二维码支付"方式,因为海外的线下二维码支付属于服务贸易,但并不在前述跨境支付许可的业务范围之内,很多业务都是以转账的形式结算,所以就造成了一定的风险。

与银行动辄上百万元的罚单规模相比,第三方支付机构多被罚几十万元。不过,此次也有一家第三方支付机构"吃到了"千万元级以上的大罚单。2016 年 1 月至 2017 年 10 月,智付电子支付有限公司凭虚假物流信息办理跨境外汇支付业务,金额合计为 1558.8 万美元。

外汇局方面表示,此案构成逃汇行为,严重扰乱外汇市场秩序,性质恶劣,被处以罚款 1530.8 万元。今年 4 月,外汇局深圳市分局还依据《中华人民共和国外汇管理条例》对智付公司给予警告处罚,合计处以罚款 1590.8 万元。罚单显示,智付支付的违规行为包括:违反外汇账户管理规定的逃汇行为,未按照规定报送财务会计报告、统计报表等资料。

可见,智付在逃汇方面早有前科,且多次作案被罚。中国人民银行深圳中心支行负责人曾表示,智付公司为境外多家非法黄金、炒汇类互联网交易平台提供支付服务,通过虚构货物贸易,办理无真实贸易背景的跨境外汇支付业务。同时,智付公司未能采取有效措施和技术手段对境内网络特约商户的交易情况进行检查,未能发现数家商户私自将支付接口转交给现货交易等的非法互联网平台使用,客观上为非法交易、虚假交易提供了网络支付服务。此外,智付公司还存在未严格落实商户实名制、未持续识别特约商户身份、违规为商户提供 T＋0 结算服务、违规设置商户结算账户等违法违规行为。

[资料来源:《券商中国》(2018-07-29)]

本 章 小 结

　　跨境电子商务作为新兴贸易业态,在全球新冠肺炎疫情冲击下呈现逆势增长态势,成为我国外贸发展新亮点,而跨境电子商务规模的快速扩张离不开跨境电子支付的重要支撑。跨境电子支付可定义为:两个或两个以上国家或地区之间因国际贸易、国际投资及其他方面发生的国际债权债务,借助一定的电子化结算工具和支付系统实现的资金跨国和跨地区转移的行为。

　　跨境电子支付可以分为银行间直接支付和第三方支付机构参与下的互联网支付两大类。银行间直接支付是指跨境电子商务平台与跨境买卖双方开设账户的商业银行直连,通过平台对接的银行入口进行支付结算。第三方跨境支付指第三方支付机构为跨境电子商务、境外线下商务的交易双方提供跨境互联网支付或移动支付服务。传统银行电汇汇款到账时间一般为 3—5 天,而第三方跨境支付可以实现更快到账,同时第三方跨境支付机构通过聚集多笔小额跨境支付交易,有效降低了交易成本,非常适用于金额小、数量多的跨境电子商务交易。

　　常用的跨境支付工具包括银行电汇 T/T、西联汇款、速汇金、第三方支付、国际信用卡方式等。跨境支付方式的选择一般都遵循"易操作、好收款、低成本"的原则,根据自己的需要和风险评估选择适合的支付方式。

　　虽然 2010 年以来我国相关监管机构发布了一系列针对跨境支付的监管规定和政策,但总体而言,我国跨境电子支付服务立法还存在法律层次较低、监管权配置模糊、缺乏与其他国家间的电子支付服务法律协调机制、缺乏系统的跨境电子支付服务风险监管机制等方面问题,本章也从完善电子支付服务监管法律制度、加强跨境电子支付国际合作、加强行业自律风险管理与控制等方面提出了建议。

思 考 题

1.什么是跨境电子支付? 跨境电子支付的主要模式及其特征有哪些?

2.常见的跨境支付工具有哪些? 简述其使用范围及优缺点。

3.第三方跨境支付与传统跨境支付相比有哪些优势?

4.跨境第三方支付过程中有哪些法律主体,各主体之间存在的法律关系是什么?

5.简述与我国跨境电子支付相关的重要法律法规。

6.我国跨境电子支付法律存在的问题有哪些?

第五章
跨境电子商务物流、通关与检验检疫的法律法规

学 习 目 标

1.通过本章节的学习,将有助于了解跨境物流经历的几个重要环节,常见的物流运输方式,以及需要提前做好的相关准备。

2.掌握进出口报关基本要求、报关流程及检验检疫规范。

3.掌握适用于跨境电子商务业态的进出口报关与检验检疫相关规章规范。

4.掌握进出口报关单基本申报要求及要点。

第一节　跨境电子商务物流的法律法规

本节思维导图

一、什么是跨境物流

(一)跨境物流的简介

跨境物流可以理解为国际物流,是指把商品从一个国家或地区通过海运、陆运或空运等方式运送至另外一个国家或地区,并通过当地配送来完成国际商品交易的过程。商品从卖家手中发出,将经历多个环节,最终配送至买家手中。

(二)跨境物流的难点

与国内物流相比,跨境物流有着物流距离远、时间成本高,中间还涉及起运国出口报关、目的国进口清关等问题。对于卖家来说,物流着实存在着不少难点及风险,并且一定程度上会直接影响到买家的购物体验。

尽管操作跨境物流存在一定难度,但作为电子商务行业的下一个风口,跨境电子商务正不断迎来政策利好。因此,对跨境物流相关知识的把握,有利于跨境电子商务业务的发展。

二、选择合适的跨境物流模式

(一)跨境物流运输方式

跨境物流常见的运输方式为国际快递、海运运输和空运运输。接下来,我们将详细介绍这几种运输方式,以便卖家能根据自身商品属性和业务需求,更好地选择适合自己业务的运输方式。

1.国际快递。国际快递是指两个或两个以上的国家(或地区)之间所进行的快递、物流业务。当国际快件到达目的国家之后,需要在目的国进行配送,才能将快件送达最终目的地。国际快递包裹运送速度快、服务优,但价格也相对较高,常见的物流承运商有 UPS、DHL Express、FedEx 等。

2.海运运输。海运运输是指使用船舶通过海上航道在不同国家和地区港口之间运送货物的一种方式。海运运输包括海运整箱和海运拼箱(货物仅有一个发货人,并由发货人来负责箱)。

海运整箱(Full Container Load,FCL),标准的集装箱的常见尺寸为 20′GP,40′GP,40′HQ。

海运拼箱(Less Container Load,LCL),指发货人托运的货物为不足整箱的小票货,通过代理人(或承运人)分类整理货物,把发往同一目的地的货物集中到一定数量后拼装入箱。

选择整箱还是拼箱,要根据卖家要托运货物的体积而定。海运标准集装箱的最小柜型为 20 英尺①,若托运的货物体积小于 20 立方米,建议使用拼箱运输,若大于 20 立方米,使用整箱运输。

海运运输一般包括"海加卡"和"海加派"两种形式。海加卡是指头程物流使用海运,通过普通海运方式进行目的国清关,货物到达目的港后使用卡车运送至仓库。海加派是指头程物流使用海运,通过快递公司进行目的国清关,货物到达目的港后使用快递或邮政的车运送至仓库。

3.空运运输。空运运输是指使用飞机作为运输工具进行货物运输的一种运输方式。与海运运输相同,空运运输可分为"空加卡"和"空加派"两种形式。空加卡是指头程物流使用空运,通过普通空运的方式进行目的国清关,再用卡车运输货物。空加派是指头程物流使用空运,通过快递公司来进行目的国清关,再用快递或邮政的车运输货物。

(二)运输方式对比

通过以上内容的介绍,大家已经对各种运输方式有了初步的了解。那这些运输方式该怎么选,它们又分别适合哪些类型的货物呢? 卖家可以根据自身业务的需求进行选择,具体运输方式的特点见表 5-1。

表 5-1　跨境物流方式对比

运输方式	计费单位	尺寸属性	产品属性	运输周期	运费
国际快递	千克	单边尺寸小于 3 米	质量轻、单价高、易受季节和时间限制的产品,如电子芯片、品牌时装等	短 2—4 天	高
海运运输	立方米	超重超长的产品	任何产品均可运输,产品单价相对低,如家具、纺织品等	长 30—50 天	低

---

① 1 英尺=0.3048 米。

续　表

运输方式	计费单位	尺寸属性	产品属性	运输周期	运费
空运运输	千克通常以45千克起运	3.18米×2.54米×1.6米	质量相对较轻、单价相对较高、受季节和时间限制较高的产品,如服装、电子类产品等	中等约10天	中

(1)头程物流:在跨境物流的所有环节中,把商品从一个国家或地区通过海运、陆运或空运等方式运送至另外一个国家或地区。

(2)如遇不可抗力因素则可能会导致运输时间存在不同程度的延迟,需提前联系物流承运商了解详细情况。

注意:

(1)建议基于长期对售卖产品的体积重量、金额及属性的了解,来决定运输方式。

(2)没有绝对单一的运输方式,在产品生命周期的不同阶段,如新品上市、紧急上市、补货等时刻,运输方式可能互相切换。

(3)除产品属性外,生产交货周期、备货资金也是重要的决定因素。

三、跨境物流的重要环节——进出口关务

(一)进出口关务简介

在创建跨境物流订单后,卖家需要根据运输方式在发货前依据海关要求进行出口报关,并在货物抵达目的国时进行进口清关。跨境物流的货物从被创建物流订单到运输至目的国所经历的全部流程见图5-1。

当卖家使用跨境物流运输货物时,必不可少的是起运国出口报关及目的国进口清关这两个环节。因此,卖家必须在发货之前对进出口关务中需要注意的事项提前做好准备,以免货物被海关查扣或退回,

图 5-1　进出口关务流程

延长运输时间。接下来,我们将为卖家详细介绍出口报关和进口清关分别涉及的准备工作。

(二)出口报关准备

报关是履行海关出口手续的必要环节之一。作为卖家,需要在发货前提前做好准备工作,这样能使报关业务事半功倍。以下将介绍出口报关需要准备哪些。

无论使用哪种运输方式,都需要在发货前准备好以下单据,以便在出口报关时提供相应的文件供海关查验。

(1)出口货物报关单,指卖家出口货物时,向海关填报的单据,其经海关查验确认后具有一定的法律效力。其是出口产品报关离境的重要证据,也是办理出口产品退税的重要凭证。

(2)出口箱单。货物出口装运前需要先包装,出口箱单是货物包装的凭证。

(3)出口发票。由于国际贸易中无法统一使用税务机关监制的出口专用发票,目前出口发票仅为申报出口退税时使用。

(4)代理报关委托书,指托运人委托承运人(代理人)办理报关等通关事宜,明确双方责任和义务的书面证明。

(5)申报要素。进出口货物的收发货人及受委托的报关企业,依照《中华人民共和国海关法》及有关法律、行政法规和规章的要求,在规定的时间、地点,采用电子数据报关单和纸质报关单,向海关报告实际进出口货物的正确情况,这就是申报,其间涉及的报关单就是申报的要素。

注意:以上提及的报关单据仅供参考。不同国家及城市的海关要求可能有所差异,建议咨询专业的报关公司,以实际情况为准。

如果卖家使用空运运输,那么在出口报关时,除了以上单据,还需要多准备以下信息及单据:

①SHIPPER(发货人)信息:需要提供中/英文抬头,社会信用证(海外公司请提供注册号);

②CNEE(收货人)信息:需要提供英文抬头(即 Bond 抬头),雇员身份号码,也作联邦税号(Employer Identification Number,EIN)、增值税号(Value Added Tax,VAT);

③空运出口运输合同;

④英文版发票及箱单;

⑤空运提单;

⑥木制品需做熏蒸处理,并提供厂检单;

⑦如卖家的商品涉及危险品,卖家还需要提供以下文件:空运保函、MSDS6、电池信、KCFORM、FDAREG♯、设备列表。

(三)进口清关准备

在卖家将货物进口至目的国之前,首先要确保卖家在目的国有自己的登记进口商(Importer Of Record,IOR),它负责保证卖家的货物在进口时遵守当地法律和条例,并支付进口税费,以便货物成功进口至目的国。除了 IOR 之外,各个国家根据相应的海关规定,对清关还有其他不同的要求。接下来,我们将以美国、欧洲及日本为例,介绍进口清关流程,以供参考。

1.美国清关注意事项。商品进口至美国将会经历以下流程,具体见图 5-2。

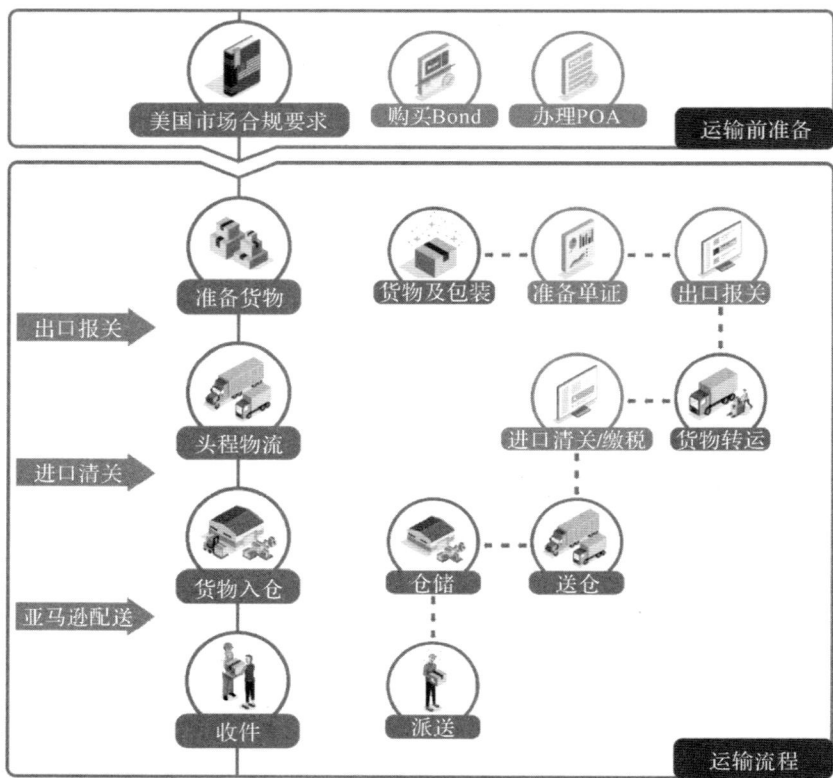

图 5-2　商品进口至美国运输流程

通过以上流程会发现：如果卖家需要进口货物至美国，必须提前购买 Bond 并办理 POA，才能完成清关。那么 Bond 和 POA 分别指什么？

Bond 全称 Custom Bond，即海关保证金，如果进口商因贸易纠纷等原因产生费用时，美国海关可在 Bond 里扣钱，美国海关和政府强制规定美国的进口商必须购买 Bond。Bond 分为 Annual Bond（即年 Bond）和 Single Bond（即单次 Bond）。

POA 全称 Power Of Attorney，即进口清关委托书，是指向美国海关告知卖家已授权委托亚马逊指定的清关行代办理清关业务。卖家可通过清关行代理办理 POA 和购买 Bond。如届时已自行购买 Bond，则不需要再另行购买，只需办理 POA 即可。

2.欧盟和英国清关注意事项。欧盟和英国清关与美国略有不同。

当卖家将商品发送到英国,在英国进行进口清关时,需要提供英国的 VAT 号及 EORI;当卖家将商品发送到欧盟国家,在进行进口清关时,需要提供相应欧盟国家的 VAT 号及任意欧盟国家的 EORI;使用亚马逊跨境物流服务,将商品运送到英国或德国的卖家,亚马逊可支持在英国及欧盟没有实体注册公司的卖家进行进口清关,但要有目的国 VAT 号及 EORI。

3.日本清关注意事项。如果卖家已经拥有 IOR,在确保遵守日本的法律和条例下,卖家可以将货物从境外发送至日本。但如果卖家在日本没有实体注册公司,或者在日本没有可以作为登记进口商行事的日本实体注册公司,那么卖家要委任一位服务提供商作为卖家的海关手续代理人(Attorney for the Customs Procedures,ACP)。ACP 指可以代表卖家支付在进口时产生的税费的实体或个人。请注意,ACP 并不完全承担进口商的责任,它仅负责支付税费。在商品进口前,卖家必须确保卖家的商品符合当地的法律和条例;一般情况下,任何日本居民都可被指定为海关登记进口商或海关手续代理人。

(四)名词解释

跨境物流相关名词含义见表 5-2。

表 5-2　跨境物流相关名词解释

名词	解释
承运人	指本人或者委托他人以本人名义与托运人订立货物运输合同的人
电池信	出口带点的产品时需要填写的一份证明
EIN	全称 Export Identification Number,即出口商识别码,由海关来颁发该识别号码给出口商,卖家必须在提供唯一的海关识别号码之后才能发货
FDA REG#	即 FDA 注册号,是指化妆品、医疗器械、食品、OTC 药品等产品出口美国时,必须到美国联邦食品药品监督管理局登记注册后得到的编号

名词	解释
FC Form	全称 Know Consignor Form,即空运非危保函,是指由发货人出具的、保证托运货物非航空安全条例规定的危险物品的一个保证书,经盖公章生效
空运保函	是指由发货人出具的、保证托运货物非航空安全条例规定的危险物品的一个证书,经盖公章生效
空运提单	指承运货物的航空承运人(航空公司)或其代理人在收到承运的货物并接受托运人空运要求后,签发给托运人的货物收据
托运人	即货主,是委托承运人运送货物并支付运费的社会组织或个人
VAT	全称 Value Added Tax,是欧盟国家普遍使用的增值税。VAT号是缴税时的纳税识别码,卖家注册了 VAT 号才能进行缴费纳税,在运输后就可以申请进口增值税的抵扣
熏蒸	为了防止有害病虫危害进口国森林资源,含有木质包装的出口货物必须在出运前对木质包装物进行除害处理。熏蒸就是除害处理中的一种方式

四、亚马逊物流解决方案

(一)亚马逊物流及库存仓储解决方案

当卖家在亚马逊海外站点开店,开启跨境电子商务业务时,可能遇到的首要挑战是如何将卖家的商品配送给海外消费者。简单来说,卖家可以选择由亚马逊来配送卖家的商品给消费者,或者由卖家自己将商品配送给海外消费者。接下来,我们将介绍这两种不同物流模式下,亚马逊都有哪些解决方案。

1. 由亚马逊来配送卖家的商品。卖家负责销售,亚马逊负责配送。亚马逊拥有世界上最先进的物流配送网络之一。很多亚马逊消费者喜欢购买带有 Prime 标记的商品,因为 Prime 标记意味着商品可以快速配送到消费者手中,甚至消费者无须支付任何配送费用。使用亚马逊物流(Fulfillment By Amazon,FBA)来配送商品是获取 Prime 标志最简单的方式。亚马逊物流使用 FBA,卖家仅需将商品发送至亚马逊运营中心,之后的操作全部由亚马逊来完成。亚马逊负责储存卖家的商品,并在商品售出后,进行订单分拣、包装、配送,此外,由亚马逊专业客服团队使用当地语言提供客户咨询、退换货处理等客户服务。

总的来说,亚马逊能为卖家提供高标准的"一站式物流解决方案",帮助卖家解决物流难题,减少运营压力,快速拓展业务,轻松触达更多消费者。浏览 FBA 指导手册可以了解更多服务及详情。

当卖家决定使用 FBA 后,卖家需要将商品先运送到目的国的亚马逊运营中心。如何将卖家商品从中国运送到海外的亚马逊运营中心呢? 卖家可以通过熟悉 FBA 入仓要求及流程的第三方物流承运商,或者可以通过亚马逊官方头程运输服务——亚马逊跨境物流服务(Amazon Global Logistics Service)来进行。亚马逊跨境物流服务可以帮助卖家将商品发往世界各地的亚马逊运营中心。亚马逊跨境物流服务的运输网络依托亚马逊覆盖在世界各地的亚马逊运营中心,目前开通的路线有中国到美国、中国到欧洲及中国到日本。

2.由卖家自己配送商品。由卖家自己配送商品,简称卖家自配送,一般英文描述为 Merchant Fulfillment Network (MFN),或 Fulfillment by Merchants(FBM)。在亚马逊销售商品时,如果因为商品体积、重量或者品类限制等原因导致无法使用 FBA 时,卖家可以通过自配送的方式进行销售并完成订单配送,且自行负责库存管理、包装、配送、消费者咨询、退换货等一系列流程。卖家可以通过合适的第三方物流承运商,将商品配送给海外消费者,或者卖家也可以通过亚马逊购买配送服务(Buy Shipping)进行自发货。

亚马逊购买配送服务是亚马逊针对卖家自配送订单的线上发货服务。卖家可通过卖家平台,或使用购买配送服务,直接向合作的物流承运商购买物流配送服务,并打印货件标签。目前美国、加拿大和欧洲已经开通从中国发货的购买配送服务,上述站点的自配送卖家可以通过购买配送服务,通过合作的物流承运商(中国邮政和燕文物流)进行自发货。购买配送服务操作简便,自动发货确认,有助于提高有效追踪率,避免订单缺陷或丢失,同时有助于维护卖家配送绩效,具体流程见图5-3。

如果卖家从国内发货,那么卖家的流程将会是:1.1－1.2－2－

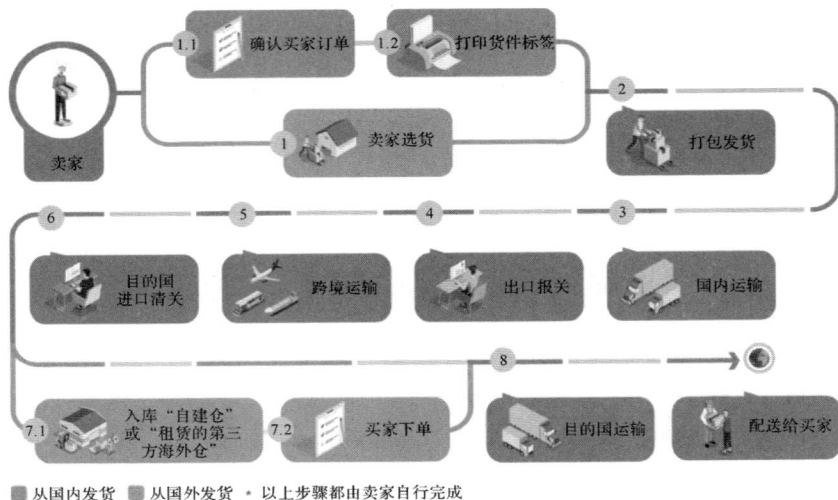

图 5-3　卖家自己配送商品

3—4—5—6—8。

如果卖家从海外发货,那么卖家的流程将会是:1—2—3—4—5—6—7.1—7.2—8。

无论是从国内还是国外发货,均可以通过购买配送服务的合作物流承运商进行配送。但即使卖家使用购买配送服务,打印货件标签与打包发货的动作仍由卖家自己来完成。

(二)第三方物流承运商资源

为了更好地满足卖家的物流需求,亚马逊还推出了合作承运人计划(Partnered Carrier Program,PCP)和服务提供商网络(Service Provider Network,SPN),帮助卖家更方便地查找第三方物流承运商资源。

1. SPN。如果以上服务不能满足卖家的需求,亚马逊还汇总了第三方服务商资源,建立服务提供商网络,整理各领域的第三方服务商,来为卖家提供包括商品仓储、配送、翻译、税务等方面的资源,卖家可以通过 SPN 找到合适的服务商来解决跨境物流中遇到的问题。

SPN 目前支持 10 余种服务项目,帮助卖家全方位解决跨境电子商务中遇到的难题,见图 5-4。

図 5-4　SPN 服务介绍

开始使用 SPN,即登录卖家亚马逊平台,在"应用和服务"的下拉菜单中点击"探索服务",卖家也可以直接点击此处进行跳转,即刻联系可靠的本地服务商进行全球销售。注意:亚马逊仅作为信息资源方来提供第三方服务商名录,卖家需要自行考量服务商的资质和相关服务水平,再确定是否合作。

2. PCP。亚马逊的 PCP,是指在目的国当地,通过亚马逊合作承运人将卖家的商品运送至亚马逊运营中心。PCP 一般可分为小包裹快递(Small Parcel Delivery,SPD)承运人和汽运零担/整车运输配送(LTL/FTL)承运人。

SPD 通常由 UPS 来进行小包裹快递的派送。如果卖家选择亚马逊合作 SPD 承运人配送小包裹快递,要先使用箱子包装好商品,并在每个箱子上贴好标签。当卖家完成了配送货物的准备工作后,联系 SPD 承运人取件(仅限目的国当地),或是将包裹送到承运人投件网点即可。

如果卖家的货物总重量超过 68 千克(即 150 磅),卖家可以考虑使用亚马逊合作 LTL/FTL 承运人帮助进行入库运输,以节省费用。针对汽运零担货物,使用 LTL/FTL 承运人运送时,货物必须放在托盘上,并需要在规定的运输日期之前准备好货物。

(三)亚马逊服务总览

亚马逊提供的服务情况详见表 5-3。

表 5-3 亚马逊服务总览

服务名称	服务负责方	服务范围
亚马逊物流及库存管理解决方案	FBA	亚马逊	1.卖家可在卖家平台创建订单,并将货物运输至目的国的亚马逊运营中心 2.亚马逊运营中心储存并管理商品,然后根据订单完成拣货、包装、配送 3.亚马逊提供客户咨询、退换货等客户服务
	亚马逊跨境物流服务	亚马逊	1.卖家可在亚马逊卖家平台预约订舱,免费将货物锁定在指定的亚马逊运营中心 2.亚马逊负责将货物从卖家处运送至国内仓库,根据海运、空运流程进行国际物流服务,到达目的国后将货物运输至指定仓库 3.卖家可追踪物流信息,货物送仓后再支付费用

续　表

服务名称	服务负责方		服务范围
亚马逊物流及库存管理解决方案	亚马逊购买配送服务	亚马逊及合作承运商	1.自配送卖家可通过亚马逊购买配送服务,使用合作的物流承运商将商品直接从中国配送给海外消费者 2.由卖家负责货物的库存管理、包装、客户服务及退换货等一系列流程 3.由合作的物流承运商负责订单配送
亚马逊物流承运商资源	SPN	第三方服务提供商	卖家可以通过服务提供商获取以下的服务支持:账户管理、图文版商品描述、商品目录、翻译、会计、培训、合规、IP加速器、税费、仓储、亚马逊物流预处理、国际配送、退货、图片拍摄、广告优化
	亚马逊PCP	合作承运商	卖家可以使用目的国当地合作物流承运商,将商品通过目的国当地运输,运送至亚马逊运营中心

第二节　通关与检验检疫的法律法规

本节思维导图

一、进出口货物申报与通关

进出口货物的收发货人、受委托的报关企业,应当依照《中华人民共和国海关法》及有关法律、行政法规和规章的要求,在规定的期限、地点,采用电子数据报关单或者纸质报关单形式,向海关报告实际进出口货物的情况,并且接受海关审核。

（一）申报要求

申请报关主体申报时采用电子数据报关单申报形式或者纸质报关单申报形式。电子数据报关单和纸质报关单均具有法律效力,申请报关主体可按下列申报要求进行申报。

1.进出口货物的收发货人、受委托的报关企业应当依法如实向海关申报,对申报内容的真实性、准确性、完整性和规范性承担相应的法律责任。

2.进口货物的收货人、受委托的报关企业应当自运输工具申报进境之日起 14 日内向海关申报。

进口转关运输货物的收货人、受委托的报关企业应当自运输工具申报进境之日起 14 日内,在进境地海关办理转关运输手续,有关货物应当自运抵指运地之日起 14 日内向指运地海关申报。

出口货物的发货人、受委托的报关企业应当在货物运抵海关监管区后、装货的 24 小时以前向海关申报。

超过规定时限未向海关申报的,海关按照《中华人民共和国海关征收进口货物滞报金办法》征收滞报金。

3.本规定中的申报日期是指申报数据被海关接受的日期。不论是以电子数据报关单方式申报还是以纸质报关单方式申报,海关以接受申报数据的日期为接受申报的日期。

以电子数据报关单方式申报的,申报日期为海关计算机系统接受申报数据时记录的日期,该日期将反馈给原数据发送单位,或者公布于海关业务现场,或者通过公共信息系统发布。

以纸质报关单方式申报的,申报日期为海关接受纸质报关单并且对报关单进行登记处理的日期。

4.电子数据报关单经过海关计算机检查被退回的,视为海关不接受申报,进出口货物的收发货人、受委托的报关企业应当按照要求修改后重新申报,申报日期为海关接受重新申报的日期。

海关已接受申报的报关单电子数据,经人工审核确认需要退回修改的,进出口货物的收发货人、受委托的报关企业应当在 10 日内完成修改并且重新发送报关单电子数据,申报日期仍为海关接受原报关单电子数据的日期。超过 10 日的,原报关单无效,进出口货物的收发货人、受委托的报关企业应当另行向海关申报,申报日期为海关再次接受申报的日期。

5.进出口货物的收发货人以自己的名义,向海关申报的,报关单应当由进出口货物的收发货人签名盖章,并且随附有关单证。

报关企业接受进出口货物的收发货人委托,以自己的名义或者以委托人的名义向海关申报的,应当向海关提交由委托人签署的授权委托书,并且按照委托书的授权范围办理有关海关手续。

6.报关企业接受进出口货物收发货人委托办理报关手续的,应当与进出口货物的收发货人签订有明确委托事项的委托协议,进出口货物的收发货人应当向报关企业提供委托报关事项的真实情况。

报关企业接受进出口收发货人的委托,办理报关手续时,应当对委托人所提供情况的真实性、完整性进行合理审查,审查内容包括:

(1)证明进出口货物的实际情况的资料,包括进出口货物的品名、规格、用途、产地、贸易方式等。

(2)有关进出口货物的合同、发票、运输单据、装箱单等商业单据。

(3)进出口所需的许可证件及随附单证。

(4)海关总署规定的其他进出口单证。

报关企业未对进出口货物的收发货人提供情况的真实性、完整性履行合理审查义务或者违反海关规定申报的,应当承担相应的法律责任。

(5)进口货物的收货人,向海关申报前,因确定货物的品名、规格、型号、归类等原因,可以向海关提出查看货物或者提取货样的书面申请。海关审核同意的,派员到场实际监管。

查看货物或者提取货样时,海关开具取样记录和取样清单;提取货样的货物涉及动植物及产品,以及其他须依法提供检疫证明的,应当在依法取得有关批准证明后提取。提取货样后,到场监管的海关关员与进口货物的收货人在取样记录和取样清单上签字确认。

(6)海关接受进出口货物的申报后,报关单证及其内容不得修改或者撤销;符合规定情形的,应当按照进出口货物报关单修改和撤销的相关规定办理。

(7)海关审核电子数据报关单时,需要进出口货物的收发货人、受委托的报关企业解释、说明情况或者补充材料的,收发货人、受委托的报关企业应当在接到海关通知后及时进行说明或者提供完备材料。

(8)海关审结电子数据报关单后,进出口货物的收发货人、受委托的报关企业应当自接到海关"现场交单"或者"放行交单"通知之日起10日内,持打印出的纸质报关单,备齐规定的随附单证并且签名盖章,到货物所在地海关递交书面单证并且办理相关海关手续。

确因节假日或者转关运输等其他特殊原因需要逾期向海关递交书面单证并且办理相关海关手续的,进出口货物的收发货人、受委托的报关企业应当事先向海关提出书面申请说明原因,经海关核准后在核准的期限内办理。其中,进出口货物收发货人自行报关的,由收发货人在申请书上签章;委托报关企业报关的,由报关企业和进出口货物的收发货人双方共同在申请书上签章。

未在规定期限或者核准的期限内递交纸质报关单的,海关删除电子数据报关单,进出口货物的收发货人、受委托的报关企业应当重新申报。由此产生的滞报金按照《中华人民共和国海关征收进口货物滞报金办法》的规定办理。

现场交单审核时,进出口货物的收发货人、受委托的报关企业应当向海关递交与电子数据报关单内容一致的纸质报关单及随附单证。特殊情况下,个别内容不符的,经海关审核确认无违法情形的,由进出口货物的收发货人、受委托的报关企业重新提供与电子数据报关单相符的随附单证或者提交有关说明的申请,电子数据报关单可以不予删除。其中,实际交验的进出口许可证件与申报内容不一致的,经海关认定无违反国家进出口贸易管制政策和海关有关规定的,可以重新向海关提交。

(9)企业可以通过计算机网络向海关进行联网实时申报。具体办法由海关总署另行制定。

(二)特殊申报

1.经海关批准,进出口货物的收发货人、受委托的报关企业可以在取得提(运)单或者载货清单(舱单)数据后,向海关提前申报。

在进出口货物的品名、规格、数量等已确定无误的情况下,经批准的企业可以在进口货物启运后、抵港前或者出口货物运入海关监管作业场所前3日内,提前向海关办理报关手续,并且按照海关的要求交验有关随附单证、进出口货物批准文件及其他需提供的证明文件。

验核提前申报的进出口货物许可证件有效期以海关接受申报之日为准。提前申报的进出口货物税率、汇率的适用,按照《中华人民共和国进出口关税条例》(以下简称《关税条例》)的有关规定办理。

2.特殊情况下,经海关批准,进出口货物的收发货人、受委托的报关企业可以自装载货物的运输工具申报进境之日起1个月内向指定海关办理集中申报手续。

集中申报企业应当向海关提供有效担保,并且在每次货物进出口时,按照要求向海关报告货物的进出口日期、运输工具名称、提(运)单号、税号、品名、规格型号、价格、原产地、数量、重量、收(发)货单位等海关监管所必需的信息,海关可以准许先予查验和提取货物。集中申报企业提取货物后,应当自装载货物的运输工具申报进境之日起1个月内向海关办理集中申报及征税、放行等海关手续。超过规定期限未向海关申报的,按照《中华人民共和国海关征收进口货物滞报金办法》征收滞报金。

集中申报采用向海关发送电子数据报关单申报的方式。

集中申报的进出口货物税率、汇率的适用,按照《关税条例》的有关规定办理。

3.经电缆、管道、输送带或者其他特殊运输方式输送进出口的货物,经海关同意,可以定期向指定海关申报。

4.需要向海关申报知识产权状况的进出口货物,收发货人、受委托的报关企业应当按照海关要求向海关如实申报有关知识产权状况,并且提供能够证明申报内容真实的证明文件和相关单证。海关按规定实施保护措施。

5.海关对进出口货物申报价格、税则归类进行审查时,进出口货物的收发货人、受委托的报关企业应当按海关要求提交相关单证和材料。

6.需要进行补充申报的,进出口货物的收发货人、受委托的报关企业应当如实填写补充申报单,并且向海关递交。

7.转运、通运、过境货物及快件的申报规定,由海关总署另行制定。

(三)申报单证

1.进出口货物的收发货人、受委托的报关企业应当取得国家实行进出口管理的许可证件,凭海关要求的有关单证办理报关纳税手续。海关对有关进出口许可证件的电子数据进行系统自动比对验核。

前款规定的许可证件,海关与证件主管部门未实现联网核查,无法自动比对验核的,进出口货物的收发货人、受委托的报关企业应当持有关许可证件办理海关手续。

2.向海关递交的纸质报关单可以使用事先印制的规定格式报关单或者直接在 A4 型空白纸张上打印。

3.进出口货物报关单应当随附的单证包括:

(1)合同;

(2)发票;

(3)装箱清单;

(4)载货清单(舱单);

(5)提(运)单;

(6)代理报关授权委托协议;

(7)进出口许可证件;

(8)海关总署规定的其他进出口单证。

4.货物实际进出口前,海关已对该货物做出预归类决定的,进出口货物的收发货人、受委托的报关企业在货物实际进行进出口申报时应当向海关提交《预归类决定书》。

(四)报关单证明联、核销联的签发和补签

根据国家外汇、税务、海关对加工贸易等管理的要求,进出口货物

的收发货人、受委托的报关企业办结海关手续后,可以向海关申请签
发下列报关单证明联:

1.用于办理付汇的货物贸易外汇管理 B 类、C 类企业进口货物报
关单证明联;

2.用于办理收汇的货物贸易外汇管理 B 类、C 类企业出口货物报
关单证明联;

3.用于办理加工贸易核销的海关核销联。

海关签发报关单证明联时应当在打印出的报关单证明联的右下
角规定处加盖已在有关部门备案的"验讫章"。

进出口货物的收发货人、受委托的报关企业在申领报关单证明
联、海关核销联时,应当提供海关要求的有效证明。

海关已签发的报关单证明联、核销联因遗失、损毁等特殊情况需
要补签的,进出口货物的收发货人、受委托的报关企业应当自原证明
联签发之日起 1 年内向海关提出书面申请,并且随附有关证明材料,
海关审核同意后,可以予以补签。海关在证明联、核销联上注明"补
签"字样。

二、进出口货物检验检疫

检疫检验是指凡列入《商检机构实施检验的进出口商品种类表》
的进出口商品和其他法律法规规定须经检验的进出口商品,必须经过
出入境检验检疫部门或其指定的检验机构检验。国家对涉及安全、卫
生和环保要求的重要进口商品实施进口商品安全质量许可制度并公
布了《实施进口商品安全质量许可制度目录》。列入目录的商品须获
得国家出入境检验检疫局签发的进口商品安全质量许可证书并被批
准在商品上使用"安全标志"后,方能进入中国。

(一)《保税区检验检疫监督管理办法》

为加强和规范保税区检验检疫监督管理工作,促进国家经济贸易
的快速健康发展,根据《中华人民共和国进出口商品检验法》及其实施

条例、《中华人民共和国进出境动植物检疫法》及其实施条例、《中华人民共和国国境卫生检疫法》及其实施细则、《中华人民共和国食品安全法》及其他有关法律法规,制定本办法。

第二章 输入保税区应检物的检验检疫

第七条 从境外进入保税区的应检物,属于卫生检疫范围的,由海关实施卫生检疫;应当实施卫生处理的,在海关的监督下,依法进行卫生处理。

第八条 从境外进入保税区的应检物,属于动植物检疫范围的,由海关实施动植物检疫,应当实施动植物检疫除害处理的,在海关的监督下,依法进行除害处理。

第九条 海关对从境外进入保税区的可以用作原料的固体废物、旧机电产品、成套设备实施检验和监管,对在保税区内存放的货物不实施检验。

第十条 保税区内企业从境外进入保税区的仓储物流货物及自用的办公用品、出口加工所需原材料、零部件免予实施强制性产品认证。

第三章 输出保税区应检物的检验检疫

第十一条 从保税区输往境外的应检物,海关依法实施检验检疫。

第十二条 从保税区输往非保税区的应检物,除法律法规另有规定的,不实施检疫。

第十三条 从保税区输往非保税区的应检物,属于实施食品卫生监督检验和商品检验范围的,海关实施检验。对于集中入境分批出区的货物,可以分批报检,分批检验;符合条件的,可以于入境时集中报检,集中检验,经检验合格的出区时分批核销。

第十四条 按照本办法第九条的规定在入境时已经实施检验的保税区内的货物,输往非保税区的,不实施检验。

按照本办法第十一条的规定,从非保税区进入保税区的货物,又输往非保税区的,不实施检验。

第十五条　从保税区输往非保税区的应检物,列入强制性产品认证目录的,应当取得相应的认证证书,其产品上应当加贴强制性产品认证标志。

第十六条　从非保税区进入保税区后不经加工直接出境的,已取得产地海关签发的检验检疫合格证明的,保税区海关不再实施检验检疫。超过检验检疫有效期、变更输入国家或地区并又有不同检验检疫要求、改换包装或重新拼装、已撤销报检的,应当按规定重新报检。

第十七条　保税区内企业加工出境产品,符合有关规定的,可以向海关申请签发普惠制原产地证书或者一般原产地证书、区域性优惠原产地证书、专用原产地证书等。

第四章　经保税区转口的应检物的检验检疫

第十八条　经保税区转口的动植物、动植物产品和其他检疫物,入境报检时应当提供输出国家或者地区政府部门出具的官方检疫证书;转口动物的,还应当取得海关总署签发的《动物过境许可证》,并在入境报检时提供输入国家或者地区政府部门签发的允许进境的证明。

第十九条　经保税区转口的应检物,在保税区短暂仓储,原包装转口出境并且包装密封状况良好,无破损、撒漏的,入境时仅实施外包装检疫,必要时进行防疫消毒处理。

第二十条　经保税区转口的应检物,由于包装不良以及在保税区内经分级、挑选、刷贴标签、改换包装形式等简单加工,转口出境的,海关实施卫生检疫、动植物检疫以及食品卫生检验。

第二十一条　转口应检物出境时,除法律法规另有规定和输入国家或者地区政府要求入境时出具我国海关签发的检疫证书或者检疫处理证书的以外,一般不再实施检疫和检疫处理。

实施检验的进出口商品目录调整

根据《中华人民共和国进出口商品检验法》及其实施条例，2021 年 6 月 1 日海关总署发布《关于调整必须实施检验的进出口商品目录的公告》，决定对必须实施检验的进出口商品目录进行调整，公告称："一、对涉及机电产品、金属材料、化工品、仿真饰品等 234 个 10 位海关商品编号取消监管条件'A'，海关对相关商品不再实施进口商品检验。二、对涉及进口再生原料的 8 个 10 位海关商品编号增设监管条件'A'，海关对相关商品实施进口商品检验。三、对涉及出口钢坯、生铁的 24 个 10 位海关商品编号增设海关监管条件'B'，海关对相关商品实施出口商品检验。"

(二)《出入境快件检验检疫管理办法》

适应于跨境电子商务进出口贸易特点，对于进出境快件检验检疫进行了约定。

在报检环节，要求：

第七条　快件运营人应按有关规定向海关办理报检手续。

第八条　快件运营人在申请办理出入境快件报检时，应提供报检单、总运单、每一快件的分运单、发票等有关单证。属于下列情形之一的，还应向海关提供有关文件：

（一）输入动物、动物产品、植物种子、种苗及其他繁殖材料的，应提供相应的检疫审批许可证和检疫证明；

（二）因科研等特殊需要，输入禁止进境物的，应提供海关总署签发的特许审批证明；

（三）属于微生物、人体组织、生物制品、血液及其制品等特殊物品的，应提供相关部门的审批文件；

（四）属于实施进口安全质量许可制度、出口质量许可证制度和卫生注册登记制度管理的，应提供有关证明。

第九条　入境快件到达海关监管区时，快件运营人应及时向所在地海关办理报检手续。

出境快件在其运输工具离境 4 小时前,快件运营人应向离境口岸海关办理报检手续。

第十条　快件运营人可以通过电子数据交换(EDI)的方式申请办理报检,海关对符合条件的,应予受理。

在检验检疫及处理环节,则要求:

第十一条　海关对出入境快件应以现场检验检疫为主,特殊情况的,可以取样作实验室检验检疫。

第十二条　海关对出入境快件实行分类管理:

A 类:国家法律法规规定应当办理检疫许可证的快件;

B 类:属于实施进口安全质量许可制度、出口质量许可制度以及卫生注册登记制度管理的快件;

C 类:样品、礼品、非销售展品和私人自用物品;

D 类:以上三类以外的货物和物品。

第十三条　入境快件的检验检疫:

(一)对 A 类快件,按照国家法律法规和相关检疫要求实施检疫;

(二)对 B 类快件,实施重点检验,审核进口安全质量许可证或者卫生注册证,查看有无进口安全质量许可认证标志或者卫生注册标志。无进口安全质量许可证、卫生注册证或者无进口安全质量许可标志或者卫生注册标志的,作暂扣或退货处理,必要时进行安全、卫生检测;

(三)对 C 类快件,免予检验,应实施检疫的,按有关规定实施检疫;

(四)对 D 类快件,按 1‰—3‰ 的比例进行抽查检验。

第十四条　出境快件的检验检疫:

(一)对 A 类快件,依据输入国家或者地区和中国有关检验规定实施检疫;

(二)对 B 类快件,实施重点检验,审核出口质量许可证或者卫生注册证,查看有无相关检验检疫标志、封识。无出口质量许可证、卫生注册证或者相关检验检疫标志、封识的,不得出境;

（三）对 C 类快件，免予检验，物主有检疫要求的，实施检疫；

（四）对 D 类快件，按 $1\%—3\%$ 的比例进行抽查检验。

第十五条　入境快件经检疫发现被检疫传染病病原体污染的或者带有动植物检疫危险性病虫害的以及根据法律法规规定须作检疫处理的，海关应当按规定实施卫生、除害处理。

第十六条　入境快件经检验不符合法律、行政法规规定的强制性标准或者其他必须执行的检验标准的，必须在海关的监督下进行技术处理。

第十七条　入境快件经检验检疫合格的，签发有关单证，予以放行；经检验检疫不合格但经实施有效检验检疫处理，符合要求的，签发有关单证，予以放行。

第十八条　入境快件有下列情形之一的，由海关作退回或者销毁处理，并出具有关证明：

（一）未取得检疫审批并且未能按规定要求补办检疫审批手续的；

（二）按法律法规或者有关国际条约、双边协议的规定，须取得输出国官方出具的检疫证明文件或者有关声明，而未能取得的；

（三）经检疫不合格又无有效方法处理的；

（四）本办法第二十二条所述的入境快件不能进行技术处理或者经技术处理后，重新检验仍不合格的；

（五）其他依据法律法规的规定须作退回或者销毁处理的。

第十九条　出境快件经检验检疫合格的，签发相关单证，予以放行。经检验检疫不合格的，不准出境。

第二十条　海关对出入境快件需做进一步检验检疫处理的，可以予以封存，并与快件运营人办理交接手续。封存期一般不得超过 45 日。

第二十一条　对出入境快件作出退回或者销毁处理的，海关应当办理有关手续并通知快件运营人。

第二十二条　快件运营人应当配合检验检疫工作，向海关提供有关资料和必要的工作条件、工作用具等，必要时应当派出人员协助工作。

跨境电子商务企业"放管服"

2021 年 6 月 22 日,海关总署为认真落实全国深化"放管服"改革着力培养和激发市场主体活力电视电话会议精神,进一步促进跨境电子商务(以下简称"跨境电商")健康有序发展,助力企业更好开拓国际市场,经研究,决定复制推广跨境电商企业对企业(以下简称"跨境电商 B2B")出口监管试点。海关总署公告称:"在现有试点海关基础上,在全国海关复制推广跨境电商 B2B 出口监管试点。跨境电商企业、跨境电商平台企业、物流企业等参与跨境电商 B2B 出口业务的境内企业,应当依据海关报关单位备案有关规定,向所在地海关办理备案。其他有关事项按照海关总署公告 2020 年第 75 号、第 92 号执行。"

［资料来源:《关于在全国海关复制推广跨境电子商务企业对企业出口监管试点的公告》(海关总署 2021 年第 47 号),http://www.customs.gov.cn/customs/302249/302266/302267/3737384/index.html］

加强检验检疫,护航"进出口食品安全"

海关总署于 2021 年 4 月 12 日公布了《中华人民共和国进出口食品安全管理办法》(海关总署令第 249 号,以下简称《办法》),将自 2022 年 1 月 1 日起施行。2011 年 9 月 13 日原国家质量监督检验检疫总局令第 144 号公布并根据 2016 年 10 月 18 日原国家质量监督检验检疫总局令第 184 号及 2018 年 11 月 23 日海关总署令第 243 号修改的《进出口食品安全管理办法》、2000 年 2 月 22 日原国家质量检验检疫局令第 20 号公布并根据 2018 年 4 月 28 日海关总署令第 238 号修改的《出口蜂蜜检验检疫管理办法》、2011 年 1 月 4 日原国家质量监督检验检疫总局令第 135 号公布并根据 2018 年 11 月 23 日海关总署令第 243 号修改的《进出口水产品检验检疫监督管理办法》、2011 年 1 月 4 日原国家质量监督检验检疫总局令第 136 号公布并根据 2018 年 11 月 23 日海关总署令第 243 号修改的《进出口肉类产品检验检疫监督管理办法》、2013 年 1 月 24 日原国家质量监督检验检疫总局令第 152 号公布并根据 2018 年 11 月 23 日海关总署令第 243 号修改的《进出口乳品检验检疫监督管理办法》、2017 年 11 月 14 日原国家质量监督检验检疫总局令第 192 号公布并根据 2018 年 11 月 23 日海关总署令第 243 号修改的《出口食品生产企业备案管理规定》同时废止。为使行政相对人和社会各界全面了解和准确把握本次规章修订的背景情况、主要原则和重点内容，现就有关问题解读如下。

一、修订背景及目的

原《进出口食品安全管理办法》于 2012 年 3 月 1 日发布施行，对进出口食品安全监管发挥了重要作用。近年来，党中央、国务院对食品安全提出更高要求，《中华人民共和国食品安全法》及其实施条例也分别于 2015 年和 2019 年进行整体修订，海关全面推动改革和关检业务的深度融合、我国进出口食品贸易量大幅增加、新冠肺炎疫情、国际贸易摩擦、国际食品安全面临新风险新挑战等新形势新变化，都对海关进出口食品监管提出更高要求，现行规定已不能完全适应监管需要，有必要予以修订。

二、需要说明的主要问题

（一）贯彻落实党中央、国务院及相关法律法规关于进一步强化食品安全工作的要求

《办法》遵守习近平总书记提出的"四个最严"要求，明确将"安全第一、预防为主、风险管理、全程控制、国际共治"作为海关食品安全监管基本原则（第三条）；同时通过增设一系列制度，建立更为科学、严格的进出口食品安全监管制度。该制度主要包括：建立境外国家食品安全管理体系和食品安全状况评估审查制度，明确细化评估审查程序及内容（第十一条至第十七条）；在境外评估审查、指定口岸进口、指定监管场地、合格评定、控制措施

等制度中充分贯彻《中华人民共和国食品安全法》风险管理理念；压实企业主体责任，细化食品进口商自主审核义务（第二十二条、第二十三条）；在授权范围内补充违反备案变更规定、拒不配合核查、擅自提离海关指定或认可的场所等违法行为的法律责任，增强相应规定的可操作性（第五章）。

（二）总结重大食品安全事件及疫情疫病应对情况，特别是新冠肺炎疫情防控经验，完善风险预警及控制措施

新增《中华人民共和国国境卫生检疫法》及其实施细则作为立法依据（第一条）；明确中国缔结或参加的国际条约协定作为进出口食品监管依据（第四条、第九条、第三十八条）；细化《食品安全法实施条例》第五十二条有条件限制进口、暂停或者禁止进口等控制措施的具体方式及适用情形（第三十四条、第三十五条、第三十六条），其中特别明确规定，进口食品被检疫传染病病原体污染或者有证据表明能够成为检疫传染病传播媒介的，海关可以采取暂停或者禁止进口的控制措施。

（三）固化海关全面深化改革、关检业务深度融合成果及执法经验

重点对进出口食品安全监管流程与主要制度予以固化，明确进出口食品监督管理、进口食品现场查验的具体内容（第十条、第二十八条）；固化《海关全面深化改革 2020 框架方案》实施成果，新增出口申报前监管规定，进一步提升通关时效（第四十八条、第四十九条）；明确海关运用信息化手段提升进出口食品安全监管水平（第六条）。

（四）优化整合海关食品安全监管领域规章结构布局

《办法》整合吸纳了进出口肉类产品、水产品、乳品及出口蜂蜜检验检疫监督管理办法等 5 部单项食品规章中的共性内容，其他需进一步明确的事项将以规范性文件形式发布。同时，考虑到"出口食品生产企业备案"已由许可审批项目调整为备案管理，并

已发布相关规范性文件,现行《出口食品生产企业备案管理规定》一并予以废止。通过本次修订,在海关进出口食品监管领域基本形成以《进出口食品管理办法》为基础、《进口食品境外生产企业注册管理规定》为辅,相关规范性文件为补充的执法体系。

（资料来源:海关发布.解读海关总署关于《中华人民共和国进出口食品安全管理办法》,https://baijiahao.baidu.com/s？id=16982593076244222790&wfr=spider&for=pc）

推进检验检疫效率,助力跨境电子商务新业态发展

2021年1月14日,海关总署发布关于实施铁路进出境快速通关业务模式的公告,为进一步畅通向西开放的国际物流大通道,促进中欧班列发展,提高境内段铁路进出口货物转关运输通行效率和便利化水平,海关总署决定推广实施铁路快速通关（以下简称"快通"）业务模式。

一、主要内容

进一步优化现行口岸与内地间的中欧班列货运流程,允许铁路所载进出口货物,在相关运营企业提前向进出境铁路列车负责人提供相应电子数据的前提下,适用铁路进出境快速通关（以下简称快通）业务模式。

二、出台背景

创新海关监管模式,进一步畅通向西开放的国际物流大通道,促进中欧班列发展,提高铁路运输进出口货物转关运输通行效率和便利化水平。

三、惠民举措

简化铁路运输进出口货物转关手续,压减原有模式下等待货主或其代理人办理转关申报手续的作业时间,助力提升中欧班列境内通行效率。

四、注意事项

运营企业未能按规定向海关传输相关电子数据信息的,或铁

路运输进出口货物属于禁止限制开展转关业务货物的,不允许开展快通业务。

[资料来源:福州海关.公告解读｜海关总署公告 2021 年第 5 号（关于实施铁路进出境快速通关业务模式的公告）,http://harbin.customs.gov.cn/fuzhou_customs/zfxxgk19/2963574/3409693/3602612/index.html]

本 章 小 结

该章通过阐述跨境物流定义、跨境物流模式、进口关务等内容,并提出亚马逊的物流解决方案,让读者清晰掌握跨境物流的基础知识。本章第二节主要基于进出口货物申报与通关、进出口货物检验检疫方面介绍了进出口报关与检验检疫的基本要求、规范与流程。进而在一般性情形进出口报关与检验检疫介绍的基础上,重点介绍了当前特殊申报情形,以及海关特殊监管区域（以保税区为例）与跨境电子商务项下检验检疫的基本规范。

思 考 题

1. 亚马逊 FBA 配送与卖家 FBM 配送有什么不同?

2. 非海关特殊监管区域项下一般商品贸易报关的基本流程是什么?

3. 跨境电子商务业态下,进出口报关与检验检疫相较一般情形有哪些区别?

第六章
跨境电子商务税收规则

学 习 目 标

1. 了解各国和主要国际组织的电子商务税收的基本概况。
2. 明确现行跨境电子商务税收已有的相关法律制度。
3. 掌握如何发展完善我国跨境电子商务税收的法律制度。

■ 第一节　现行税收法律制度概况

本节思维导图

一、发达国家和地区跨境电子商务税收立法现状

对电子商务的税收立法一直是世界各国、国际组织等关注的热点,以欧美为代表的发达国家、为数众多的发展中国家对电子商务立法进行过深入的探讨。随着电子商务的不断发展,国际电子商务新形式的不断涌现,各国、各国际组织的立法者的价值观也在不断地发生着变化。本节从以下几个典型中总结出各国、各国际组织对跨境电子商务税收征管的态度,以此作为完善我国跨境电子商务税收立法的基础。

(一)美　国

美国是电子商务发展最为成熟的国家,一贯推行免税政策。美国是世界上最早宣示信息化革命的国家,20 世纪 90 年代的"信息高速公路"政策,掀起了其国内的互联网浪潮。现代意义上的电子商务,即互联网商务作为一种新兴交易方式在 20 世纪 90 年代出现,美国联邦、州两级政府都以极大的热情关注电子商务的发展,并自始至终地积极制定能够规范与促进电子商务发展的法规与政策。

1996 年 11 月,美国财政部发布了《全球电子商务的选择性税收政策》(*Selected Tax Policy Implications of Global Electronic Commerce*)白皮书。白皮书的内容主要分为 3 个部分:①电子商务的主要技术特征;②电子商务税收应遵循的原则,如:保持税收中立原则,避免对电子商务产生影响,不对电子商务征收新的消费税和增值税等;③电子商务的税务管理特点,如:分散化、弱化地址、非中介化、远程自动控制、加强国际的协调合作等。

1997 年 7 月 1 日,时任美国总统克林顿发布《全球电子商务纲要》(*A Framework For Global Electronic Commerce*)。这个纲要是对 1996 年《全球电子商务的选择性税收政策》的具体化,依然是鼓励本国电子商务行业发展,并号召世界各国对电子商务实行免税政策。

1998 年 2 月,克林顿发表"网络新政"演说,呼吁国会通过对电子商务进行免税的议案。同年 10 月 20 日,《因特网免税法令》(*Internet Tax Freedom Act*,ITFA)在美国国会被通过,该法令规定 3 年内不对互联网行业贸易征税。这是美国电子税收政策法制化的一次尝试,作为一次实质性的立法,其具有重要意义。这个法令规定州和地方政府长达 10 余年的税收政策是在 3 年之内延缓对互联网贸易开征新税,但对网上销售的货物征税与对通过信件和电话销售的货物征税并没有改变纳税人承担的纳税义务,法令并不禁止对因特网销售货物征收销售税。

2001 年、2003 年和 2007 年,美国国会通过延期的方式对其税收政策不断进行修改和延展。2001 年 11 月 28 日,时任总统乔治·沃克·布什签署国会提交的延长互联网禁税期的法案,该法案禁止各州对互联网销售货物征收销售税,从而保持了网络交易的免税。2003 年,美国国会通过《互联网税收不歧视法案》,规定把原来《互联网免税法案》的有效期延长到 2007 年 11 月 1 日。2007 年,美国参议院于 10 月 30 日通过决议,同意将互联网税收豁免期延长到 2014 年 11 月 1 日。2014 年 7 月 15 日,美国众议院口头通过了《永久互联网免税法案》,以对即将到期的免税期给予回应。该法案规定了对电子商务的互联网接入服务永久免税,仅对部分州做了豁免处理。对很早就开始征收互联网接入服务费的夏威夷、威斯康星、俄亥俄、新墨西哥、得克萨斯、北达科他和南达科他州,允许其继续对互联网接入服务征收销售税。

从美国对电子商务税收立法的沿革可以看出其对电子商务免税的态度,这主要是从维护美国自身利益出发的。对电子商务免税,同时呼吁世界各国对电子商务免税,有利于美国企业保持竞争优势,开拓海外市场。然而随着电子商务的快速发展,电子商务已经对整个经济系统产生了一定的冲击,美国对电子商务免税的态度也在悄然发生着改变。2013 年 2 月 14 日提出并于 2013 年 5 月 6 日在参议院通过的《市场公平法案》(*Marketplace Fairness Act*),是美国第一个全国性互联网消费税提案。如果它能通过,美国各州政府就可以对远程销售的电子商务进行跨区征税。《市场公平法案》的出现,主要是立法者考虑到了征税技术的改进已经可以对跨州的电子商务进行有效的监察,同时也考虑到了对电子商务进行征税可以有效促进市场公平及增加各州政府的税收收入。这是美国立法者从整体利益进行考虑的一次有益尝试,有利于创建一个公平的市场环境和法律环境。这一提案得到了美国各州的支持,因为这样可以增加各州的财政收入。同时,线下的实体销售商也非常希望这样的提案能够通过,因为这样可以促进市场竞争,使市场更加公平和透明。不过这项提案却受到了网络零售巨头的极力阻挠,在他们的游说下,这项提案虽然在参议院得以通过,但是在众议院没有被通过。虽然该提案的内容主要是划分税收领域各州之间的管辖权问题,但是没有改变对无形数字产品免税的态度及长期以来坚持的电子商务税收法律原则。然而,美国作为全球影响力最大的国家,这一提案的提出不仅引起了美国国内的广泛关注,同时也激起了世界范围内对电子商务税收问题的密切关注。美国对跨境电子商务依然秉持免税的态度,主要取决于其作为互联网时代主导者、先行者的优势。美国对网络服务持免税态度,但不排除对网络销售征税。美国的少数州政府早已开始对网上音乐下载行为进行征税,虽然有议员提出对音乐、软件、视频等在内的网络资源的下载将面临4%的网络资源下载税,并将网络资源下载税在全美合法化,但是由于美国从本国利益出发未能使这些提议真正施行,依然秉持免税的态度。美国在跨境电子商务方面的政策,能够最大限度地发挥其作为电子商务输出国的优势,从而在全球范围内攫取最大的利益,这是其自身利益诉求和法律诉求的具体体现。

(二) 欧　盟

欧盟是当今世界上最大的经济实体,由 27 个成员国构成,其电子商务的发展一直处于世界领先水平。考虑到欧盟各个成员国的税收利益,欧盟对电子商务税收方面的政策相对保守,对电子商务采取严格的管理,倡导对电子商务征税。欧洲的一体化在一定程度上促进了欧盟内部跨境电子商务的发展,并为跨境电子商务的发展提供了很多的便利。欧盟一向认为,税收立法应当具有中立性,纳税义务应当具有公正性、确定性、可预见性。跨境电子商务作为一种新兴的贸易方式不应当承担额外的税收,但作为传统贸易方式在网络的延伸也不能免予纳税。欧盟的增值税是其一项主要的税收来源,各个国家都有着完整的增值税体系。欧盟委员会从 1997 年就开始关注这一领域,并且对电子商务给税收带来的影响做了详细的评估。他们不希望把电子商务纳入免税领域,因为这样会影响市场竞争的公平性,因而主张电子商务与传统商务一样需要承担相同的纳税义务。

1997年7月,在欧洲电信部长级会议上发表的《波恩部长级会议宣言》(简称《波恩宣言》),明确了欧盟对电子商务税收征管的态度:为了促进欧洲电子商务的发展,对其不做过多的限制,不对欧洲的电子商务征收额外的税收;出于对税基影响的考虑,在保障电子商务发展的前提下,应当对电子商务征收间接税。1999年,欧盟委员会公布的网上交易税收准则的内容为:开始将增值税适用于网络交易行为中,不再对电子商务征收新税和附加税。欧盟将数字产品的传播视同劳务,对欧盟个人通过网络获取的欧盟境外的数字产品同样进行征税,并加强了对互联网税收的监管,开始采取电子化增值税纳税的申报方式。2001年12月13日,在欧盟财政部长会议上达成协议,明确了对跨境电子商务行为同样适用增值税。2003年7月1日开始实施的增值税修正案,规定对网络数字产品征收进口税,对数字产品提供者征收营业税。这一规定,使得欧盟成为世界上第一个对电子商务征收增值税的国际组织。2008年2月,欧盟成员国通过了增值税改革方案,主要目的是协调欧盟内部各成员国家的税收利益。2015年1月1日起开始正式生效的欧盟增值税新规定,再一次对跨境电子商务税收征管问题做了明确规定。设置新规的主要目的就是避免根据属地原则,卖方通过在低税率国家或地区设立商业运营点,以实现避税的目的。欧盟称,这一规定实行后旨在打击非法竞争,消费者所在地的税收国将增加增值税收入,如2015年为欧盟国家增加30亿欧元的税收。

欧盟一以贯之地对跨境电子商务征收增值税的主张与其各成员国内长期坚持的以增值税为主的税收体系有关。随着技术的不断发展,对电子商务的监管手段也在不断完善,对跨境电子商务的税收征管的法律政策也在不断完善中。从欧盟对电子商务立法的沿革可以看出,其秉持的原则是不征收新税,循序渐进地改革增值税征收,以不断完善其固有的增值税系统来更好地适应现在信息化时代商务形式的多样化。欧盟对跨境电子商务征收增值税既有利于增加各国的税收,又能实现欧盟内部企业与外部企业的竞争的公平性。2015年最新的增值税改革,解决了卖方所在地与产品、服务消费所在地不一致带来的税收管辖权问题。与欧盟相比,我国内部实行统一的增值税税率,同时又都是消费品大国,因此欧盟对增值税的改革对我国进行跨境电子商务税制改革具有重要的借鉴意义。

二、发展中国家跨境电子商务税收立法现状

互联网在世界的普及,使世界具有扁平化趋势。在本次信息化革命浪潮中,信息化作为一把双刃剑,给发展中国家带来了巨大的挑战,同时也带来了前所未有的发展机遇。互联网让全球进入了联网时代,发展中国家的电子商务在迅猛发展,跨国电子商务发展也如火如荼。发展中国家大多在跨境电子商务领域发展滞后,处于技术和资本的输入国地位,虽然处于国际贸易中的不利地位,但是各发展中国家也在积极地应对跨国贸易电子商务带来的税收挑战。发达国家对待跨国贸易电子商务更多地倾向于属人原则,这样更加有利于其保护本国的利益。由于国情的不同,发展中国家更倾向于通过属地原则来对本国跨国贸易电子商务进行税收征管。

(一)印　度

印度作为最大的发展中国家之一,在世界软件业中处于领先位置。在信息化革命的快速推进中,印度抓住了西方软件外包的机遇,软件业得到了长足的发展。其国情与我国十分类似,因而其在应对跨境电子商务税收征管方面的经验值得我们学习和借鉴。

印度一直以来非常重视本国电子商务的发展,一向以扶持本国电子商务的发展为制定政策的基本态度,并先后颁布了一系列的政策来促进本国电子商务的发展。1998 年颁布的《电子商务支持法》为本国电子商务的发展扫清法律障碍,对不利于电子商务发展的旧法律进行修改,为电子商务发展肃清了环境。

1999 年 4 月 8 日,印度颁布的电子商务税收政策指出,对在境外使用计算机系统,而由印度公司向美国公司支付的款项,均视为来源

于印度的特许权使用费并在印度征收预提税。在所得税方面,印度规定:凡是使用安装在位于印度的任何一个办公室内的用以工作的软件,就构成常设机构。该规定大大影响了那些仅使用通信线路进入印度经营的非印度企业。印度主张对电子商务征税的政策:一方面,为促进本国电子商务的发展。如果采取美国等发达国家实行的免税政策,作为电子商务净输入国的印度由于本来基础就比较薄弱,势必会继续拉大与发达国家的差距。另一方面,销售税是印度政府财政收入的主要来源,对跨境电子商务征税可以扩大税基,增加政府收入。印度坚持的属地国税收管辖权原则更有利于维护印度的税收利益并保护本国企业的长足发展,这项政策能够有效地维护印度本国的国家利益。

(二)马来西亚

1997 年,马来西亚发布了有关电子商务的意见书,该意见书把发展全球化的电子商务作为马来西亚的战略目标,内容涉及征税和政府电子商务政策的基本原则。马来西亚于 1998 年成立国家电子商务委员会,作为专门机构来促进本国电子商务的发展。马来西亚认为,软件是典型的使用权许可,而不是普通的货物商品,因此对电子商务中的软件征收预提税。

综上所述,发展中国家主要从维护本国的利益出发制定跨境电子商务税收的相关政策,保持税收中性原则,既主张对跨境电子商务进行征税,又期望不因为征税而阻碍本国电子商务的发展。在征税方面,为扩大本国税基和对本国企业进行保护,多采纳属地国税收管辖权原则,对跨境电子商务行为课税。

三、各国间立法的相互比较及其对我国的启示

通过对美国、欧盟和几个代表性的发展中国家对跨境电子商务税收政策的考察,可以看出,各国之间根据各自国情,通过不同的税收政策来最大限度地维护本国利益,既存在分歧,又存在共识。跨境电子

商务作为传统电子商务下发展到新阶段的一种特殊贸易形式,传统电子商务税收政策对其依然具有延续性,虽然不能给予足够的指导,但是依然有着充分的借鉴意义。

发展中国家的经济基础相对薄弱,电子商务发展较为滞后,在跨境电子商务中往往处于净进口国地位,如果实行免税和居民国际税收管辖原则,那么将不利于本国对进口的调节,并对本国产业发展产生不利影响。同时,也会影响税基,减少本国财政收入。发达国家主张的相对宽松的电子商务税收环境,有利于保持其在国际竞争中的优势,同时削弱欠发达国家优势,使其自身在国际竞争中处于有利地位。发达国家对于跨境电子商务秉持的态度分为两派:一是以美国为代表的免税派,已经在国际竞争中取得先发优势,期望通过跨国电子商务方面的免税政策扩大优势;二是以欧盟为代表的征税派。欧盟从维护内部各国的利益出发,期望将跨境电子商务纳入其既有的增值税体系。从近年来发展的趋势看,美国也开始动摇了对电子商务免税的一贯态度,有了新的尝试。

不论是发达国家还是发展中国家,对跨境电子商务税收都秉持着一些相同的原则,我国在未来制定相应跨境电子商务税收征管法时也可遵循以下原则。

首先,税收中性原则。税收征管法律制度的制定,不能成为电子商务发展的障碍,不能阻碍电子商务的发展。

其次,税收公平原则。对跨境电子商务的税收立法是十分必要的,特别是发展中国家。用立法的手段促进其发展,在社会中营造公平的竞争环境,可为跨境电子商务长期健康发展提供法律上的保障。

再次,维护本国根本利益的原则。无论是发达国家还是发展中国家,在制定跨境电子商务税收征管制度时,都会把本国的税收利益放在首位,但随着跨境电子商务在进出口贸易中比例的增加,如果对跨境电子商务的发展听之任之,放任自流,不采取有效的税收征管措施,就会对税基产生影响。

最后,税收便利原则。在制定税收征管政策时,必须考虑到税务机关监管的可行性、纳税人缴纳的便利性。

从对国外立法情况的考察可以看出,各国对跨境电子商务的立法,依然是基于本国电子商务发展的角度进行粗线条的规制。目前国际上对跨境贸易税收的征管尚未有具体而全面的观点,对于具体的税收的征管也仅仅是处于不断的探索中。我国下一步制定相关的税收征管法律时应当尽量避免粗线条化,应当从我国的国情出发,对跨境电子商务税收征管予以充分的学术研究和局部试点,随后再针对现实中出现的问题制定操作性强、针对性强的税收征管法。

■ 第二节　我国跨境电子商务 税收征管立法现状

本节思维导图

随着跨境电子商务在进出口贸易中份额的逐渐提高,我们应当坚持实质课税原则,因为跨境电子商务并没有改变其作为以商品或劳务为交易对象的对外贸易的本质,对跨境电子商务进行征税是对维护市场公平公正的必然选择。当前国家税收相关法律制度不能完全适应信息化时代的要求,不能对跨境电子商务的税收征管提供有利的法律保障,因而完善跨境电子商务税收征管的相关法律制度就显得尤为必要。这里对我国跨境电子商务立法现状进行相应梳理,再针对跨境电子商务对我国税收体制的影响,给予相应的立法建议。

一、我国跨境电子商务税收立法的现状

我国第一部真正意义上应对信息化浪潮的法律是 2005 年 4 月 1 日起正式实施的《中华人民共和国电子签名法》。这部法律首次对电子签名进行了法律上的确认,正式确立了电子签名的法律效力。然而,外贸电子商务的立法,参照的依然是 1981 年颁布的《中华人民共和国外商投资企业和外国企业所得税法》及其实施细则、2011 年颁布

的《中华人民共和国个人所得税法》及其实施细则、2001 年修订的《中华人民共和国税收征收管理法》及其实施细则等法律法规。从事经营活动的自然人、法人或其他组织,都是我国的纳税人,具有纳税义务,应当依法进行纳税登记。对于纳税申报主要参照《中华人民共和国税收征收管理法》第二十五条,这一条规定了应纳税人必须履行纳税申报的义务,同时也为税务机关进行有效的纳税监管提供了相应的法律依据。但是这些规定都是粗线条式的,并不能有效应对当下跨境电子商务这种新的业态形式,同时并没有授予税务机关直接有效的权力对跨境电子商务的应纳税行为给予有效的税收监管。

近年来,政府部门一直高度关注电子商务的发展,也在为规范市场秩序进行相应的努力。2013 年 8 月 21 日,商务部等部门联合颁布《关于实施支持跨境电子商务零售出口有关政策的意见》,其中第六条要求财政部和税务总局制定相应的支持跨境电子商务发展的税收政策。2014 年 1 月 26 日,国家工商行政管理总局令第 60 号文件发布;自 2014 年 3 月 15 日起施行的《网络交易管理办法》的第七条规定了,对从事网络交易和服务的卖家也应当办理工商登记。至此,为加强对网络虚拟交易的管理,国家已经开始要求网络经营者进行工商登记,下一步进行税务登记应该在意料之中。

以上是对我国电子商务税收立法方面情况的简单梳理,可以看出,我国和国际上其他国家一样,重视电子商务的发展,同时对跨境电子商务的业态也给予了足够的重视,对跨境电子商务的税收立法也是可期之事。对跨境电子商务税收的征管,我国目前主要是依托现有的税收法律制度,因此我国迫切需要出台电子商务法以适应新的业态,更好地实现对跨境电子商务税收的征管。

二、跨境电子商务对我国现行税收的冲击

现行税收制度依据纳税人、征税对象、计税依据、纳税地点等要素而制定,跨境电子商务作为新型商贸方式,具有国际化、无纸化、虚拟化等特点,且由于其交易的主体、地点和时间隐蔽且容易更改,很难确

定跨境电子商务的征税主体、纳税人、纳税期限和纳税地点等。

在电子商务形态下,如何确定征税地点成为一个问题,是以纳税主体所在地或是注册登记地,还是以商品交易行为发生地或是以交易服务器所在地确定,在实际监管时很难把握。跨境电子商务由于涉及两国或多国税务机关和征税权,情况更为复杂,对税源管理和代扣代缴方式的采用,税务日常管理和税务案件稽查等都有很大影响。

在传统贸易模式下,各国通过长期竞争与合作,构建了普遍认可的税收利益分配格局与基本准则,而跨境电子商务的发展不仅冲击传统贸易形式,也对现行国际税收分配格局产生影响。最明显的挑战是,对国家间避免双重征税协定常设机构及其利润归属的相关条款产生的影响。跨境电子商务模式下,通常无须在消费市场所在国设立有形场所,因而容易规避常设机构的设立这一问题,从而侵蚀了消费市场国的税收利益。

三、国内跨境电子商务主要税收政策

(一)跨境电子商务税务政策指导意见

国务院办公厅印发的《关于促进跨境电子商务健康快速发展的指导意见》(国办发〔2015〕46号)规定,要对跨境电子商务企业"走出去"重点项目给予必要的资金支持。财政部、国家税务总局发布的《关于跨境电子商务零售出口税收政策的通知》(财税〔2013〕16号)规定,两类电子商务企业可获得增值税和消费税退(免)税:第一类是同时符合下列条件的企业适用增值税和消费税退免税政策:属于增值税一般纳税人,并已办理出口退(免)税资格认定;报期截止之日内收款。属于外贸企业的购进出口货物报关单且与电子信息一致,在退免税申报截止之日前的收汇属于外贸企业的。购进出口货物取得合法有效凭证且与出口货物报关单内容相匹配。第二类是同时符合下列条件的企业,可适用增值税、消费税免税政策:已办理税务登记,取得海关签发出口货物报关单,出口货物取得合法有效的进货凭证。

为了进一步促进跨境电子商务健康快速发展,培育新业态、新模式,财政部、税务总局、商务部、海关总署于 2018 年 9 月 28 日发布了《关于促进跨境电子商务综合试验区零售出口货物税收政策的通知》(财税〔2018〕103 号),该通知对跨境电子商务综合试验区(以下简称综试区)内的跨境电子商务零售出口(以下简称电子商务出口)货物有关税收政策规定如下:

第一,对综试区内电子商务出口企业出口未取得有效进货凭证的货物,同时符合下列条件的,试行增值税、消费税免税政策:其一,电子商务出口企业在综试区注册并在注册地跨境电子商务线上综合服务平台登记出口日期、货物名称、计量单位、数量、单价和金额;其二,出口货物通过同时区所在地海关办理电子商务出口申报手续;其三,出口货物不属于财政部和税务总局根据国务院决定明确取消出口退(免)税的货物。

第二,对于综试区建设领导小组办公室和商务主管部门,应统筹推进各部门之间的沟通协作和相关政策落实,加快建立电子商务出口统计监测体系,促进跨境电子商务健康快速发展。

第三,海关总署定期将电子商务出口商品申报清单电子信息传输给税务总局,各综试区税务机关依据税务总局清分的出口商品申报清单店的信息,加强出口货物免税管理,具体免税管理办法由省级税务部门和商务部门制定。

第四,本通知所称综试区是指经国务院批准的跨境电子商务综合试验区,本通知所称电子商务出口企业,是指自建跨境电子商务销售平台或利用第三方跨境电子商务平台开展电子商务出口业务的单位和个体工商户。

(二)跨境电子商务进口关税税收政策

为促进跨境电子商务零售出口行业的健康发展,营造公平竞争的市场环境,经国务院批准,2016 年 3 月 24 日,财政部、海关总署、国家税务总局发布了《关于跨境电子商务零售进口税收政策的通知》(财关税〔2016〕18号),自2016年4月8日起执行,业界内称其为"四八新政",其中对跨境电子商务零售(企业对消费者及B2C)进口税收政策有关事项规定如下:

第一,跨境电子商务零售进口商品按照货物征收关税和进口环节增值税、消费税,购买跨境电子商务零售进口商品的个人作为纳税义务人,实际交易价格(包括货物零售价格、运费和保险费)作为完税价格,电子商务企业、电子商务交易平台企业或物流企业可作为代收代缴义务人。

第二,跨境电子商务零售进口税收政策适用于从其他国家或地区进口的、《跨境电子商务零售进口商品清单》范围内的以下商品:其一,所有通过与海关联网的电子商务交易平台交易,能够实现交易、支付、物流电子信息"三单"比对的跨境电子商务零售进口商品;其二,未通过与海关联网的电子商务交易平台交易,但快递、邮政企业能够统一提供交易、支付、物流等电子信息,并承诺承担相应法律责任进境的跨境电子商务零售进口商品。不属于跨境电子商务零售进口的个人物品以及无法提供交易、支付、物流等电子信息的跨境电子商务零售进口商品,按现行规定执行。

第三,跨境电子商务零售进口商品的单次交易限值为人民币2000元,个人年度交易限值为人民币20 000元。在限值以内进口的跨境电子商务零售进口商品,关税税率暂设为0%;进口环节增值税、消费税取消免征税额,暂按法定应纳税额的70%征收。超过单次限值、累加后超过个人年度限值的单次交易,以及完税价格超过2000元限值的单个不可分割商品,均按照一般贸易方式全额征税。

第四,跨境电子商务零售进口商品自海关放行之日起30日内退货的,可申请退税,并相应调整个人年度交易总额。

第五,跨境电子商务零售进口商品购买人(订购人)的身份信息应进行认证,未进行认证的,购买人(订购人)的身份信息应与付款人一致。

第六,《跨境电子商务零售进口商品清单》将由财政部有关部门另行公布。

2016 年 4 月 7 日,财政部等 11 个部门共同公布了跨境电子商务零售进口商品清单,对相关政策进行进一步补充。

2018 年 11 月 29 日,财政部、海关总署、国家税务总局发布了《关于完善跨境电子商务零售进口税收政策的通知》(财关税〔2016〕49 号)。该通知自 2019 年 1 月 1 日起执行,其完善了跨境电子商务零售进口税收政策,有关事项规定如下:

第一,将跨境电子商务零售进口商品的单次交易限值由人民币 2000 元提高至 5000 元,年度交易限值由人民币 20 000 元提高至 26 000元。限值以内:关税税率暂设为 0%;进口环节增值税、消费税暂按法定应纳税额的 70% 征收。

第二,完税价格超过 5000 元单次交易限值但低于 26 000 元年度交易限值,且订单下仅一件商品时,可以自跨境电商零售渠道进口,按照货物税率全额征收关税和进口环节增值税、消费税,交易额计入年度交易总额,但年度交易总额超过年度交易限值的,应按一般贸易管理。

第三,已经购买的电商进口商品属于消费者个人使用的最终商品,不得进入国内市场再次销售;原则上不允许网购保税进口商品在海关特殊监管区域外开展"网购保税＋线下自提"模式。

第四,其他事项请继续按照《财政部　海关总署　税务总局关于跨境电子商务零售进口税收政策的通知》(财关税〔2016〕18 号)有关规定执行。

第五,为适应跨境电子商务发展,财政部会同有关部门对《跨境电子商务零售进口商品清单》进行了调整,将另行公布。

四、国内跨境电子商务税收政策调整的原因

(一)税负不公

跨境电子商务行业发展初期,正规的跨境电子商务企业较少,大部分消费者购买海外商品,还是通过"海淘"或者"代购"等一些灰色渠道,国家为了鼓励跨境电子商务的健康发展,同时对一些不合法的海淘等渠道进行打压,于是最大限度地给予跨境电子商务行业税收优惠政策。政策的适用性,必须酌情而论。在行业发展初期,各项优惠政策的确可以带动行业的迅速发展和壮大,而经过几年的发展,跨境电子商务行业已经初步成型,目前该行业更需要的是与之适应的法律法规,促进行业的调整与规范,利好政策对于其发展的推动力将会逐步减弱,但这些政策对于其他行业造成了税负不公。

对从事传统进出口贸易的企业不公。这一类企业主要采取 B2B 模式,该类进口商品属于在国内还需要进行再次交易的贸易性货物,须按相关规定征收增值税、消费税和关税等,这些要远高于跨境电子商务零售进口企业的税费,不利于传统进出口贸易企业的发展。

对国内零售企业不公。跨境电子商务零售进口商品的低税负对国内商品也造成了一定的影响,由于不需征收增值税和消费税,相比同类型的国内商品无疑具有一定的价格优势,从而在一定程度上影响了国内实体经济,比如进口商品中最常见的母婴类产品,按行邮税标准,只需按 10% 的税率征收相关税费,而对于在国内市场销售的同类商品,则需按照 17% 的税率征收增值税,这对于国内市场,无论是销售进口商品还是国产商品的零售企业,都是不利的。

(二)税收流失

第一,简易征收造成的税收流失。行邮税原本的征税对象是行李

和邮寄物品等非贸易属性进口商品,而跨境电子商务进口商品明显贸易属性更强,和传统的纳税非贸易性的文件票据、旅客行李、亲友馈赠物品有着本质区别,因此将此类商品按照行邮税标准征税。简易办法征收税费和按照贸易货物进口征税相比,无疑会造成我国税收收入部分流失。

第二,偷税漏税造成的税收流失。目前对于跨境电子商务在进口环节的征税等事项,还没有专门适用的法律法规,相关的制度还不完善,因此存在着大量在进口环节偷税的行为。由于财产行为税有免税额度,不少跨境电子商务企业就使用各种方法钻空子,最常见的就是拆包,就是将原本需要纳税的商品拆分成多个小包裹通关。

第三,征税盲区造成一定的税收流失。对于跨境电子商务的征税,目前还存在一定的征税盲区,市场上存在着一定数量的类似淘宝代购、拍拍网及最近兴起的微商等 C2C 型平台,它们不同于天猫国际等大型第三方交易平台,其性质类似于个体经营,但是绝大部分经营者并没有办理工商税务执照和税务登记证,成为电子商务行业的征税盲区。数据显示,2015 年我国网络购物市场交易规模达 3.8 万亿元,比 2014 年同期增长 36.2%,其中 B2C 市场交易规模为 2.0 万亿元,占我国整体网络购物市场交易规模的 51.9%,哪怕仅考虑增值税,按照现行的 17% 税率计算,这也是一笔巨大的税收。

(三)减小国内外差价,完善税收制度

目前商品价格在国内市场和国外市场上存在着较大差异,这是驱使我国跨境电子商务零售进口行业蓬勃发展的强大力量。除了进口商品,一些基本的成本费用的巨大差异缘于国内和国外税制结构的区别。由于我国主税种是增值税等流转税,主要征收对象是流通中的商品,税率一般为 17%,而美国等发达国家的主税种是个人所得税,税率一般为 5%—7%,从而形成一定的价格差异。而关于电子商务的税收政策,各国也存在一定差异,目前还未形成一个统

一的规范。随着我国电子商务的发展和与他国在贸易间联系日益紧密,加强国际信息交流和工作配合成为必然,因此需不断完善我国税收制度。

第三节　我国跨境电子商务税收立法的完善

本节思维导图

一、跨境电子商务税收征管的原则

我国现有的税收法律制度,以税收法定、公平、效率为基本原则,该原则具有模糊性,是我国税收法律制度统领性原则。我们应当在坚持国家税收基本原则的基础上,完善跨境电子商务税收法律的具体原则。

首先,坚持税收中性原则。从外国立法的国际考察角度来看,各个国家为了在本轮信息革命的浪潮中更好地壮大本国实力,都在极力地促进本国跨境电子商务的发展。各国都在努力促进跨境电子商务发展的同时,也在努力为未来更好地对跨境电子商务税收征管进行法律制度的探索。我国对待跨境电子商务税收征管方面也应当坚持税收中性原则,不对其征收新税或附加税,尽量把跨境电子商务税收征管约束在现有的税法体制内。只有让跨境电子商务这一贸易形式更好地发展,才能促进我国实体经济的不断发展,才能从根本上扩大税基,否则我国跨境电子商务的征税将会变成无源之水。

其次,坚持国家税收管辖权原则。当前国际上几个在电子商务领域影响力比较大的国家,有着一般发展中国家无法比拟的优势,其中部分国家大肆鼓吹把电子商务免税作为国际通行的标准是对后发展国家行使国际税收管辖权的一种错误引导。我国作为发展中国家,应当坚持收入来源地税收管辖权原则,以维护我国的国际税收管辖权。在制定跨境电子商务税收政策时,必须要把维护我国的税收利益放在首位,坚持国际税收方面的属地原则,强化国家国际税收管辖权。

最后,维护公平原则。亚当·斯密在《国富论》中阐明了税收"四原则":平等原则、确定原则、便利原则和最少费用原则。把公平原则作为税收的首要原则。税收必然会造成应纳税人利益的减少,因此纳税人缴纳税款是否公平、公正,就显得额外重要。对跨境电子商务进行征税,主要考虑到其对传统贸易形式的冲击,如果给予其免税,将是对其他竞争者的不公平,不利于营造市场公平竞争的氛围。同时,对于跨境电子商务进行征税,也要考虑到不能让其承担额外的负担,不能扩大税法适用的范围。

二、建立跨境电子商务税务登记制度

跨境电子商务作为电子商务贸易形式的一个重要组成部分,我国到现在还没有一部专门的税收征管法对其的税收问题予以明确的说明。现有的税收法律体制,让电子商务领域的主体只能诉诸民法典、经济法及部委规章等。完善跨境电子商务的税收征管,立法机关首先应当建立完善跨境电子商务的税务登记制度。2014 年 1 月,国家工商总局颁布的《网络交易管理办法》已经明确要求从事电子商务的自然人、法人必须进行工商登记。当前迫切需要出台相应的税务登记办法,以对跨境电子商务的税收登记给予明确的说明。

跨境电子商务税务登记相关法律的出台应当考虑税务信息登记的全面性、准确性和可操作性。税务机关对跨境电子商务的税收登记,需要税务机关与网络域名管理机构、工商管理机关、电子商务平台、金融等部门相互协调,对经营者的域名、工商登记注册号、资金号等进行核查登记,确保税务登记信息的完整性,便于税务机关对经营者经营情况的监管。对跨境电子商务的税务登记除完成《税务登记管理办法》规定的内容外,还应当报备一些与跨境网上交易相关的关键资料,如企业所用的域名、网址、服务器相关信息等,以方便税务机关对跨境电子商务的从业者进行有效的分类和管理。对于经营者的登记,税务机关可以采取电子化的方式来方便纳税人进行税务登记。为防止部分跨境电子商务经营者故意不主动进行税务登记,应当加强税务机关运用信息化技术进行纳税监察的能力。立法机关可以通过开发专门的应用软件,包括识别网站真实身份、破解电子加密信息、识别被篡改信息的软件等,以技术制技术,提高对电子商务的监察能力。相关税务登记法律的出台,建立跨境电子商务税务登记制度,能够帮助税务机关全面掌握跨境电子商务经营者的基本信息,为下一步对跨境电子商务的税收征管进行实时的监管提供保证。

三、流转税制度的改革

我国目前对跨境电子商务进行征税征管主要依靠现有的税收征管体系,并没有针对所有的跨境电子商务行为进行征税,税收征管范围有一定局限性,如表 6-1 所示。

表 6-1 不同类型跨境电子商务的税收征管现状

跨境电子商务类型	B2B	B2C	C2C
有形商品(线下)	征收关税和海关代征税	征收行邮税	征收行邮税
无形商品(线上)	暂无规定	暂无规定	暂无规定
有形商品、无形商品(线上、线下结合)	对于有形品,征收关税和海关代征税;对于无形品,按特许使用费相关规定征税	对于有形品,征收关税和海关代征税;对于无形品,无规定	对于有形品,征收关税和海关代征税;对于无形品,无规定

从当前的征管现状可以看出,跨境电子商务征税形式主要以流转税为主,对其进行征税的大体框架已经初步形成。我国现行的法律对于部分跨境电子商务行为而言,已经可以归入现有的税收法律制度,这为下一步的法律完善指明了方向。对线上无形商品贸易的界定尚属法律空白,为弥补这一立法空白,还需要对一些概念、原则和条款进行重新界定,并增加对跨境电子商务适用的特别条款。

为适应新形势下税收体制改革的要求,我国营业税改增值税的试点已在全国如火如荼地进行着。从 2012 年起,货物劳务税税制改革开始,营业税改增值税的试点已经在全国进行推广。我国可以借助当前推动营业税改增值税的浪潮,深化现有流转税税收体制改革,以适应跨境电子商务税收征管的要求。

我国对无形商品的线上交易没有可适用的法律,主要是因为流转税制度在我国税收征管体制中比较落后。我国的流转税制度多以政府规章的形式存在,立法层级低,种类多,但容易发生冲突。这方面可以借鉴欧盟通行的增值税制度,把流转税单一化,这样可以把流转税的范围扩大到所有生产环节。我国由于种种原因把增值税、营业税区分开来,使增值税只能覆盖部分生产环节,另外的生产环节在全国进行试点中出现了许多问题,亟须营业税来协调。我国下一步的税制改革应当是继续扩大增值税的范围,使我国流转税制度与国际接轨。因而,我们可以适当扩大增值税的课税范围,对线上无形商品的交易征收增值税。流转税的改革,增值税与国际接轨,可以将跨境电子商务中所有类型的贸易归于一类,可以大大方便对跨境电子商务税收的征管。应当指出的是,在使用增值税对跨境电子商务进行征税时,应当借鉴欧盟的做法,以消费地作为征税的原则,借助税务机关与银行等金融机构的互联互通,由金融机构进行税收的代扣代缴。这样能够最大限度地维护我国税收管辖权,能够更好地对跨国电子商务进行税收征管。

在未来的跨境电子商务税收立法中,应当明确将所有类型的跨境电子商务活动都纳入税收征管体系之中,不同类型的课税对象适用不同的税收标准。改革流转税体制,扩大了增值税适用范围。同时,对于结汇、退税等税收优惠政策予以明确的规定,切实保障了应纳税人的法律权益。

四、电子发票法律效力的完善

在对跨境电子商务税收进行监管的过程中,需要加强对流通环节的监管,其中税务凭证发挥着至关重要的作用。由于跨境电子商务虚拟化、无纸化的特性,税收征管的电子化成了未来发展的必然,并随着电子发票的推广和普及,其将成为未来我国对跨境电子商务进行征税的有力凭证。当前,从国际国内的立法趋势上看,对电子商务进行征税已经成了各个国家的共识。我国也在进行着有益的探索,其中电子发票在全国的试点就是一次勇敢的尝试。未来对跨境电子商务征税,电子发票制度可以作为一个重要的发力点,从法律、制度层面为税收征管提供有力保障。在当前的电子发票试点中已经出现了许多问题,亟待法律层面上的完善。国家税务总局于 2013 年 4 月 1 日起施行的《网络发票管理办法》,第十五条明确规定要在全国试行电子发票。从这一条文可以看出,我国当前正在全力推广电子发票的使用,是顺应时代发展而对自身制度进行优化的结果。以京东商城为例,2013 年营收为 693.4 亿元,全年开出纸质发票 1.25 亿张,平均每张发票的递送成本约 1.6 元,仅此一项的全年费用就高达 2 亿元,纸质发票成本之高,令人咋舌。电子发票具有成本低、真实性高、便于防伪、利于税收征管等优势,且税务机关可以随时对开票人信息进行查询。通过发票在线系统,开票人将票据信息上传至服务器,清晰的记账清单完全可以作为企业开机记账的原始凭证。然而,《网络发票管理办法》在全国进行试点中出现了许多问题,亟须法律层面上的完善。

从现在几个试点城市开展的情况看,电子发票的推广面临着许多瓶颈,需要从法律层面进行解决。一方面,电子发票入账报销难。《中华人民共和国税务法》《中华人民共和国会计法》规定,入账报销的发票必须是纸质发票,这就造成现实生活中电子发票的报销难题,很多人因此拒绝尝试电子发票。法律制度障碍成为电子发票推广的一个主要障碍,即法律的不完善使得电子发票成本低、效率高的优势不能很好地表现出来。因而必须尽快完善相关的法律,确立电子发票效力的合法性,赋予电子发票合法入账的法律地位,使其真正发挥作为应税人入账凭证、税务机关监察凭证的重要作用。另一方面,电子发票法律效力亟待法律确立。从当前全国推行电子发票的试点城市看,国内电子发票都以各省区市为片,各个电子发票系统各自为政,由于标准不同,不能互联互通。目前国内电子商务纳税的方式主要有两种:一是以消费行为地为原则的纳税;二是以经营主体所在地为原则的纳税。消费行为地以消费者所在地为主,纳税的主体为电子商务当地的分公司。以经营主体所在地为原则的纳税主要是以电子商务总部所在地为主,纳税的主体是公司总部。由于税源的归属存在问题,使得电子发票的效力大大降低,不仅报销难,而且不能作为抵扣税收项目的凭证。增值税申请抵扣＝销项税(以销售额计)－进项税(以进货价计),所得税也可以申请递减项目,但是必须出具有效的凭证,电子发票本身并不具备普通发票的法律效力。当前的国内试点中,电子发票的法律效力并没有得到法律的明确规定,因而不能使其真正地发挥税收凭证的作用。

《网络发票管理办法》对推广电子发票使用的作用巨大,对未来跨境电子商务交易过程中电子发票的使用具有重要意义,然而电子发票的推广和普及还有很长的路要走。全国性、标准统一的电子发票制度可以有效推动我国电子商务的发展,对跨境电子商务税收征管意义重大。这需要全国各省区市的税务机关、信息技术提供商及网络运营商相互合作,加快电子发票在全国普及的进度。电子发票制度的完善是一个系统工程,需要各个部门的协同联动,更加需要法律制度的完善做保障。

五、其他税收征管配套制度的完善

(一)税务征管的信息化建设

实现对跨境电子商务的税收征管需要加强税务机关的信息化建设,其间运用计算机技术和网络技术作为税收征管的方法和手段。高水平的税务征管信息化:一方面能够提高税务机关对跨境电子商务税收的监管力度,通过对跨境贸易交易数据的比对,实现对网络交易税源的有效管控;另一方面可以提高税务机关税务处理的效率,提高税务机关对跨境电子商务进行征管的质量和水平。对纳税人而言,可以方便跨境电子商务的纳税人快捷地进行税务申报。税务机关信息化建设的方向是税务征管平台的一体化建设。通过与电子商务平台、银行、第三方支付平台的联网来解决跨境电子商务税收征管中的问题。与电子商务平台的联网,可以让税务机关第一时间掌握贸易信息;与银行联网,可以帮助税务机关全面掌握应税企业对外结汇的现金流情况;与第三方支付平台的联网,能够使税务机关掌握跨境小额贸易的交易情况。税务征管平台的一体化建设有赖于健全的金融服务制度和高度发达的信息技术,再通过金融、税务、海关、法院、财政等部门间信息的互联共享实现。税务机关通过对数据库的过滤、筛选、挖掘,有效地获取涉税信息,这其实就是大数据思维在税务征管中的一种应用。大数据思维在构建现代化的税收征管平台时提供了一种新的思路,这对全面掌握税务信息,有着至关重要的作用,这一理念或可称为我国税收征管转变的一大突破口。

(二)加强国家间的税收协调

随着各国对跨境电子商务税收立法的完善,国家间的税收分配也会成为一个不可避免的问题,即与世界各国谈判税收管辖权的范围,避免对跨国纳税人的重复征税,做好国家间税收协调。同时,由于跨境电子商务与传统的电子商务的最大区别在于它的跨国性、可流动性,这就使得税务机关和应纳税人信息的错位,税务机关不能有效地掌握交易信息、跨国纳税人信息,难免出现国际偷税避税问题,因此各国之间的协同合作就显得尤为重要。跨境电子商务的发展,将极大地改变全球外贸的状况,国家间的税收协调并不仅仅是为了避免国家间双重征税、消除关税壁垒等,还为了各国间税收概念、原则、制度等方面的协同。未来更加长远的目标是减少各国间税收法律冲突,把国家间的双边协议变为多边协定,进而为建设全球范围内一体化的纳税体系不断努力。当然,未来国家间因跨境电子商务税收引起的基于国家间利益的摩擦在所难免,因此我国应当积极参与国家间双边、多边协作,积极参与国家间税收的协调,做到尊重他国税收主权的同时,切实维护我国税收利益。

本章小结

本章主要围绕国际上主要国家和国际组织的跨境电子商务税收法律制度的基本概况和未来税收法律制度的发展与完善展开描述。第一部分讲述了国际上主要国家和国际组织现行税收法律制度的基本情况;第二部分讲述我国跨境电子商务税收法律制度的现状;第三部分讲述了现行跨境电子商务税收法律制度如何进一步健全和完善。

思考题

1.跨境电子商务税收涉及哪些问题?

2.现行的跨境电子商务税收法律制度有哪些?

3.应当如何健全和完善未来的跨境电子商务税收法律制度?

第七章
跨境电子商务消费者权益保护

第一节　现有主要法律规范的不足

本节思维导图

　　尽管我国的法律体系在不断地发展和完善,但是关于跨境电子商务消费者权益保护的法律法规仍存在很多不足之处。同时,与传统贸易中消费者权益保护问题相比,跨境电子商务中的消费者权益保护问题面临新的困境,因此有必要总结其不足之处,从而寻求解决跨境电子商务消费者权益保护问题的对策。

一、缺乏统一性和系统性

　　我国关于电子商务消费者权益保护的各项规定以《中华人民共和国消费者权益保护法》和《中华人民共和国电子商务法》为中心,散见于《中华人民共和国合同法》《中华人民共和国反不正当竞争法》《中华人民共和国产品质量法》和《中华人民共和国网络安全法》中,对网络平台服务商和网络经营者的相关规制多且杂,立法分散不统一。截止到目前,我国还没有专门的调整跨境电子商务消费者权益保护的系统性法律。

随着国外跨境电子商务平台日益多样化,从国外跨境平台购物的消费者也不断增加,但是由于立法具有一定的滞后性,我国对跨境网购消费者的保护,仍基本依托《中华人民共和国消费者权益保护法》和《中华人民共和国电子商务法》这两个核心法律及分散在其他法律中的有关消费者权益保护方面的内容,对消费者的立法保护没有跟上跨境网购的发展脚步,缺乏系统性和体系化,更多的是依靠政府的政策和非强制性的规定。《网络交易服务平台》等法律虽然零散地对保护消费者权益进行了规定,但规定得不够完备,《中华人民共和国消费者权益保护法》也没有就跨境网购的特点进行完整系统的规范。《中华人民共和国电子商务法》相比《中华人民共和国消费者权益保护法》增加了在跨境电子商务平台下对消费者的权益保护内容,但基本上是宽泛的原则性规定,缺乏具体的操作保障。

二、缺乏针对性

作为主干法律之一的《中华人民共和国消费者权益保护法》于2014年进行新修,新修后的《中华人民共和国消费者权益保护法》与时俱进地增加了对网络购物和电子商务的规制,主要在第三章与第六章中涉及了电子商务中消费者权益保护的相关内容。重点对电子商务活动中消费者的知情权、隐私权做出规定并予以保护,增加了对消费者非现场购物的"七天无理由退换货"后悔权内容,并规定了电子商务中消费者权益发生损害的法律责任。

尽管《中华人民共和国消费者权益保护法》在不断地修订完善,同时国家制定了更多详细规定,但是主要的调整对象都是侵害消费者权益的一般行为,但由于跨境电子商务具有网购的跨国性、商品的特殊性、交易方式的网络化及对国际速递业务的依赖等特点,要充分考虑到其特殊性予以规制,而目前的法律没有相关的规定,但是《中华人民共和国消费者权益保护法》对于保护跨境网购消费者权利仍起着不可或缺的作用。

除了《中华人民共和国消费者权益保护法》这一专门针对性的法律之外,《中华人民共和国合同法》《中华人民共和国民法典》《中华人民共和国侵权责任法》同样适用于保护消费者权益,因为这些法律涉及了消费者在消费过程中产生的各种法律关系,尤其是消费者与转运公司之间的委托关系。这些法律制定的目的是解决传统线下实体或者国内网购的消费者和商家的纠纷,对跨境网购这一新型业态的购物模式进行调节仍力不从心,且由于原则性过强,缺乏针对性的具体规定,很难解决实务中遇到的新问题。

三、原则性规定为主,缺乏具体的范围和操作措施

《中华人民共和国电子商务法》虽然对电子商务消费者权益保护进行了相对比较完整、比较系统的规范,但其仍然存在欠缺的地方。在《中华人民共和国电子商务法》第六条中规定了国务院有关部门要按照职责分工负责电子商务发展促进、监督管理等工作,第七条则规定国家要建立符合电子商务特点的协同管理体系,推动形成有关部门、电子商务行业组织、电子商务经营者、消费者等共同参与的电子商务市场治理体系。诸如此类的法律规定没有具体的操作流程,需要进一步明确具体的范围和操作措施。

总体来说,我国跨境电子商务中有关消费者权益保护的立法仍然有很大的发展空间,需要在实践中不断地修改和完善。

第二节　跨境电子商务消费者权益保护中涉及的法律关系

本节思维导图

跨境电子商务的参与主体主要有跨境电子商务平台、跨境电子商务平台内经营者和消费者三方当事人。因此,分析跨境电子商务消费者权益保护中涉及的法律关系,就可转化为具体的这三方当事人之间的相互交叉关系。

一、消费者与经营者之间的法律关系

根据交易对象和交易模式的不同,目前跨境电子商务主要有 3 种模式:第一种模式是 B2B,全称为 Business to Business,这是最传统的交易模式,指经营者与经营者之间进行交易,如阿里巴巴;第二种模式是 B2C,全称为 Business to Consumer,这是跨境电子商务中最为广泛的交易模式,指经营者与消费者之间进行交易,如全球速卖通(AliExpress)和亚马逊(Amazon);第三种模式是 C2C,即 Consumer to Consumer,这是跨境电子商务中发展最快的交易模式,指消费者与消费者之间进行交易,如易贝(eBay)。

显而易见,上述 3 种模式中的 B2B 和 B2C 中的经营者指的就是跨境电子商务平台内经营者。在这里就会出现一个问题,C2C 前面的 C 端消费者是否可成为跨境电子商务中的经营者主体呢? 常见的 C2C 模式有美国的易贝(eBay)、中国的闲鱼,这些平台内的经营者属于零门槛经营,他们不需要营业执照就能在平台内开店,也不需要经过烦琐的开店手续即可为消费者提供商品和服务。

《中华人民共和国消费者权益保护法》第三条规定了经营者的 4 条法律特征。C2C 中前面 C 端的消费者满足了具有营利的目的且向后面的消费者销售商品或提供服务的条件。但是 C2C 还存在着特殊

情况。B2B 和 B2C 中经营者的营利目的是持续性的、反复性的,而部分 C2C 前面 C 端消费者的营利目的具有临时性、偶然性,例如闲鱼网上的经营者。闲鱼的性质相当于二手交易平台,经营者通过这个交易平台来转卖自己的闲置物品,其中部分经营者的营利行为并不持久,并且还会通过降价或赔本的方式来转卖物品,经营者无法从中盈利。因此,严格来看,C2C 前面的 C 端消费者并不符合《中华人民共和国消费者权益保护法》第三条所规定的要求。

2018 年出台的《中华人民共和国电子商务法》第九条明确指出了电子商务经营者应包括电子商务平台经营者、平台内经营者及其他电子商务经营者。《中华人民共和国电子商务法》第十条及第十一条则明确规定了电子商务经营者的取得条件。因此,要理解法律所规定的经营者的特征和条件,就要从保护消费者权益的角度出发。消费者是交易过程中的弱势群体,如果仅凭"应当取得相关经营许可证的法人"就排除现实中大量存在的 C2C 中的个体经营者,例如个体工商户、城市中的小摊小贩等,就会出现当这些经营者提供的商品或服务致使消费者权益受到损害时,消费者无法找到所适用的法律的情况,最终无法保障自己的消费者权益,这显然是不公平不合理的。因此,应该承认 C2C 前面的 C 端消费者为法律所认定的市场主体地位。

总体来看,跨境电子商务中的经营者和消费者通过互联网进行交易这一行为实质上就是双方通过订立合同来确定民事关系的过程,属于买卖合同关系,双方都享有法律规定的权利及需要遵守的义务。由于跨境电子商务具有虚拟性和无形性的特征,给予了经营者更大的利用空间,为经营者谋取不法利益提供了非常大的便利。因此,法律在此基础上应更严格地规定跨境电子商务中经营者的义务,让消费者的权利进一步扩大。

二、经营者与跨境电子商务平台之间的法律关系

《中华人民共和国电子商务法》第九条明确界定了电子商务平台经营者及平台内经营者的定义。前者的作用是为交易双方提供交易

场所,后者则是以电子商务平台为依托在电子商务平台内销售商品和服务。《中华人民共和国电子商务法》第九条指出,所提到的经营者与跨境电子商务平台的法律关系实质上就是电子商务平台经营者和平台内经营者之间的关系。从消费者下单支付到经营者根据订单信息开始配送,经营者的各项活动都离不开电子商务平台的支撑。

由此可见,跨境电子商务平台具有多重身份:第一,当平台内经营者要在电子商务平台上开设店铺时,需要与电子商务平台签订合同并受平台制定的规则管理与制约,此时它们之间是服务合同关系;第二,跨境电子商务平台还扮演场地出租人的角色,跨境电子商务平台与经营者订立合同后,会为经营者提供一个虚拟空间让经营者进行网络交易活动,此时,二者之间的法律关系是租赁合同关系;第三,当跨境电子商务平台为平台内经营者与消费者提供订立合同的机会时,跨境电子商务平台充当一个居间人的角色,此时二者之间是居间合同关系。

综上所述,经营者与跨境电子商务平台之间的法律关系具有一定的复杂性,是一种新型的涉外法律关系,应具体情况具体分析。

三、消费者与跨境电子商务平台之间的法律关系

与经营者一样,消费者在网上进行的所有消费行为都离不开电子商务平台的协助。消费者与电子商务平台的法律关系存在 3 种不同的情况。一是服务合同关系。跨境电子商务平台仅仅只是提供交易环境让消费者进行交易活动,并未直接参与到交易活动中,此时二者的法律关系就是服务合同关系。二是买卖合同关系。如果跨境电子商务平台像平台内经营者那样参与到交易活动中,为消费者提供商品和服务,那么二者的法律关系就是买卖合同关系,此时跨境电子商务平台需要对产品不合格等质量问题承担违约责任。三是委托合同关系。在实践中会出现以下情况,消费者委托跨境电子商务平台去境外采购,跨境电子商务平台按照消费者的要求采购了相应的产品,此时二者是委托合同关系。

《中华人民共和国电子商务法》第三十条规定了电子商务平台经

营者具有保障电子商务交易安全的义务。除了上述的 3 种法律关系之外,电子商务平台在保障消费者消费环境的安全上还应该具有一定的防范义务,否则应承担相应的法律责任。

第三节　跨境电子商务中消费者权益保护面临的主要问题

本节思维导图

一、消费者基本权利问题

消费者的基本权利在交易中十分重要。由于跨境电子商务所具有的虚拟性、无形性特点,致使在信息不对等的情况下消费者的基本权益受到各种损害。下文主要从消费者的知情权、隐私权、公平交易权及后悔权的角度分析跨境电子商务中消费者基本权利遇到的问题。

(一)知情权问题

消费者的知情权是实现消费者合法权益的重要基础,是消费者最重要的权利之一。

消费者的知情权问题在消费者的基本权利问题中显得尤为重要。根据《中华人民共和国消费者权益保护法》第八条的规定,消费者的知情权,是指消费者享有知悉其购买、使用的商品或者接受的服务的真实情况的权利。在跨境电子商务中,知情权纠纷是最常见的一类。消费者的知情权受到侵害主要表现在以下方面:在经营者方面,经营者不履行披露义务,表现为法律要求披露的信息经营者不披露或弄虚作假,例如产品的生产日期、有效期、生产场地等方面的信息不完整不真实;在商品信息方面,商家进行虚假宣传,表现为商家利用双方网上信息不对称这一特质,提供虚假的商品信息给消费者,由于消费者无法直接接触到商品,因此极易受到欺骗。此外,再加上电子商务市场之间的竞争越来越激烈,某些跨境电子商务经营者为了提高自己的销量会通过夸大自家商品的品质来占据市场,或是通过虚假的图片和制造虚假的好评来引导消费者消费,消费者在不知情的情况下下单支付,等收货后才发现实物与商家所说的不符,这严重影响消费者的消费体验,侵犯消费者的权益。

(二)隐私权问题

随着电子商务行业的不断发展,消费者的个人隐私权越来越重要,也越来越容易受到侵犯。消费者的隐私权受到侵害主要体现在两个方面。一方面,消费者的个人信息遭到泄露。消费者在跨境电子商务平台上购物时会留下自己的个人信息,这些个人信息保存于电子商务平台后台的数据库中,如果电子商务平台保管不当或是电子商务平台后台被不法分子攻击,就会使消费者面临巨大的信息泄露风险,如收到大量推销电话及垃圾促销短信,收到非法违法链接,以及身份信息被不法分子窃取等,甚至有人因为个人信息泄露导致个人账户密码被盗。另一方面,跨境电子商务平台利用收集好的消费者个人信息谋取不当利益。表现在,消费者在网站上浏览商品时,自己的喜好会被网站记录抓取,等消费者再次在该电子商务平台浏览时,网站就会根据上一次消费者的消费偏好推送相关的商品。对跨境电子商务平台来说,这种方法能及时掌握消费者的消费需求,激发消费者的购买欲,促进消费者消费。但对消费者来说,平台的这种方式相当于泄露自己的隐私,会引起消费者的不适感,且侵犯了消费者的隐私权。在个人信息问题上,《中华人民共和国电子商务法》第二十三条明确规定了电子商务经营者要保护个人信息,但没有明确指出什么样的信息才算是个人信息。例如,跨境电子商务平台抓取消费者的消费偏好来推送商品是否属于个人信息泄露呢? 跨境电子商务平台抓取的这类个人信息是否需要进行保护呢? 法律还没有对此进行说明。

(三)公平交易权问题

消费者的公平交易权,是消费者享有的重要权利之一。《中华人民共和国消费者权益保护法》第十条规定,消费者有公平交易的权利。消费目的的实现离不开公平交易,消费者有权拒绝经营者的强制交易行为。但是在实际的跨境电子商务交易中,消费者的公平交易权难以得到完全保障,主要体现在格式条款上。

首先,在跨境电子商务交易中,经营者处于强势地位,经营者通过"捆绑"格式条款来限制消费者的权益。例如,很多商家在服务中订立格式条款,只有消费者同意该格式条款后才会提供后续服务,强制性要求消费者接受该格式条款。

其次,某些格式条款内容冗长、晦涩难懂且位置不显眼。在这种情况下,就会出现消费者未经认真思考或是没注意到就接受了格式条款的情形,最终因此产生纠纷。

最后,很多格式条款是由经营者单方面制定的,其内容更偏向于维护经营者的利益。例如,规定网络店铺对商品或服务运输延迟不承担相应的责任等,这些单方权利条款严重损害了消费者的公平交易权。

(四)后悔权问题

后悔权并非严谨的法律概念,而是大众化的通俗语言。在国外,后悔权被称为冷静期制度。消费者的后悔权指消费者在购买商品后,有在一定期限内单方面后悔的权利。我国消费者的后悔权体现在《中华人民共和国消费者权益保护法》第二十五条中,该条明确规定消费者享有7天退换货无须说明理由的权利。从该法律条文可以看出,首先,该条文不能适用于所有的消费领域。它仅仅适用于新兴购物领域,消费者通过网络、电视、电话、邮购等方式进行消费购物,即可适用该法。法律调整此类消费方式的原因在于在这些消费方式中消费者无法与销售者面对面直接进行交易,消费者无法直接接触实物。其次,《中华人民共和国消费者权益保护法》明确限定了该权利使用的时间期限,即7日。消费者有权自收到商品之日起7日内退货,且无须说明理由。制定这一条款的主要目的是督促消费者在这个时间期限内积极行使权利。最后,该条文还规定了不适用7天无理由退货的4类商品:第一类是消费者定做的商品;第二类是鲜活易腐的商品;第三类是在线下载或者消费者拆封的音像制品、计算机软件等数字化商品;第四类是交付的报纸、期刊。结合《中华人民共和国消费者权益保护法》第二十五条及跨境电子商务的特征,跨境电子商务中消费者的后悔权问题主要体现在退换货问题上,表现为以下几点:

1.退换货困难。首先是退换货费用昂贵。跨境电子商务中进行退换货会产生昂贵的国际物流费用和商品关税征收费用,这促使消费者放弃退货。其次是跨境电子商务平台暗藏不支持"7天无理由退换货"的霸王条款。该问题一直是消费者投诉的焦点。有些跨境电子商务平台在条款中表示,鉴于出关报关流程复杂,不支持7天无理由退换货,有些跨境电子商务平台则规定某类商品不准退换货,而该类商品并不属于不适用7天无理由退换货的四类商品。最后是退换货产生的服务周期长。即使跨境电子商务的经营者对商品出现的售后问题同意退换货,由于消费者与经营者处于不同关境,物流周期长,其服务周期也会变长,短则几周,长则数月。在这种情况下,多数消费者的退换货问题便不了了之。

2.退换货产生的运费分摊问题。《中华人民共和国消费者权益保护法》第二十五条规定,退回商品的运费由消费者承担,另有约定的,按照约定执行。如果按照这个规定,面对昂贵的运费,尽管商品有缺陷,大多数的消费者也会选择不退货。如果运费分摊问题无法解决,当事双方就会产生摩擦和纠纷,消费者行使退换货权就会产生极大的困难和障碍。因此,需要在法律层面上完善跨境电子商务中的运费分摊问题。

3.退换货时间起算问题。从《中华人民共和国消费者权益保护法》第二十五条可以看出,该法并没有规定后悔权的起算时间。自"自收到商品之日"起算是从快递签收之日起起算,还是从消费者实际拿到物品之日起起算,抑或是消费者在电子商务平台上确认收货之日起起算?起算的时间点会直接影响跨境网购的消费者从何时取得后悔权。

二、跨境消费者争端解决问题

在跨境电子商务中,消费者与经营者会遇到各种纠纷问题。《中华人民共和国消费者权益保护法》第三十九条规定了争端的解决方式,由于跨境电子交易具有跨国性及存在语言问题,当消费者遇到争端问题时,会出现维权成本高、维权时间长的问题。同时,传统管辖权和传统的纠纷解决机制也面临着新的挑战。

(一)传统管辖权在跨境电子商务中面临的困境

在跨境电子商务背景下,传统管辖权出现新的困境。

1.难以确定准据法的适用对象。互联网具有虚拟性的特点,跨境电子商务的交易活动发生在互联网这个虚拟空间里,其网络服务器会产生多个连接点,再加上经营者和消费者分属不同的国家和地区,要把跨境电子商务中交易双方的行为具体落实到物理位置上难度较高,因而无法通过侵权行为发生地和侵权结果地确定传统管辖权。

2.会产生区际法律冲突。由于各国的法律法规各不相同,各国确定管辖权的规定也各不相同,在发生纠纷时很有可能出现适用法律相冲的情况,从而产生区际法律冲突。

3.对协议管辖产生冲击。协议管辖是指双方当事人在争议纠纷发生前后可以以协议的方式约定解决他们之间纠纷的管辖法院。由于格式条款的存在,在跨境电子商务中会出现这种情况:部分跨境电子商务平台或是平台内的经营者利用格式条款或格式合同使消费者无法和经营者进行协议,进而导致双方当事人无法约定协议管辖,使协议管辖失去其原本存在的意义。

(二)传统纠纷解决机制无法适应跨境电子商务的发展

投诉、仲裁、起诉及跨境电子商务平台内部纠纷处理属于传统的处理方式,这 4 种方式在解决跨境电子商务交易纠纷的过程中起着重要的作用。但是随着跨境电子商务的不断发展,传统纠纷解决机制的弊端和问题越来越突出,已无法满足跨境电子商务中消费者的需要,主要体现在以下几个方面:

1.诉讼成本高。跨境交易纠纷的解决往往需要耗费巨大的时间成本和金钱成本。在跨境电子商务交易中,双方当事人处于不同的国家,且消费者一般是原告,根据法律规定的原告就被告原则,往往是消费者去被告所在地参与诉讼,消费者因此产生高额的交通运输费用和诉讼费用。另外,在诉讼中,证据鉴定及相关的说明还需要聘请专门的技术人员参与进来,这又额外加重了消费者的负担,最终使诉讼成本大于跨境纠纷标的额。在这种情况下,消费者难以承受,只能放弃诉讼。

2.确定责任主体难度大。在跨境电子商务交易中,涉及的纠纷主体非常多,包括入驻跨境电子商务平台的海外商家、跨境电子商务平台、消费者、货物配送人员、商品仓储人员等相关服务人员。一旦商品发生问题,经手的人员为了避免麻烦各种推脱责任、相互推诿,导致确定责任主体的难度大,再加上跨境电子商务的交易环节多,在哪个环节出现问题不得而知,使消费者的维权之路举步维艰。

3.平台处理纠纷结果难以保证公正。跨境电子商务平台内部的纠纷处理机制属于传统的纠纷解决方式,它遭受社会质疑的方面在于当处理交易纠纷时会出现过于偏袒经营者或过于偏袒消费者的情形,无法用中立客观的态度处理事件,甚至还会出现无视消费者诉求的现象。同时,处理纠纷的人员没有受过专业的培训,其处理结果难以保证公正性。

第四节　国外跨境电子商务中消费者权益保护的启示

本节思维导图

一、美国跨境电子商务中消费者权益保护的法律规制

美国解决跨境电子商务纠纷中管辖问题的基本原则是当事人协议选择,如美国《统一计算机交易法》规定,除非当事人协议选择的管辖法院不合理且不公平,或者违反了法院地的公共政策,否则协议是有效的。对于法律适用和合同有效性问题,美国《统一计算机交易法》的基本倾向是尊重交易双方的协议选择。而对于跨境电子商务的消费者保护规制,美国立法则针对消费者权益这一概念的广泛外延制定了完备的规范体系,如较早时期的《B2C 网络交易指导原则》《统一电子交易法》《在线商业行为准则》等法律,就提出了保护消费者知情权的建议;而关于消费者安全权,尤其是对隐私权的保护,则见诸《全球电子商务纲要》《澄清境外数据的合法使用法案》《儿童网上隐私保护法》等法案;关于消费者公平交易权的保护,则规定在《统一计算机信息交易法》《全球与全国商务电子签名法》等法律中。

二、欧盟跨境电子商务中消费者权益保护的法律规制

随着跨境电子商务的发展,欧盟结合具体的国情制定并颁布了一系列的法律法规和指令。与美国相比较,欧盟相关立法起步较晚,但发展极为迅速,对我国也有着重要的参考价值。

欧盟《关于民事管辖权及外国判决公约》所确立的消费者惯常居住地法院管辖原则为欧盟国家的认同。这一原则的例外在于,纠纷发生之前,消费者拥有选择管辖法院的权利,而销售商、制造商提起的对

消费者的诉讼则只能由消费者惯常居住地法院受理。而欧盟《电子商务指令》则进一步将以上原则阐发为消费者所在国法院管辖的"来源地国家"管辖模式。在这一原则之外,欧盟并没有排斥协议管辖的理念,2001 年制定的《布鲁塞尔规则》就重述了自 1968 年以来确立的《布鲁塞尔公约》中有关协议选择管辖法院的规定。在法律适用和合同有效性方面,当事人协议选择准据法的原则得到了欧盟国家的认同。但是当欧盟国家面对当事人没有选择准据法的情形时,则基本接受了"最密切联系"原则,即与交易行为最密切国家的法律成为确立合同效力的准据法。最近,由欧盟的《电子名指令》和《电子商务指令》发展而来的"来源国规则",指以双边协议为基础,境外来源国对于合同效力各要素的规定应在东道国受到尊重。欧盟在消费者权益保护立法方面多以"指令"形式呈现,其中《欧盟内部市场电子商务指令》《欧盟关于远程合同中消费权益保护指令》《欧盟消费者权利指令》强调了对消费者知情权的保障,《欧盟个人资料保护指令》《欧盟数据保护指令》则重点对消费者隐私做出了保护规定,其他对消费者权益的保护则主要体现在《欧洲议会与欧盟理事会关于生活消费品买卖及相关保证的若干问题的第 1999/44/EC 号指令》中。

三、国外立法对我国的启示

通过上述对美国和欧盟的法律规制的描述,并结合我国的立法概况,可以看出国外立法有着区别于我国立法的优点。

在消费者权利保护方面:①国外有着一套完整、成熟的法律体系,且成文法的内容和范围具体而明确,针对性强、可操作性强,在表达方式上更易于被大众所理解和接受,消费者的权利一旦受到侵犯往往能很快地找到救济的途径。②国外设置的消费者权益的范围更广。如在隐私权方面,美国专门为儿童的隐私权制定了相关的法律法规;反观我国更注重对通信和住宅隐私的保护,对电子商务中产生的个人信息及数据隐私的保护较为欠缺。③国外明确界定了经营者的责任和义务,并强化消费者所有的合法权益。如美国和欧盟都对经营者的信息披露义务做出了相关的规定。

在纠纷解决方面,美国和欧盟都有着明确的救济途径,都提出要构建完备的在线争议纠纷解决机制,并以此制定了一系列详尽的程序性法律法规来发展和完善在线争议纠纷解决机制,极大地方便了消费者行使权利进行救济,避免了程序的烦琐。建立健全消费者权益保护体系,对跨境电子商务消费者权益保护相关的法律规定的内容和范围加以细化和明确,可增强法律条款的可操作性。面对跨境纠纷,我国更倾向于投诉、仲裁、起诉及跨境电子商务平台内部纠纷处理等传统方式。因此,我国可以学习国外构建纠纷解决机制的经验,加强国际合作,构建有中国特色的跨境纠纷争议在线解决机制。

综上所述,在消费者基本权利方面,我国可以学习美国和欧盟的做法。一是在管辖权和法律适用问题上,跨境电子商务从业者和消费者都应树立"意思自治"理念,遵循意思自治原则,高度重视合同条款中关于管辖法院和法律适用的选择。二是在合同有效性问题上,由于协议选择准据法仍然是目前最有效的合同效力确认方式,电子商务从业者和消费者应当审慎对待电子协议中对合同效力准据法的确定。三是对消费者权益的全方位保护是国际主流做法,故而广大电子商务消费者应当积极采取法律准许的多种方式预防对自身知情权、隐私权、安全权的妨害。发生纠纷之后则应将注意力倾注于经济手段的救济。

第五节　完善我国跨境电子商务中消费者权益保护的建议

本节思维导图

对跨境电子商务中消费者权益的保护有赖于政府、电子商务经营者(电子商务平台经营者与平台内经营者)和消费者三方的共同努力。目前,无论是顶层设计上,还是市场规范上,我国在跨境电子商务领域对消费者权益保护仍然存在许多不足之处,这里将分别基于政府层面、市场参与者(跨境电子商务平台、入驻商家、消费者)层面提出完善建议。

一、对政府的建议

(一)完善对消费者基本权利的保护

针对前面提到的跨境电子商务中消费者基本权利保护面临的问题,从完善消费者知情权、隐私权、公平交易权及后悔权的角度,提出相应的建议。

1.完善对消费者知情权的保护。《中华人民共和国消费者权益保护法》第二十八条中明确规定了特殊经营者必须履行信息披露的义务。此外,《中华人民共和国电子商务法》的第十五条、第十六条、第十七条也对消费者的知情权做了相应的规定:第十五条规定了电子商务经营者有在显著的位置持续公示营业执照的义务;第十六条规定了电子商务经营者终止业务时应在显著的位置公示相关信息;第十七条规定了电子商务经营者应及时地进行信息披露,保障消费者的知情权。但这些法条的规定都比较宽泛,具体的操作性还亟待进一步的完善。因此,为了完善对消费者知情权的保护,可以从以下几个方面进行:

(1)扩大消费者知情权范围。我国法律并没有明确把商家的经营资质、信用等级与评价列入消费者知情权的范围,消费者仅仅知悉商品的基本信息,对上述信息没有了解的渠道,因此应在法律层面上扩大消费者知情权的范围,对具体范围做出规定。

(2)完善经营者信息披露的范围和义务。一般情况下,经营者信息披露的范围仅仅包括商品信息和自身经营信息,因此应完善经营者信息披露的范围,在上述范围下可扩充至"法定代表人名称、电子邮箱地址、联系方式、登记地址、相关注册登记资料等信息"。

同时,在跨境电子商务交易中,经营者还要如实履行信息披露的义务,一方面经营者要确保披露信息的真实度,另一方面披露的信息应放在显眼的位置,以便消费者及时知悉。另外,由于互联网的虚拟性,各项数据和信息都可以被人工篡改。作为平台上的卖家,商品信息需要及时更新,因此经营者具有编辑网页信息的权限,但这项权限如果任由经营者随意使用,就会使网页上披露的信息失去可信度,最终损害到消费者的知情权。因此,建议要求网络经营者长期保留披露的信息并设限,例如,经营者修改披露的信息后,在一定期限内不得再次修改,如果要再次修改,应及时让消费者知悉,从而保障消费者的知情权。

(3)严格平台市场准入和认证制度。在跨境电子商务经营者进入市场之前:一方面,法律应规定具体的准入标准;另一方面,国家工商部门和电子商务平台要严格把控经营者的市场准入资格,严格审查经营者的运营资质和诚信状况。

(4)政府和平台要加强监管。首先,政府可以对经营者披露的信息进行不定期的审查监督,一旦发现经营者违反准入制度,要及时进行查处。另外,政府还可以搭建权威的海外交易商品信息认证平台,便于消费者获取真实的商品信息,避免上当受骗。其次,电子商务平台要建立独立完善的信用分类及监管制度,对入驻的商家根据信息披露的情况进行信用评估,并划分信用等级,对经营者以虚假手段提高店铺信用的行为加以监管,保障经营者披露信息的真实性。最后,政府可以建立一个相应的信息披露制度,完善社会信用评价机制,对经营者出现的诚信缺失行为进行跨平台共享。

2.完善对消费者隐私权的保护。消费者隐私权受到侵害主要集中于个人信息方面。针对上文中提到的消费者隐私权受到侵害的情形,为了保证消费者个人信息的安全,可以从以下几个方面努力:

(1)加快我国个人信息保护立法进程。在个人信息保护领域,我国至今没有专门立法,关于个人信息保护的法律法规散见于《中华人民共和国刑法》《中华人民共和国民法典》《中华人民共和国银行法》《中华人民共和国电子签名法》《中华人民共和国民事诉讼法》《中华人民共和国妇女权益保障法》《中华人民共和国未成年人保护法》及《中华人民共和国邮政法》等法中。立法的分散、庞杂会导致立法资源的浪费及出现法律冲突,形成法律漏洞,最终无法对个人信息形成有效的保护。因此,应加快对个人信息保护的立法,完善现有的法律体系,维护消费者个人信息的安全。

(2)明确《中华人民共和国电子商务法》中个人信息的范围。常见的个人信息包括个人身份证号码、家庭住址、电话号码、邮箱地址等基本信息。除此之外,跨境电子商务平台通过网络利用消费者的消费记录分析出消费者的个人爱好、性格特征、消费习惯等其他信息是否也应该归类为个人信息呢? 法律应该对此进行明确的划分并提出相对应的保护措施。

(3)加强行业自律。首先,应避免经营者长时间滥用消费者的个人信息。电子商务平台内部:一方面,要制定明确具体的个人信息保护规范;另一方面,如若经营者使用并持有消费者的个人信息,必须要征得消费者的同意并明确使用的目的和期限。其次,电子商务平台要制定相对应的惩罚机制。当平台内的经营者的行为侵害到消费者的隐私权时,平台可以给予一定的惩罚措施,这样一来,不仅对经营者起到警示作用,还能更好地保护消费者的隐私权。最后,建议专业的隐私保护认证机构,对电子商务平台经营者的隐私保护程度进行分级认证,让消费者在购物时对电子商务平台内的经营者的安全程度有个更为全面和直观的了解。跨境电子商务行业要想在竞争日渐激烈的环境下得以生存,就得提高自身的社会责任感,切实做到保障消费者的切身利益,做出自己的品牌效应。

(4)消费者应树立自我防范意识。消费者在进行跨境海淘时应选择具有信誉度较高、安全系数高的网站进行购买;主动了解相关的交易流程,知悉其自身的权利与义务;及时清除网上浏览的痕迹,保护好自己的喜好隐私;收到快递包裹后把包裹上的个人信息运单及时销毁、清理,保护好自己的个人信息,让不法分子无法得逞,规避个人风险。

3.建立对消费者公平交易权的保护。消费者的公平交易权受到侵害主要体现在格式条款方面。关于格式条款,《中华人民共和国合同法》《中华人民共和国消费者权益保护法》《中华人民共和国电子商务法》都对其有所规定。《中华人民共和国合同法》第三十九条规定双方订立合同时应遵循公平原则订立格式条款;《中华人民共和国电子商务法》第十九条规定在经营者搭售商品的时候应在显著的位置提醒,不能强制要求消费者同意。从中可以发现,这些规定都比较宽泛,还要进一步地细化和完善。这里从立法和行政的角度提出以下建议:

(1)格式条款的语言应通俗化并避免过长的篇幅。过于晦涩的语言会加剧消费者对格式条款的不理解,同时,过长的格式条款会让消费者失去阅读的耐心,因此,要想格式条款被广大消费者接受,就应使语言通俗化并避免过长的篇幅。

(2)经营者有义务主动向消费者提示格式条款的存在。经营者应当以醒目的形式注明格式条款的存在,并主动告知格式条款的关键内容,以便让消费者自由选择是否进行接下来的交易。

(3)加强对格式条款的监管。在制定格式条款时,经营者为了使自己的利益最大化,通常会制定限制消费者权益的条款,国家行政管理机关加强对跨境电子商务平台中格式条款的审查后,可以有效地制止这种现象的发生。

(4)在立法上严格限制不公平的格式条款。在互联网环境下,格式条款是无法消除的,因此可以从立法上严格限制对消费者失之偏颇乃至对其极其不公的格式条款的出现,保障消费者公平交易权的实现。

4.完善对消费者后悔权的保护。一方面,某些跨境电子商务平台利用法律漏洞制定霸王条款侵犯消费者的后悔权;另一方面,即使商家同意退货,昂贵的运输成本也让消费者望而却步,最终放弃使用自己的后悔权。针对消费者后悔权使用中存在的问题,这里提出以下建议:

(1)从法律上完善消费者后悔权。首先,要明确"不宜退货商品"的范围,对"不宜退货商品"进行细化细分,避免经营者故意扩大"不宜退货商品"的范围,影响消费者后悔权的实现;其次,除了法律规定的不适用"7天无理由退货"条款的4类特殊商品之外,可以对某些商品规定一经开封就禁止退货,既能保证经营者的利益,又能保护消费者的权益;最后,明确规定消费者的后悔权的起算时间。目前代收货的情况极其普遍,如果从快递签收之日起起算,则很可能无法确认是否由本人签收;如果从消费者实际拿到物品之日起起算,则难以确定准确的收货时间;如果是从消费者在电子商务平台上确认收货之日起起算,则很可能出现消费者忘记在电子商务平台上确认收货的情况,最终损害的是电子商务平台的利益。因此,法律要根据不同的情况加以细化,明确消费者后悔权的起算时间。

(2)寻求减少消费者运输成本的手段。一方面,要在立法上明确规定跨境电子商务交易的消费者退货所产生的运费的分摊机制,减少消费者的运输成本压力;另一方面,在实务中鼓励物流公司加强跨国拼邮服务,减少退货成本。跨境电子商务平台可以与物流运输公司进行合作,消费者有退货意向并填写退货信息后,物流运输公司为消费者提供一个邮寄方式的最优方案,最大程度地节省消费者退换货的运输成本。

(二)健全跨境电子商务市场的准入和认证制度

目前我国没有明确设置跨境电子商务经营者的准入制度和资格认证制度,只规定了经营者有办理市场主体登记的义务,没有建立健全行业规范,把对从事跨境电子商务的经营者的审查义务交给了电子商务平台(《中华人民共和国电子商务法》第二十七条、第二十八条、第二十九条),政府无法对经营者销售的商品或提供的服务进行全方位的把控。因此,政府应该健全跨境电子商务市场的准入和认证制度,只有从源头开始严格把控跨境电子商务的市场准入和认证制度,才能切实保护消费者的合法权益。

(三)加强跨境电子支付监管

在跨境电子支付中侵害消费者权益的两大来源主要包括未经授权的电子支付和客户备付金的管理问题。政府在加强跨境电子支付监管时可以从这两方面着手:

1.明确未经授权的电子支付的责任承担规范。为了保护消费者的资金安全,政府应该明确未经授权的电子支付的责任承担规范。目前,政府只是确认了责任承担方的法律后果及免责条件(《中华人民共和国电子商务法》第五十七条),并未建立保障资金安全的保险制度。我国现阶段针对资金安全的保险制度仅仅停留在市场中的电子支付服务机构的尝试,并没有以强制性规范的形式去实行,简而言之,目前保障资金安全的保险制度是民间性的,对经营者和消费者来说是选择性权利,而不是强制性义务,是不具有约束力的电子支付服务机构的一种市场行为。因此,在明确未经授权的电子支付的责任承担规范之后,政府还应该探索建立保障消费者资金安全的配套保险制度。

2.完善备付金管理机制。关于客户备付金的法律性质,本书一直认为是消费者暂时交给电子支付服务机构的保管物,是消费者与电子支付服务机构之间保管合同的标的物。因此,在跨境电子商务中,由于消费者与经营者之间的交易是在"背对背"(back to back)的形式下进行的,消费者在购买时无法确切得知商品或服务的详情,因此将备付金认定为保管物的同时也是给予消费者一种终止交易的反悔权,也可以起到保护消费者权益的效果。并且,将之认定为保管合同的标的,就限制了电子支付服务机构将其随意挪用或做其他用途的行为。针对目前学界在客户备付金上的争议,政府应该尽早以法定的形式确定其法律性质,并完善备付金管理机制。

(四)建立完善的跨境电子商务在线纠纷解决机制

《中华人民共和国消费者权益保护法》第三十九条规定的5种争议解决的方式显然在跨境电子商务纠纷解决的问题上不具有实用

性。政府应该从保护消费者权益的角度出发,为消费者提供便捷、高效的争议解决途径和机制。虽然《中华人民共和国电子商务法》第六十三条引入的在线争端解决机制,在保护消费者权益方面是一个巨大进步,但是,对于争议在线解决机制中的具体问题,比如运营费用的来源问题、裁判人员的组成问题、当事人权利义务内容的明确问题等,仍然没有从法律程序上提供具体的、切实可行的操作和保障。因此,政府亟须在第六十三条规定的基础上,健全便捷的、高效的,适合电子商务及跨境电子商务的争议解决方式,完善对消费者权益的保护。

今后我国在构建跨境电子商务在线纠纷解决机制时,可以借鉴欧盟的电子商务消费者纠纷解决(Electronic Consumer Dispute Resolution,ECDR)机制,即通过对消费者权益进行更高标准的保护,促进内部市场的良好运行,特别是通过构建欧洲的在线争端解决机制(Online Dispute Resources,ODR)平台,使得消费者和商家的纠纷得到独立、公正、透明、有效、快捷和公平的在线解决。欧盟的电子商务消费者纠纷解决机制主要内容包括 ODR 平台的构建、测试运行,ODR联络网点,投诉的递交,投诉的处理和传递,纠纷的解决,个人信息的处理,数据的保密和安全,消费者信息。

二、对跨境电子商务平台的建议

(一)建立和完善消费者对经营者的评价机制

建立信誉评分曝光制度,是保护消费者评论权的重要方式。跨境电子商务平台建立信誉评分曝光制度应该从 3 方面入手:①强制平台内经营者为消费者提供评价通道;②禁止平台内经营者刷单造假、误导消费者及删除评价的行为;③明确平台内具体的消费者评论规则,对侵害消费者评论权的行为进行举报等。

（二）加强并深化与政府的协作机制

跨境电子商务平台在经营过程中，也应该依照法律法规和规章制度的要求向政府提供相关交易数据信息。并且，为了更好地打击跨境电子商务中经营者以次充好、以假乱真等谋取非法利益的行为，跨境电子商务平台应该在法律的引导下，与政府建立深度的协作机制，以更好地保护消费者的合法权益。这些都要求跨境电子商务平台与政府建立深度协作机制。

（三）完善平台内经营者公示和信息披露制度

《中华人民共和国电子商务法》第三十九条要求电子商务平台建立针对平台内经营者的信用公示制度，这在保护消费者的知情权方面有着重大的意义。但是实际中，绝大多数的消费者并不知道经营者违反披露信息制度及信用公示制度所要承担的法律后果。因此，为了严格平台内信用公示制度，跨境电子商务平台还应该完善强行失信者退出的机制，以震慑违反《中华人民共和国电子商务法》第三十九条规定的经营者，使消费者在跨境电子商务中的交易更加安全。

那么作为跨境电子商务中的第三方平台，在实践中应当如何规范经营者的经营行为，同时保护自己的合法权益？

首先，按照监管要求，做好自身的经营规范，与申请入驻平台的跨境电子商务企业签署协议，就商品质量安全主体责任、消费者权益保障及本通知其他相关要求等方面明确双方责任、权利和义务。

其次，应建立相互独立的区块或频道为跨境电子商务企业和国内电子商务企业提供平台服务，或以明显标识对跨境电子商务零售进口商品和非跨境商品予以区分，避免误导消费者。

最后，建立消费纠纷处理和消费维权自律制度，消费者在平台内购买商品，其合法权益受到损害时，平台须积极协助消费者维护自身合法权益，并履行先行赔付责任。

三、对入驻商家的建议

（一）遵守法律法规及跨境电子商务平台规则

对于跨境电子商务平台内的经营者而言，不仅要严格遵守我国法律法规，严格按照法律法规的要求去约束自己的经营行为，还应该学习并遵守交易对象国的法律法规及国际通行的法律法规，积极配合、服从跨境电子商务平台的正常管理，不做违法乱纪的经营行为，切实同政府、平台等一道保护消费者的合法权益。

（二）重视保护知识产权

跨境电子商务中的经营者从事的是国际买卖，自然还得遵守进口国的法律法规。我国法律没有对跨境电子商务平台中经营者的入驻资质进行硬性要求，导致我国从事跨境电子商务的经营者实力参差不齐，大多数经营者对知识产权的保护意识弱，甚至没有，我国跨境电子商务的经营者侵犯知识产权的问题频发。因此，跨境电子商务中的经营者要学习与知识产权保护有关的法律法规，牢固树立知识产权保护的意识，在经营过程中，重视对知识产权的保护，以保护消费者的公平交易权。

（三）明示交易信息

跨境电子商务经营者在经营过程中要时刻注意保护消费者的基本权益，尤其是消费者的知情权。交易信息包括商品或服务的详情、规格、数量、价格、各种税费、承运物流、运费、退换货规则及争议解决方式等信息。经营者明示所有与交易有关的信息，实际上是保护消费者权益最有力的方式。

作为跨境电子商务企业，在实践中应当如何保护自身的合法权益？

跨境电子商务企业既是跨境电子商务零售进口的供货商，又是跨境电子商务出口的出口商,在跨境电子商务中起着重要作用,也承担相应的责任与义务。从自身合法权益的角度,应当做好以下工作。

1.在进口业务方面:

(1)对于国内的代理企业,应当制定明确的责任条款,以便在要承担连带责任时,追究代理人的过错责任。

(2)承担消费者权益保障责任,包括但不限于商品信息披露、提供商品退换货服务、建立不合格或缺陷商品召回制度、对商品质量侵害消费者权益的赔付责任等。

(3)履行对消费者的提醒告知义务,会同跨境电子商务平台在商品订购网页或其他醒目位置向消费者提供风险告知书,消费者确认同意后方可下单购买。

2.在出口业务方面:

(1)向入驻的平台提供真实的商品信息,确定双方的权利与义务条款,明确平台的责任,避免自身处于不利境地。

(2)与买方签署合同时,着重自身利益保护,在确定法律救济时,选择对自己有利的仲裁与诉讼方式。

(3)遇到买方投诉和交涉时,本着诚实信用、契约为大的精神处理争议。

四、对消费者个人的建议

(一)提高维护自身合法权益的意识

近年来,随着人们受教育程度的提高,消费者的法律意识也有所提高,遇到事情会从法律的角度去考虑,但是由于跨境电子商务的特殊性,争议解决途径操作起来较为烦琐、维权成本过高,导致了跨境电子商务中的消费者维权意识不强。消费者应该主动学习《中华人民共和国消费者权益保护法》和《中华人民共和国电子商务法》中的法律知识,着重了解自身在跨境电子商务交易过程中的权利与义务,了解争议解决的规则等维权信息,提升维权的意识。

(二)学习跨境电子商务的有关知识,知悉交易过程

随着跨境电子商务业务的迅速发展,各种各样的跨境电子商务平台如雨后春笋般不断产生,消费者早已经对亚马逊、eBay、全球速卖通、Wish 等主流的跨境电子商务平台的操作步骤了如指掌,但是每一个跨境电子商务平台都有自身的特点和不同的经营模式,消费者在不同的跨境电子商务平台进行消费时,应该对该跨境电子商务运营过程充分知悉。消费者在了解跨境电子商务平台运营模式的基础上购买商品或接受服务,有利于保护自身的知情权、选择权和公平交易权等权益,还可以减少不必要的交易争议。

(三)尽可能在规范平台进行跨境交易

随着国际环境的变化,传统进出口贸易的形式已经无法满足我国消费者的巨大需求,消费者越来越多地通过跨境电子商务平台购买商品或接受服务。大体上,在我国跨境电子商务领域,主要有 20 家左右的规范化平台:天猫国际、林德帕西姆、兰亭集势、京东全球购、聚优澳品、敦煌网、苏宁海外购、考拉海购、Wish、聚美优品、亚马逊、小笨鸟、唯品国际、eBay、易单网、洋码头、速卖通、时光 100、蜜芽、DX 等等。各种平台的经营模式及分类见表 7-1。

表 7-1　我国主要跨境电子商务平台经营模式及分类

经营模式	平台型	自营型
跨境 B2B 出口	阿里巴巴国际站、中国制造网、环球资源网、敦煌网	
跨境 B2B 进口	1688.com、海带网	
跨境电子商务零售(出口)	速卖通、eBay、Amazon、Wish	兰亭集势、DX、米兰网
跨境电子商务零售(进口)	天猫国际、京东全球购、洋码头	考拉海购、京东全球购、聚美优品

面对纷繁复杂的跨境电子商务平台,消费者不仅要根据各个平台

的规模与强项去选择,还需要根据跨境电子商务平台的规范化情况去选择,如此就会尽可能地减少法律问题,避免不必要的纠纷,维护好自身的合法权益。

(四)积极性权利

由于跨境电子商务中的交易信息完全都是由经营者发布,消费者在交易信息上是处于弱势地位的,与经营者掌握的信息是不对称的,因此在跨境电子商务中,消费者往往缺乏对购买商品或接受服务的认识、对平台提供者和平台内经营者的了解,那么为了尽可能降低信息的不对称导致的不平等、不公平,就应该保护消费者对购买的商品或者接受的服务的评论权。通过消费者的消费体验和消费评价等方式,可以描述出尽可能客观的交易情况,以让未来的其他消费者在决定前有比较详细的参考。

本 章 小 结

尽管我国的法律体系在不断地发展和完善,但是关于跨境电子商务消费者权益保护的法律法规仍存在很多不足之处。例如,缺乏统一性、系统性和针对性,以原则性的规定为主,缺乏具体的范围和操作措施说明。总体来说,我国跨境电子商务中有关消费者权益保护的立法仍然有很大的发展空间,需要在实践中不断地修改和完善。

跨境电子商务消费者权益保护中涉及的法律关系主要有 3 种情况:①消费者与经营者之间的法律关系——买卖合同关系;②经营者与跨境电子商务平台之间的法律关系——新型的涉外法律关系;③消费者与跨境电子商务平台之间的法律关系。另外的 3 种情况:一是服务合同关系;二是买卖合同关系;三是委托合同关系。除了上述的法律关系之外,电子商务平台在保障消费者消费环境的安全上还应该具有一定的防范义务,否则应承担相应的法律责任。

保证消费者的基本权利在交易中十分重要。但是在跨境电子商务实践中,消费者的知情权、隐私权、公平交易权及后悔权的实现却面临一系列的问题。由于跨境电子交易具有跨国性及语言问题,当消费者遇到争端问题时,会出现维权成本高、维权时间长的情况。同时,传统管辖权和传统的纠纷解决机制也面临着新的挑战。因此,在消费者基本权利方面,我国可以学习美国和欧盟的做法:一是在管辖权和法律适用问题上,跨境电子商务从业者和消费者都应树立"意思自治"理念,遵循"意思自治"原则,高度重视合同条款中关于管辖法院和法律适用的选择。二是在合同有效性问题上,由于选择准据法仍然是目前最有效的合同效力确认方式,电子商务从业者和消费者应当审慎对待电子协议中关于合同效力准据法的确定。三是广大电子商务消费者应当积极采取法律准许的多种方式预防对自身知情权、隐私权、公平交易权的妨害。发生纠纷之后则应将注意力倾注于经济手段的救济。

跨境电子商务中消费者权益的保护有赖于政府、电子商务经营者(电子商务平台经营者与平台内经营者)和消费者三方的共同努力。目前,无论是顶层设计上,还是市场规范上,我国在跨境电子商务领域对消费者权益保护仍然存在许多不足之处,因此,本章最后分别从政府层面、市场参与者(跨境电子商务平台、入驻商家、消费者)层面提出相应的完善建议。

思考题

1. 跨境电子商务消费者权益保护中涉及的法律关系有哪些?
2. 消费者与跨境电子商务平台之间的法律关系是什么?
3. 跨境电子商务中消费者的基本权利问题有哪些?
4. 跨境电子商务中消费者的后悔权问题主要表现在哪些方面?
5. 传统纠纷解决机制的弊端体现在哪里?
6. 完善跨境电子商务消费者权益保护的建议有哪些?

第八章
跨境电子商务知识产权保护

学习目标

1.掌握专利的概念,了解专利权的客体、专利的侵权方式、商标权的概念和侵权方式、著作权的概念和侵权方式。

2.理解跨境电子商务中知识产权保护不力的原因,就知识产权保护不力提出完善建议。

3.了解各国对跨境电子商务知识产权保护的制度。

第一节 跨境电子商务中的知识产权侵权类型

本节思维导图

一、商标侵权

(一)商标权

商标,是标明某具体个人或企业所生产或提供的商品或服务的显著标志。任何能够将自然人、法人或者其他组织的商品与他人的商品区别开的标志,包括文字、图形、字母、数字、三维标志、颜色组合和声音等,以及上述要素的组合,均可以作为商标申请注册。商标是企业的无形资产,其在投资或经营过程中作为资产的价值,即商标资产所含资本量的大小。商标的获得必须履行商标注册程序,一旦获得商标权,则意味着商标权人对其商标所享有的独占的、排他的权利。商标专有权具体表现为以下 3 个方面:

1.商标注册人有权将其注册的商标使用在其核准使用的商品、商品包装上或者服务、服务设施上,任何他人不得干涉;

2.商标注册人有权禁止任何其他人未经其许可擅自在同一种或类似商品上使用与其注册商标相同或者近似的商标;

3.商标注册人有权许可他人使用自己的注册商标,也可以将自己的注册商标转让给他人,这种许可或转让要符合法律规定并履行一定的法律手续。

(二)商标侵权行为

商标侵权行为是指违反法律规定,假冒或仿冒他人注册商标,或者从事其他损害商标权人合法权益的行为。有下列行为之一的,均可构成侵犯商标权行为:

1.未经商标注册人许可,在同一种商品上使用与其注册商标相同的商标的;

2.未经商标注册人许可,在同一种商品上使用与其注册商标近似的商标,或者在类似商品上使用与其注册商标相同或者近似的商标,容易导致混淆的;

3.销售侵犯注册商标专用权的商品的;

4.伪造、擅自制造他人注册商标标识或者销售伪造、擅自制造已注册商标标识的;

5.未经商标注册人同意,更换其注册商标并将该更换商标的商品又投入市场的;

6.故意为侵犯他人商标专用权行为提供便利条件,帮助他人实施侵犯商标专用权行为的;

7.给他人的注册商标专用权造成其他损害的。

(三)跨境电子商务销售侵权风险

商标侵权是跨境电子商务经营活动中知识产权侵权频发的"高风险区"。中国海关总署的统计数据显示,在跨境电子商务贸易中,侵犯商标权的产品已占据了所有侵权产品总量的 98.48%,属于侵权"重灾区"。这是由于跨境电子商务交易活动通过线上平台完成,除了卖家在平台披露、介绍的信息之外,境外买家在收到货物之前,均无法判断所购商品的真伪、质量优劣,而只能通过对品牌信任与依赖来实现对商品的判断。正因为如此,不少跨境电子商务企业往往会利用他人知名商标或品牌已有的影响力,来误导消费者。实践中,企业侵害商标权行为多种多样,除了在产品介绍时使用与商标权人相同或近似的商标、售卖标有他人注册商标的产品、销售仿冒产品等侵权行为之外,还包括将店铺名称或网站域名注册成与商标权人的商标一致或近似。由于互联网是基于统一的技术进行搭建,网络空间地址与网络域名不会重复,具有唯一性,而商标往往是受限于某种商品或者服务领域或者在某个国家进行注册,存在着相同或者相似的商标权利人。在跨境电子商务中,存在着在网址或者超链接中使用他人驰名商标、注册商标的包含元素等情形,如果这些行为没有事先取得权利人的许可或者支付相应的费用,就是侵犯他人的商标权。由于不同的互联网技术的出现,在网络中对商标的使用方式也出现了新的情形,对网络活动中是否使用了他人商标的判断有了新的挑战。例如,最初的 IP 地址只是一串不同的数字,后来才开始使用字母来替代数字,形成域名系统,随着竞价排名、超链接技术、关键词推广、网络搜索技术等的相继出现,这种电子商务中对商标的多元化使用方式都可能导致发生商标侵权纠纷。

案例 1　德克斯户外用品有限公司诉胡某某、浙江淘宝网络有限公司侵害商标权纠纷案

【案情介绍】

原告：德克斯户外用品有限公司（Deckers Outdoor Corporation，简称德克斯公司）

被告：胡某某、浙江淘宝网络有限公司（简称淘宝公司）

原告德克斯公司在中国境内注册有第 880518 号"UGG"商标，核定使用商品为第 25 类（包括鞋）。被告胡某某是掌柜名为"游泳的小蕊"的淘宝店铺"小粉兔澳洲代购小店"的实际经营者。该店铺主要从事代购业务，主营业务为代购包括雪地靴等在内的澳大利亚商品。被告胡某某在淘宝网的代购类目项下发布涉案商品信息，并注明代购标识及"提供的系代购服务，不支持 7 天无理由退货"等，经原告代理人公证下单 2 款产品，被告胡某某在澳大利亚相应专柜购得涉案产品后自澳大利亚直邮给原告代理人，且报关也以原告代理人的名义进行。因涉案的 2 款产品中分别带有 2 种"UGG"标识，故原告主张胡某某销售的该 5 款产品均侵犯其涉案商标权，诉至浙江省杭州市余杭区人民法院，请求判令被告胡某某立即停止侵权行为并赔偿原告经济损失及合理费用合计人民币 20 万元，同时要求被告淘宝公司立即删除涉案淘宝店铺内被控侵权信息。庭审中，因涉案商品链接已经不存在，原告德克斯公司放弃针对淘宝公司的诉请。

被告胡某某辩称，其不知自身行为侵犯了原告商标权，行为不具有侵权故意及恶意；其未囤积货物销售，而是根据指定情况前往购买，不构成侵权主体；其代购活动并非专职从事商业活动；原告所诉金额远超出其承受能力，请法院结合胡某某个体工商户的情况和家庭情况予以考虑。综上，胡某某请求免予赔偿或轻微判罚。

法院经审理认定,胡某某的行为侵犯了原告涉案商标专用权,应承担赔偿损失的民事责任。综合考量各种因素,法院判决胡某某赔偿德克斯公司经济损失(含合理费用)30 000元,并驳回德克斯公司其他的诉讼请求。

【法官点评】

近年来,与跨境贸易有关的知识产权纠纷日益增多,本案即涉及跨境海外代购中的商标侵权问题。本案主要从跨境电子商务代购行为的性质、商标权的地域性、代购者应尽的义务等角度分析,认定涉案行为属于《中华人民共和国商标法》第五十七条第七项所规定的侵犯原告涉案商标专用权的行为:

电子商务平台上的跨境海外代购与传统代购的区别:传统代购行为具有偶然性、非专业性的特征,完全遵从委托人的意愿,代购者在此过程中通常不参与代购商品的选择,代购的规模较小、受众较少且特定;跨境电子商务代购行为则具有专业性、持续性的特征,系由代购者预先选择并发布自己较为熟悉的商品供消费者选择,代购行为中掺杂了代购者对商品的选择意愿,且代购行为受众广泛、不特定,规模相对较大。

跨境电子商务代购商品是否侵权的判定:判断跨境海外代购商品是否构成商标侵权时要区分3种情形。第一种,在跨境电子商务代购商品上的商标在国内无商标权人,且与国内现有商标不构成近似商标,不会造成消费者混淆、误认的情形下,涉案商标在我国当然不构成商标侵权。第二种,若跨境电子商务代购商品上的商标与国内已经获准注册的商标来源于同一权利人,则涉及商标的平行进口问题。对于平行进口商品一般不认定为商标侵权,除非造成消费者对商品的生产、来源产生合理怀疑,从而对商标权人的认可度和信赖度降低,致使商标权人的利益受损,实行商标平行进口重大差异非法原则的认定标准。第三种,在跨境电子商务代购商品上的商标与国内商标权人注册的商标并非同一权利人且构成相同或者近似商标的情形下,因商标具有地域属性,跨境电子商务代购商品一旦进入我国境内即应遵循我国法律,不得侵犯我国注册商标权利人的权利。如在相同或类似商品上使用相同或近似商标且易导致相关公众混淆,则应认定该商品为侵犯国内商标权利人权利的侵权产品。

　　跨境电子商务代购者法律责任的判定:尽管跨境代购者并不具备进口的资质,但跨境海外代购行为直接导致了涉案商品从受保护的法域内进入涉嫌侵权的法域进行销售,以此谋利,与典型的进口行为并无本质区别,应认定为准进口行为。应当赋予跨境海外代购者以准进口商的审查注意义务,由其审查其预先提供的国外代购商品是否可能侵犯国内权利人的权利。同时,因代购商品的生产、销售行为均在境外完成,并不涉及侵权,如果允许代购者进行合法来源抗辩,则必然使得国内商标权利人的权利无法得到救济。因此,代购者(准进口商)履行的系类似于生产商的查验义务,不应适用合法来源抗辩。

(资源来源:电子商务研究中心讯,
http://www. /wec. cn/detail-6449177. html)

二、专利侵权

(一)专利权

专利权(Patent Right),简称"专利",是发明创造人或其权利受让人对特定的发明创造在一定期限内依法享有的独占实施权,是知识产权的一种。专利权的客体,是指依法应授予专利权的发明创造,包括发明、实用新型和外观设计 3 种。发明,是指对产品、方法或者其改进所提出的新的技术方案。实用新型是指对产品的形状、构造或者其结合所提出的适于实用的新的技术方案。外观设计又称为工业产品外观设计,是指对产品的形状、图案或者其结合及色彩与形状、图案相结合所做出的富有美感并适于工业上应用的新设计。专利权是指专利权人在法律规定的范围内独占使用、收益、处分其发明创造,并排除他人干涉的权利。专利权具有时间性、地域性及排他性。

(二)专利侵权行为

专利侵权行为是指在专利权有效期限内,行为人未经专利权人许可又无法律依据,以营利为目的实施侵害他人专利的行为。专利侵权行为分为直接侵权行为和间接侵权行为两类。

直接侵权行为是指直接由行为人实施的侵犯他人专利权的行为。其表现形式包括:

1.制造发明、实用新型、外观设计专利产品的行为;

2.使用发明、实用新型专利产品的行为;

3.许诺销售发明、实用新型专利产品的行为;

4.销售发明、实用新型或外观设计专利产品的行为;

5.进口发明、实用新型、外观设计专利产品的行为;

6.使用专利方法及使用专利产品、许诺销售、销售、进口依照该专利方法直接获得的产品的行为;

7.假冒他人专利的行为。

间接侵权行为是指行为人积极诱导或者促使他人实施直接专利侵权的行为。具体来说,行为人的行为本身可能并不构成对他人专利权的侵害,但其行为却诱导或促使他人实施了对专利权的直接侵害。如果行为人的行为本身就是对他人专利权的直接侵害,无论是否诱导、怂恿或者促使第三人实施专利侵权行为,行为人的行为都是直接专利侵权行为。

(三)跨境电子商务销售侵权风险

相较于著作权侵权与商标侵权,专利侵权在知识产权侵权案件中所占的比例并不大,这是专利侵权确认的复杂性与专业性所导致的。一方面,专利侵权较之商标侵权更加难以确认侵权范围和责任划分问题;另一方面,消费者对所购商品是否获得专利权许可的认定难度极大,无法准确了解产品本身是否构成侵权。

在跨境电子商务活动中,专利侵权行为主要表现为:未经授权,假冒、销售专利权人的产品;未经权利人许可,许诺销售、销售、进口、制造他人享有专利权的产品;未经权利人许可,利用专利方案制造、销售、许诺销售专利产品;等等。跨境电子商务领域专利侵权行为与传统相比,其基于网络特性而在传播速度、范围等方面为经营者提供了便利,畅销的专利侵权产品会在短时间内被大量网络用户竞相模仿,从而呈现出群体性、重复性的恶性侵权的趋势。

虽然专利侵权的占比不高,但一旦被认定为存在侵权行为,就会掀起不小的波澜。2015年轰动一时的"下架平衡车事件"及美国婚纱礼服产业协会起诉事件,均是由于我国商家涉嫌销售侵害专利权产品所引起的,上述事件的相关权利人及平台均对我国超过上千家商家采取了平台产品全线下架、卖家PayPal账户资金冻结的措施,且相关商家均面临着高额的专利侵权赔偿的索赔。

案例2 下架平衡车事件

追踪溯源,打响两个企业间专利纠纷战役的第一枪发生在我国境内。2009年前后,美籍华裔Shane Chen与杭州骑客公司均在美国和中国申请了平衡车专利,给后续专利争议埋下隐患。2013年前后,Shane Chen在中国起诉过几家平衡车公司专利侵权,但均以失败告终;2015年11月中旬,势单力薄的Shane Chen将平衡车专利卖给了美国公司Razor USA。鉴于在中国战场维权失败的经历,Razor USA吸取教训,卷土重来,将维权战场转向了美国市场,在加州中区联邦地区法院提交诉状指控美国Swagway公司侵犯其专利,并申请了临时禁令,请求停止其电动平衡车的销售。在沃尔玛实体店据此停止了电动平衡车的线下销售后,2015年12月11日,某平台美国站单方面删除了所有平衡车产品链接,并对销售电动平衡车的卖家账户执行了限制措施,并通知买家可以退货,致使我国卖家遭受的经济损失高达10

亿元。而在我国卖家的电动平衡车下架后，Razor USA 的平衡车产品在该平台美国站火速上架并销售火热。2016 年 5 月，杭州骑客公司针对 Razor USA 提起诉讼，认为 Razor USA 未经其允许，擅自制造、销售了侵害其知识产权的悬浮电动平衡车。截至目前，中美双方企业的平衡车专利纠纷案件仍未有定论，但美国企业在本次事件中抢占了原本属于中国卖家的市场，中国卖家不仅丢失了大量的交易机会与市场份额，还深陷专利诉讼的泥潭苦苦挣扎。

（资料来源：全球进出口商品交易会，
https://www.sohu.com/a/453950885_100020617)

案例 3 美国婚纱礼服产业协会起诉中国 3000 多家跨境独立站

2016 年 1 月 4 日，美国婚纱礼服产业协会（American Bridal and Prom Industry Association，ABPIA）联合 Allure Bridals、Alyce Designs、Jovani Fashion、LaFemmeBoutique、MonCheriBridals、MoriLee、Sydney'sCloset、Promgirl，向美国伊利诺伊州东北区地方法院提起了诉讼，控诉中国 3000 多家跨境电子商务独立站（以销售婚纱礼服为主）采用了他们的产品图片和商标，销售假冒产品，侵犯了其知识产权。

在起诉书中，原告称被告违反了 LanhamAct，15U. S. C. §1114、LanhamAct，15U. S. C. §1125（a）、LanhamAct，15U. S. C. §1125（d）、CopyrightAct，17U. S. C. §501、Illinois Uniform Deceptive Trade Practices Act，815ILCS§510，et seq. 这 5 条法律规定，侵犯了原告的商标和知识产权，造成不正当竞争及网络侵权等。

原告于 2016 年 1 月 13 日向法院提议实行临时限制令（Temporary Restraining Order，TRO），要求转移被告网站域名、临时冻结被告资产，并责令被告停止制造和销售假冒产品。随后法院批准了这一限制令提议，于 1 月 13 日至 27 日期间执行。

另外，原告联系了专家、证人和第三方支付服务商，冻结了被告金融账号,转移和暂时禁用被告的网站。之后原告要求延长TRO期限,法院表示将在2月10日举行TRO听证会。

而在TRO生效期间,众多被告联系法院,称原告没有做到尽职调查,导致业务被错误限制。在听证会举行前,原告移除了300多个被告名单。因此在2016年2月10日的听证会上,法院根据上述事实,认为原告没有做到尽职调查,驳回了原告延长限制令的请求,并结束了临时限制令。

原告还在2016年1月20日提出初步禁令,法院在1月25日举行了相关的听证会。3月10日,原告提出了修改版初步禁令,与之一并提交的还包括JonLiney和SurenTerSaakov两人的支持声明。然而法院认为原告将3000多名被告混为一体,没有事实依据证明所有被告侵权。

法院认为,在JonLiney的声明中,并没有明确指出哪些被告出售假冒婚纱产品;SurenTerSaakov公司的反假货软件只是一个调查工具,无法提供证明伪造的证据。因此两者都没有提供足够的事实和法律依据,能够用于追究被告责任。

法院认为,原告并没有提供积极证据支持它的指控。虽然原告指控被告网站采用了原告图片,侵犯了知识产权,但是这一证据并不能建立起低限度联系,无法对被告行使管辖权。

因此法院驳回了原告的初步禁令请求,并基于同样理由和原告自愿撤诉,法院最终撤销了这一起诉。

尽管婚纱独立站事件已经过去,但是在2016年,中国自建站还多次遭遇"围剿"。就在2016年底,600余家中国婚纱自建站再次被美国婚纱礼服产业协会"警告"。

业内人士提醒中国卖家,在进行跨境交易时,要注意自身有无侵权,不销售假冒产品,要提前跳出钓鱼者狩猎的范围。同时,还应提升自身知识产权保护意识,了解美国法律对知识产权的规定,判断出哪些行为可能触犯相关条例,避免不知情的侵权行为发生。

(资料来源:雨果跨境,https://www.cifnews.com/article/24425)

三、著作权侵权

(一)著作权

著作权是指文学、艺术、科学作品的作者依法对他的作品享有的一系列的专有权。著作权的对象是作品,是指文学、艺术和科学领域内具有独创性并能以某种有形形式复制的智力成果。著作权内容包括著作人身权和著作财产权。著作人身权又称著作精神权利,指作者对其作品所享有的各种与人身相联系或者密不可分而又无直接财产内容的权利。著作财产权是作者对其作品的自行使用和被他人使用而享有的以物质利益为内容的权利。

(二)著作权侵权行为

著作权侵权是指一切违反著作权法侵害著作权人享有的著作人身权、著作财产权的行为。侵害著作人身权的行为有:

1. 剽窃、抄袭;

2. 未经许可发表著作权人的作品;

3. 未经合作者许可,将与他人合作的作品当成自己单独创作的作品发表;

4. 没有参加创作,为谋取个人利益,在他人作品上署名;

5. 歪曲、篡改他人作品。

侵害著作财产权的行为有:

1. 擅自使用;

2. 擅自复制;

3. 制作并出售假冒他人作品;

4. 擅自制作、转播;

5. 未按规定付酬。

（三）跨境电子商务销售侵权风险

　　相较于传统的作品存储及传播方式，当今社会中大部分作品主要以电子化形式进行存储与传播，但电子化后的作品更容易被复制与传播，从而大大降低了侵权人的侵权成本，使实施侵权行为更为便利，也造成了在跨境电子商务活动中著作权侵权涉及的相关权利主要集中在复制权、传播权与发行权等权利中的现象。从表现形式来看，普通跨境电子商务经营活动中的著作权侵权行为主要存在以下 3 种情况。第一是未经著作权人许可擅自使用权利人的图片、宣传语、音乐等进行宣传，较为典型的行为就是"盗图"。在《小猪佩奇》国内著作权纠纷首案中，侵权人聚凡公司非法使用著作权人的卡通形象，在淘宝网展示侵权商标，并销售印有"小猪佩奇"形象的玩具，被杭州互联网法院认定为侵犯了该作品的发行权、信息网络传播权与复制权，最终判赔 15 万元。第二是未经权利人同意擅自出售、传播作品的行为。例如，商家在未获得授权的情况下在亚马逊平台销售米老鼠毛绒玩具，就属于该类型。该类侵权行为在跨境电子商务发展的早期阶段较为普遍，目前已经逐渐减少。第三是未经权利人同意，擅自修改他人作品。此类行为往往与不正当竞争行为挂钩，一般表现为侵权人故意对权利人享有著作权的美术作品、卡通形象等进行小幅度修改，形成与原作品有区别却神似的新"作品"，以期鱼目混珠、搭上原作品的"便车"来扩展销售市场。

案例 4　涉《小猪佩奇》美术作品著作权侵权纠纷案

【案情介绍】

　　原告：娱乐壹英国有限公司、艾斯利贝克戴维斯有限公司

　　被告：北京途歌科技有限公司

　　系列动画片《小猪佩奇》片尾署名显示原告是该动画片制片人。美国版权局出具的登记证书显示，原告为《小猪佩奇》美术作品的作者，该作品首次出版国家为英国。该动画片在中国市场具有极高的知名度和商业价值。

在 2018 年(第十五届)北京国际汽车展览会上,被告将小猪佩奇形象张贴在其运营的共享汽车上,且在其微博和微信上同步进行相关宣传,在宣传中使用了含有小猪佩奇形象的共享汽车照片和《小猪佩奇》动画片中的相关画面。原告认为被告的上述行为侵害了其对小猪佩奇形象享有的复制权,以及小猪佩奇等 4 个动画形象、《小猪佩奇》动画片的信息网络传播权,请求判令被告停止侵权并赔偿经济损失 50 万元。

北京互联网法院经审理认为:

关于涉案作品著作权权利归属的法律适用。外国人、无国籍人的作品根据其作者所属国或者经常居住地国同中国签订的协议或者共同参加的国际条约享有的著作权,受我国著作权法的保护。为确定著作权权利归属问题,应当明确,作品的原始权利归属适用作品起源国的法律调整。涉案作品的作品起源国即首次出版该作品的国家,即英国,故该作品的原始权利归属适用英国法律调整。

关于侵权损害赔偿数额的计算标准。被告使用《小猪佩奇》动画片和《小猪佩奇》美术作品,侵害了原告享有的复制权和信息网络传播权。但被告并不通过上述作品直接获益,而是利用上述作品的知名度和影响力,推广宣传其共享汽车服务,其使用性质为一种广告、代言意义上的使用。对于原告的实际损失,应当根据被告的上述使用方式从市场正常交易的角度予以考量。被告若要使用原告的作品须征得原告许可并支付许可费,在双方磋商过程中,均会考虑作品的知名度、盈利能力,以及被告的使用方式、期限、范围等因素,以确定许可费金额。实际上,原告的损失就是上述许可费的丧失。本案中,被告并未就许可及许可费问题与原告进行磋商,其侵权行为的损害赔偿数额不应低于正常的许可费,否则作品使用人将没有事先获得许可的动力,结果无法起到预防和警示侵权的作用。因此,本案可通过在原被告双方间虚拟交易而计算出正常的许可费,并在此基础上确定损害赔偿数额。

　　综上，一审法院判决，被告停止侵权并赔偿原告经济损失 50 万元。一审判决做出后，双方均未上诉，一审判决已经生效。

　　【典型意义】

　　作品的原始权利归属适用作品起源国的法律调整。未经著作权人许可，擅自利用他人作品的知名度和影响力，进行广告、代言意义上的使用，构成侵权。可通过虚拟交易方式确定著作权人的正常许可费，损害赔偿数额不应低于正常许可费，以发挥损害赔偿预防和警示侵权的作用。

（资料来源：知识产权家.
https://www.sohu.com/a/412442166_99895431)

第二节　跨境电子商务中的知识产权保护困境

本节思维导图

一、跨境电子商务知识产权制度不完善

(一)跨境电子商务知识产权立法未体系化

　　WTO 框架下的贸易知识产权协定（Agreement on Trade Related Aspects of Intellectual Property Rights，TRIPS 协定）在当今的国际知识产权规则体系中起着核心作用，而发达国家正在绕过 TRIPS，推进以跨太平洋伙伴协定（Trans-Pacific Partnership Agreement，TPP）为代表的区域贸易协定中的知识产权立法运动。目前我国的有关知识产权的立法主要是依据 TRIPS 进行制定的，但是与发达国家的立法相比，还是处于一个较低的水平。在跨境电子商务领域，目前我国欠缺专门立法，处理知识产权侵权纠纷的参考条文以《中华人民共和

国商标法》《中华人民共和国专利法》《中华人民共和国著作权法》等单行法为主,这就容易导致各部门之间权责交叉、冲突的情况。除司法部门之外,有权对跨境电子商务知识产权侵权纠纷进行处理的部门多达 12 个,其中各国务院部门出台了相关的规范性文件。商务部于 2008 年颁行了《电子商务模式规范》和《网络购物服务规范》,并对网络购物进行了定义,介绍了目前通行的 4 种交易模式及各种模式下纠纷时的处理方式;国家工商总局于 2010 年出台《网络商品交易及有关服务行为管理暂行办法》;海关总署在其颁布的《知识产权海关保护条例》中规定禁止具有知识产权侵权嫌疑的货物进出口,并在 2014 年颁布执行《关于跨境贸易电子商务进出境货物、物品有关监管事宜公告》,规定参与跨境电子商务交易的企业和个人均属海关监管对象,同时还要求交易主体须如实向海关报送交易信息,以便监督查询;而《中华人民共和国商标法》等知识产权单行法则规定当发生知识产权侵权纠纷时,权利人可向工商行政管理部门求助。但在实践中,一旦发生知识产权侵权纠纷,权利人难以通过以上单行法获得及时有效的保护。

(二)侵权惩治力度薄弱

《中华人民共和国专利法》第六十五条规定:侵犯专利权的赔偿数额按照权利人因被侵权所受到的实际损失确定;实际损失难以确定的,可以按照侵权人因侵权所获得的利益确定。权利人的损失或者侵权人获得的利益难以确定的,参照该专利许可使用费的倍数合理确定。赔偿数额还应当包括权利人为制止侵权行为所支付的合理开支。权利人的损失、侵权人获得的利益和专利许可使用费均难以确定的,人民法院可以根据专利权的类型、侵权行为的性质和情节等因素,确定给予 1 万元以上 100 万元以下的赔偿。《中华人民共和国著作权法》第四十九条规定:侵犯著作权或者与著作权有关的权利的,侵权人应当按照权利人的实际损失给予赔偿;实际损失难以计算的,可以按照侵权人的违法所得给予赔偿。赔偿数额还应当包括权利人为制止侵权行为所支付的合理开支。权利人的实际损失或者侵权人的违法所得不能确定的,由人民法院根据侵权行为的情节,判决给予 50 万元以下的赔偿。

由此可以看出,知识产权损害赔偿的确定基于补偿性赔偿原则,即填平原则。填平原则即填补受害人因侵权行为所遭受的损失,损失多少填补多少,赔偿不能超过损失的数额。知识产权案件胜诉后,法院会判决侵权方停止侵权(停止制造、销售等)、赔偿损失,部分案件可以主张赔礼道歉,现阶段约 90% 的知识产权案件的赔偿额度不高于 10 万元,有不少案件的赔偿额还不够原告支付的诉讼费和律师费。欧美国家的"惩罚赔偿"制度在中国还未能被有效采用。

在现有的规则下,对于侵权人而言,最坏的结果也不过是赔偿权利人的损失。更何况在现实生活中,支付损害赔偿后,侵权人往往还有一定的利润空间。在微小的代价和高额的利益面前,良心难以束缚住贪婪的脚步,造成恶意侵权、反复侵权行为的蔓延。每一项专利、每一个商标、每一本著作,都凝聚着权利人的辛勤汗水与创新智慧,他们自然希望通过拥有权、独享权来创造经济效益。然而,侵权人不仅通过肆意盗窃别人的成果来"分享"市场,而且往往凭借"山寨品"的价格优势,还能够"反客为主",抢占市场份额。且不提维权耗费大量精力,即便在最理想的情况下,权利人能够顺利获得赔偿,也不过是粗略弥补实际价值的损失而已,被抢占的市场价值、对品牌的负面影响都无法衡量,"赢了官司丢了市场"的尴尬局面也就在所难免。

二、跨境电子商务知识产权监管不力

(一)海关监管存在难度

近年来,中国对外贸易迅猛发展,尤其我国跨境电子商务发展迅猛,2020 年通过海关跨境电子商务管理平台验放进出口清单 24.5 亿票,同比增长 63.3%。首先,大幅增长的跨境电子商务业务给海关监管带来巨大挑战。如何在不影响通关速度、在查验率不变的情况下,提高对侵权货物的查获率,这是海关面临的首要课题。其次,随着海关对侵权行为打击力度的加大,侵权嫌疑人在屡遭打击之后,开始不断变换侵权手法以试图逃避海关的监管。这些侵权手法的使用,都给海关执法增加了难度。尤其是虚拟性跨境商品并未纳入海关监管范围,存在监管漏洞。再次,在中国,知识产权还属于新生事物,许多企业的经营者对知识产权问题知之甚少,企业创新能力低下,只能依靠定牌加工等赚取微薄的加工费,由于缺乏知识产权意识,在接受订单时,没有对委托人的知识产权状况进行必要的审查,造成无意识的侵权。而知识产权侵权确认本身就极具专业性、复杂性,这无疑会增加海关对出入境货物是否知识产权侵权确认的难度。再者,因与其他政府部门协调不足,可能导致海关监管失灵,如海关需要依赖知识产权部门获得及时有效的知识产权数据更新,且必要时需要其帮助确认通关物品是否侵权,一旦沟通不畅,海关就难以确认跨境流通的商品是否存在知识产权侵权。最后,权利人对海关执法的支持不够。一些知识产权权利人由于种种原因,对海关的执法不能给予必要的理解、支持与配合。

(二)平台监管责任不明确

《中华人民共和国电子商务法》第四十二条规定,知识产权权利人认为其知识产权受到侵害时,有权通知电子商务平台经营者采取删除、屏蔽、断开链接、终止交易和服务等必要措施,通知应当包括构成侵权的初步证据。电子商务平台经营者接到通知后,应当及时采取必要措施,并将该通知转送平台内经营者;未及时采取必要措施的,对损害的扩大部分,与平台内经营者承担连带责任。因通知错误造成平台内经营者损害的,依法承担民事责任。恶意发出错误通知,造成平台内经营者损失的,知识产权权利人加倍承担赔偿责任。第四十三条规定,平台内经营者接到转送的通知后,可以向电子商务平台经营者提交不存在侵权行为的声明。声明应当包括不存在侵权行为的初步证据。电子商务平台经营者接到声明后,应当将该声明转送发出通知的知识产权权利人,并告知其可以向有关主管部门投诉或者向人民法院起诉。电子商务平台经营者在转送声明到达知识产权权利人后 15 日内,未收到权利人已经投诉或者起诉通知的,应当及时终止所采取的措施。这就是"避风港"原则。

　　"避风港"原则是指在发生著作权侵权案件时,当网络服务提供商(Internet Service Provider,ISP)只提供空间服务,并不制作网页内容,如果 ISP 被告知侵权,则有删除的义务,否则就被视为侵权。如果侵权内容既不在 ISP 的服务器上存储,又没有被告知哪些内容应该删除,则 ISP 不承担侵权责任。后来"避风港"原则也被应用在搜索引擎、网络存储、在线图书馆等方面。"避风港"原则包括两个部分,即"通知＋移除"。在现有规则下,"避风港"原则变成了电子商务平台的"安全港",甚至演变成平台承担侵权赔偿责任的挡箭牌——"先侵权,等通知;不通知,不负责;你通知,我删除,我免责"。可想而知,在"避风港"原则的庇护下,平台对线上销售产品是否存在知识产权侵权很难尽心起到监管责任。

三、法律适用管辖确定困难

　　跨境电子商务知识产权侵权案件,在确定相关管辖权时,仍采用一般民商事管辖权规则,即由被告人住所地或侵权所在地管辖,而《中华人民共和国民事诉讼法解释》进一步将侵权所在地扩展解释为侵权行为地和侵权结果发生地,并特别指出,在信息网络侵权案件中,被侵权人所在地也属于侵权行为所在地,其所在地法院也有管辖权。而在《中华人民共和国民事诉讼法解释》关于涉外民事诉讼程序中则规定,当事人可以协商选择与案件纠纷有实际联系的外国法院管辖,例如被告住所地、合同签订地、原告住所地、侵权行为地等。而跨境电子商务由于其线上销售的特点,给侵权案件中的管辖权确定带来了极大挑战。

　　在跨境电子商务中,网络使信息传递的方式跨越了巨大的地理距离,实现了在国家之间的自由穿梭。网络的虚拟性特征使得其是可以移动的,对于传播知识产权产品及服务的个人来说,其本人的地理位置并不重要,信息与资料可以存储于任意服务器,同时其使用的设备终端也可以移动。这种新的信息方式带来了对于知识产权利用的方式变革,同时也对法律调整的规则带来了新的需求。设备终端的可移动性无疑对于以服务器的物理位置来决定管辖权的法律制度具有重大影响。这种全球化的特性使得在确定管辖权时,当事人可以依据属地原则在世界上任何一个国家提起诉讼,而各国对于网络行为的规定不一,会导致法院对法律适用的不确定性,从而对相同行为做出不同的法律判断,最终由于管辖的不同带来适用的准据法的差异,得到不同的法院裁判后果。所以说这种跨国界性,正是跨境电子商务知识产权侵权管辖权冲突产生的基础原因之一。如果将传统的司法管辖原则照搬到跨境电子商务这一背景下,显然会因为网络上住所地、财产地、行为地、国籍等各种处所的模糊性、不关联性等使得法院无所适从,无法确定管辖权。

四、跨境电子商务企业知识产权保护意识薄弱

目前,虽然我国跨境电子商务企业数量非常多,但大部分为中小企业,与少数大企业经济实力相差较为悬殊,因此大部分企业不重视知识产权,不愿意在知识产权上投入过多的人力与财力。2013 年 3 月 1 日,我国颁布实施的《企业知识产权管理规范》对企业知识产权保护的管理提供了指导,但是实际上我国大多数企业不注重知识产权保护,不能正确处理存在的知识产权风险而导致重大损失。与此同时,不少企业奉行"拿来主义",对市场上的"爆款"进行无差别的抄袭,出售仿冒产品,前期没有对相应的风险进行分析与规避,导致知识产权摩擦频频出现,最后损失惨重,也相应地影响了企业的声誉。

虽然目前我国的跨境企业还是以中小企业或者自然人居多,但随着"一带一路"倡议的提出及"互联网+"模式的深入发展,我国与美国、欧洲及东南亚国家和地区的贸易合作更加紧密,跨境电子商务行业空前发展。在知识产权保护意识相对较高、法律规范较为完备的美

国及欧洲国家和地区,针对知识产权侵权行为的打击力度较大,权利人一旦维权成功,不但可以减弱跨境卖家对市场份额的冲击,还可以获得较为可观的经济补偿。因此,在维护自身合法权益、维护市场份额及维权利益的促动下,境外权利人一旦发现知识产权侵权行为,就会纷纷拿起法律武器进行维权,这在一定程度上也加剧了跨境电子商务领域知识产权纠纷的产生。例如,2015 年初,由于涉嫌销售仿冒产品,中国 5000 余名商户使用的 PayPal 账户被美国法院下发的临时限制令冻结,涉及金额高达 5000 万美元,最终因应诉维权成本高、法律意识单薄等原因,不少商户的 PayPal 账户被清零,中国企业遭受了巨大的经济损失。

第三节　国外跨境电子商务知识产权保护制度

本节思维导图

一、美　国

美国知识产权法律制度的内容、体系均相对完善。例如,美国国会制定的《联邦法》中第 15 篇即商标法、第 35 篇即专利法。此外,美国还制定了《反不正当竞争法》《兰汉姆法》《美国发明人保护法》《互联网法》等多部法律。随着美国互联网运用的普及和电子商务行业的发展,美国在 1996 年前后颁布了《美国联邦商标反淡化法》和《联邦商业间谍法》。正如其名,前者主要内容是保护美国本土的著名商标,防止其被混淆、诋毁,尤其是防止互联网下的域名等商标被淡化;而后者则将商业秘密纳入保护范围,并规定盗窃商业秘密将被处以刑事责任。除此之外,美国也极为重视保护本国知识产权权利人、企业和国家的利益,严厉禁止存在知识产权侵权嫌疑或有不正当竞争行为可能的贸易货物进入美国,为此美国特意将其写入《关税法》第 337 条。

美国对跨境电子商务知识产权侵权下的权利人提供了多途径救

济方式。一方面,得益于完善的法律体系,受侵权人可以依法寻求司法救济;另一方面,1925年美国就制定了《仲裁法》,并于次年成立仲裁协会,自此,受侵权人可依法以仲裁方式寻求救济。因此,在美国,知识产权救济具有3种方式。一是联邦和州层级的知识产权司法救济,其中的知识产权侵权案件如涉及商标、专利、著作权等由初级法院即美国联邦地区法院管辖。二是政府部门的行政救济。美国相关政府部门也有权处理知识产权侵权纠纷,如隶属美国商务部的美国商标专利局,主要负责接收商标、专利的申请,并予以审核、授权,管理专利、商标等相关文献资料,同时对有关知识产权纠纷如专利的新颖性、商标的专用性等也有审查管理的权限。三是仲裁救济,美国早期就已经有《仲裁法》和仲裁协会,相对于司法救济的时间成本和经济成本,仲裁协商对处理知识产权侵权纠纷无疑是有效而经济的。

执法方面,美国海关利用电子追踪技术进行严格执法,对假冒商标商品、盗版商品等多种具有侵犯美国国内知识产权的商品进行高危识别并予以扣押销毁。同时,为严格监督执法,美国海关还建立了公共网络数据库,实时公布跨境进出口货物、企业等相关信息,分享数据的同时便于公众监督。此外,美国政府与行业协会、信用中介机构等社会组织共同建立了一个具有盈利能力的信用体系,辅助相关法律法规、社会信用调查机制、风险防范机制和信用激励机制等,共同对潜在的知识产权侵权人进行打击和惩处。

二、德　国

德国知识产权制度建立的时间晚于英美等国,但在"二战"以后,德国将重心转移至工业建设领域。随着技术的不断进步和仿造产品成本的不断降低,知识产权侵权行为越来越猖獗,尤其是在跨境电子商务领域。因此,德国在沿用之前的知识产权制度的同时,也在不断加强立法,同时配以完善的司法制度、严格的执法手段和其他途径,以期能防范和打击跨境电子商务中的知识产权侵权行为。

在司法方面,早期德国法院并无专门的知识产权法院,只按其职能划分为普通法院、行政法院、社会法院等,其中知识产权相关诉讼归于民事案件,主要由普通法院管辖。但后期德国设立了专门的知识产权法院,主要管辖对德国政府知识产权(专利、商标)管理部门审理结果中申请专利无效、有异议的案件,但专利侵权案件仍由普通法院管辖。为保持专业性,知识产权法院主要由技术委员和法务委员组成。

在执法方面,德国极为严格。一方面,相关法律规定知识产权侵权人需要承担高额的侵权赔偿金;另一方面,德国海关严格监督执法,有权对涉及假冒商标、侵犯专利的侵权产品予以没收销毁。德国海关体系分为 3 个层级,其中最高层级的领导机构是联邦财政部,中级层级由 8 个高级财政管理委员会组成,而各个地区的海关总局为最低层级的机构。德国海关主要对需要在其处过境的进出口产品予以审查,监督管理其中涉嫌知识产权侵权风险的产品,并依法处理,如将产品销毁、扣押等,防止有假冒侵权产品流入国内市场,扰乱国内市场经济秩序。德国海关启动执行的依据有依欧盟法律法规查扣、依国内法律查扣、依申请人申请审查等。如果跨境电子商务经营者得到欧盟海关的认可,可在德国海关采用相关简化通关手续和便捷通道。

除此之外,在国际上,德国积极推动知识产权国际条约统一化,在国内,德国政府牵头积极建立社会信用体系、全国数据网络系统等,用以全面收集信息并保存。与此同时,德国企业也开启"自助计划",开始重视保护自身知识产权权益。

目前,德国企业为保护自身权益,将知识产权方面的事情交由企业法律部或企业研发部负责。而且相当部分德国跨国企业逐渐倾向于将知识产权管理集中化,以便落实国际上的知识产权布局及战略计划,如避免不必要的重复研发或注册等,减少开发与保持知识产权的成本。此外,德国企业也注重法律的作用,如有些德国中小企业并不设立法律部门,但也会雇用律师事务所,由事务所提供知识产权方面的法律咨询,以免受到知识产权侵权损失或因侵权而被处以巨额赔偿。

三、日　本

受美国电子商务热潮的影响,1995 年,日本本土电子商务开始萌芽,并在 21 世纪初期飞速发展壮大,而随着电子商务业务的发展,日本大型企业开始瞄准海外市场,跨境电子商务应运而生。截至 2014年,日本电子商务市场规模达 12.8 兆日元,跨境出口交易额为 10 932亿日元,约为中国的 3 倍、美国的 1.5 倍。日本电子商务的迅猛发展,一方面得益于日本多年持续的本土基础设施建设,降低了电信资费,提高了电信基础服务水平,为国民开展电子商务贸易活动提供了便利;另一方面则得益于日本政府政策支持和法律保障,为电子商务贸易扫清了障碍。

在政策方面,日本政府制定政策积极鼓励和扶持日本企业开展电子商务活动,发挥企业积极性。同时也鼓励社会各界组织或成员共同参与建设发展电子商务行业。此外,日本政府为保障电子商务行业的发展,于 2001 年提出 5 年战略计划并成立了专门的管理指挥部,在其后数年里坚持每 5 年推出一份“X-Japan”战略,总体规划布局全国电子商务发展走向,协调平衡电子商务行业发展过程中的矛盾与冲突,营造公平活跃的电子商务市场环境。

在法律方面,目前日本虽未制定专门的电子商务法规,但是已经形成了电子商务纲领性法规和其他相关法规、相配套的法律体系,其中纲领性法规为《高度信息通信网络社会形成基本法》,是日本参照《全球电子商务框架》《欧盟电子商务倡议》而制定的,明确规定国家必须发展电子商务行业。此外,日本还修改完善了诸多现有法律以适应电子商务发展,如为禁止电子商务经营者虚假经营、强制推销等而修改《特别指定商业交易法》。同时,日本也制定了一系列细节性法规如《电子签名与认证服务法》《不良网站对策法》等,以保障公平交易、消费者权益。为全面维护电子商务行业中各方利益,2001 年日本颁布了一项细则性文件。该文件不仅规定了电子商务平台的“避风港”适用规则,也规定若电子商务经营者被举报或被发现确实存在知识产权侵权行为,电子商务平台或电子商务服务者有权采取阻止措施,若该电子商务经营者未在限定期限内做出反对回应的,则电子商务平台或电子商务服务者不必为采取该阻止措施而产生的损失承担赔偿责任。

第四节　跨境电子商务知识产权保护建议

本节思维导图

一、完善跨境电子商务知识产权法律制度

(一)填补法律空缺

填补知识产权方面的立法空缺,首先需确立效率优先、兼顾公平的理念,并在此理念指引下,完善相关法律制度,如需要按照传播对象、经营模式、赢利因素等区分大型和中小型跨境电子商务并明确其相应的职责,规定是否适用网络服务商的"避风港"原则和各种注意义务;解决跨境电子商务中知识产权许可超越地理范围问题;针对当前技术贸易、版权作品跨境电子化传输、跨境软件服务等无形商品的跨境流动,加强相应的法律支持和保护;构建跨境电子商务知识产权治理中监督与救济机制等。在推进我国立法工作的同时,也不能忘记国内法与国际法的衔接问题,避免国内外法律体系在运行过程中出现排异情况,这将有效降低问题的解决成本,提高保护工作的效率。

(二)加强部门协作

为解决上文提到的各部门职责不明、管理混乱的现象,应当划分清楚各政府部门的管理权责,出台跨境电子商务知识产权保护执法程序,明确执法监管主体,加强部门之间的协调,规范侵权责任判定和纠纷解决流程,降低执法难度和执法风险。可设立在现有的众多部门中指定一个部门为中心,其他部门辅助执行的制度。中心部门专门负责居中协调处理跨境电子商务发展中的知识产权问题,从而加强各部门之间的合作,共享各部门之间的信息,形成多方协作机制,防止管理混乱的情形出现。

(三)加大奖惩力度

在事后加大奖惩力度上,加强企业知识产权诚信机制建设,对跨境电子商务中知识产权诚信企业给予通关便利及其他奖励;针对跨境电子商务中屡犯的知识产权侵权人等,可借鉴发达国家经验,设置高额惩罚性赔偿金、行为禁止令和严厉的刑事处罚规则等,对其违法行为进行从重惩戒,实施行政处罚案件信息公开制度,并在一定时限内冻结授予通关的便利。

二、加强跨境电子商务知识产权监管力度

(一)政府监管

应充分发挥政府的监管调控作用。跨境电子商务的发展初期,政府给予了很大的政策支持,相应的准入门槛也较低,因此跨境电子商务企业数量增长很快,质量却高低不同。政府应当提高跨境电子商务准入门槛,防止一些可能出现的知识产权侵权问题。另外,要求跨境电子商务平台加大审核力度,防止侵权行为扩散而产生不利影响。此外,还可建立事前严格审查预防、事中快速全面监控、事后规范有效处理等全程风险控制制度,加强对跨境电子商务行业知识产权的审查监督。

(二)海关监管

应借鉴国外海关监督管理经验,优化现有海关监管制度。一方面,可建立网络数据预警机制,由海关、知识产权部门、商务部等政府部门与跨境电子商务平台合作开发数据库,其内容应包括与知识产权相关的境内外法律法规、境内外权利公示、境内外案件、相关专家机构

信息等,以此数据库为蓝本,建立相应数据网络预警制度,允许跨境电子商务平台、海关、知识产权部门等与跨境电子商务多方共享并上传数据,并以此精确锁定知识产权侵权产品,据此设置通关黑白名单,为跨境电子商务企业通关提高效率。黑白名单应根据时长定期予以检查轮换,以免跨境电子商务企业为获得白名单故意暂时性表现良好。另一方面,可提高检测技术水平,借助高科技扫描系统,精确锁定存在侵权嫌疑的商品,减轻海关监管压力,弥补其人手不足的问题。

此外,应将虚拟性商品纳入监管范围,填补监管漏洞,避免其知识产权侵权行为泛滥。在程序方面,可适当简化当前知识产权权利人在海关的救济程序,在产品通关时,发现虚拟性商品存在侵权行为的,允许权利人立即申报且不用提供担保,若事后发现存在欺诈、故意扰乱通关秩序的,可以要求权利人予以赔偿甚至对其处以惩罚,如将其行为信息公开、信用降级等。

(三)平台监管

跨境电子商务中,应该加强第三方商品与服务交易平台对商户的身份审查,特别是对市场接纳度高,市场畅销的知名、驰名商品的事前审查。跨境电子商务平台应该要求商户提供有效的证明文件,对主体的合法性与商品内容的合法性进行审查。同时,平台应该负责对商户提交的证明文件的真实性进行核查、确认,加强备案登记,以备将来可追溯。对那些有夸大宣传、与事实有出入、变更伪造的商户,平台应当禁止其进入交易平台。对于那些附着在很高知名度的商品之上、在平台网站主页或者显著位置上出现的商品或者很轻易就可判断出侵权情形的,平台不应只是被动等到有权利人主张权利的时候才处理,而应该主动出击,采用诸如充当神秘买家等多种方式进行主动督察。应主张第三方商品与服务交易平台如果未尽到事前对商品信息审慎且恰当审查的义务,就应该与平台上销售侵权的商户一起共同对权利人承担连带责任。

第三方商品与服务交易平台应该设立知识产权侵权专职调查部

门,配备专业人员来处理权利人的诉求。平台在接到权利人的诉求后,应该成立专项工作小组,在最短的时间内以最快的方式对相关诉求进行甄别和回复,做到及时高效的处理。这样可以有效控制侵权的负面影响,有时甚至可以将侵权消灭在萌芽状态,以减少损失。

三、明确跨境电子商务知识产权侵权案件管辖权适用

协议管辖是当事人双方的自主选择,其可以最大限度消除管辖权规定的不明确或者冲突问题,为诉讼双方都带来便捷,这体现了民事诉讼中当事人之间由管辖权确定的"意思自治原则"。对于跨境电子商务知识产权侵权管辖问题来说,这种通过意思自治原则确定的管辖适用可以避开不同国家之间法律制度的冲突,更容易为不同法律文化的国家所接受。如果一个法院想要对案件行使管辖权,无论其处于何地,只要该地区联通了互联网,即可以认为其找到了跨境电子商务知识产权侵权管辖权的联结点。认可当事人之间的自由意志,就可以避免法院有意识地扩大行使自由裁量权而给当事人造成不利的后果。将确定管辖权这一公共权力让渡给公民,不但不会削弱国家主权,反而从迎合网络时代需求这一方面来说,更能维护公民知识产权利益,通过促进纠纷顺利解决,从而实现保护司法主权的最终目的。

如果当事人双方未就管辖权达成一致协议,一般来说,涉及侵权的管辖权确定,除了被告所在地之外,和纠纷息息相关的还有侵权行为地,这通常也成为受诉法院考虑是否行使管辖权的首要问题。而对于侵权行为地的考量,实践中主要是考虑实际实施行为与侵权结果发生2个方面。跨境电子商务知识产权侵权在这2个方面都可能出现扩大化,没有唯一的指向。在明确跨境电子商务知识产权侵权案件管辖权这一问题上,应在我国法律规定的属地管辖原则的基础上,在司法实践操作中适度扩大"属地管辖原则"的适用依据。

四、提高企业知识产权保护意识

跨境电子商务企业,尤其是中小型跨境电子商务企业应当加强自

身知识产权意识,加强自身监督管理。可通过开展相关专题教育活动提升自身法律素养,避免侵犯他人知识产权。在交易中应注意不侵犯他人商标权、不售卖假货等。企业应设立知识产权管理与风险部门,负责产品相关信息的尽职调查,以避免不必要的侵权风险。除避免侵权外,跨境电子商务企业也要注意提高知识产权保护意识,保护自身权利。应加强知识产权战略意识构想,加强知识产权资金投入与研发,设立知识产权池,建立防御壁垒,如多地域申请注册与自身产品相同或相似的专利、商标及相关的域名,保护商标权,如进行联合防御性的商标等。此外,我国跨境电子商务企业在准备进入海外市场时,要提前做好知识产权查询和风险预警工作,根据获取的信息采取相应手段,减少产品侵权风险。如遭遇知识产权侵权,面临跨境知识产权诉讼时,应积极应对,努力进行反诉或者寻求协商调解的可能性。同时应该借助政府、协会等的力量,积极应对,合理合法地维护自身权益。

从政府层面来讲,政府应鼓励并协助提高我国企业的知识产权保护能力。例如,定期与商业协会、大型跨境企业等合作开展与知识产权相关的培训讲座;鼓励企业积极自助研发知识产权、设立知识产权布局、提高知识产权管理与保护水平;积极打造信息平台,录入境外各国尤其是与我国贸易频繁的国家的最新知识产权制度,为跨境电子商务企业提供充足可信的信息来源;等等。

五、加强跨境电子商务知识产权保护的国际合作

知识产权的保护存在地域性是进行跨境电子商务知识产权保护工作需要面对的突出问题。国际上虽设立了知识产权条约(《与贸易有关的知识产权协议》),但是为尊重各国自主权,其内容大多为最低限度的选择性条款,非强制性条款,各国具体落实情况差异性极大。因此需加强知识产权保护的国际合作。

一方面,国际组织应秉承公平与合作原则,设立更加完善细致的国际条约,并鼓励各国尤其是发达国家参与签订条约,促进国际跨境电子商务市场的规范和统一,并完善跨境电子商务知识产权纠纷管辖

制度。目前,部分国际组织积极展开行动,如联合国国际贸易法委员会、经济合作与发展组织、世界贸易组织等,对推动与知识产权保护相关法规的全球化做出了重要的贡献。同时,利用网络的便捷性,一些通用的技术标准也向全世界传播并且得到认可,成为通行的行业惯例或者法律法规。各个国家在国际层面上达成一致,是成功制定跨境电子商务知识产权保护国际规则的良好开端。WTO、世界知识产权组织等一些国际组织已经针对网络上进行的商务交易活动制定了相关技术规范等,可以尝试将这些已经在国际上通行的国际贸易条约、惯例向知识产权保护领域引入,并结合跨境电子商务交易的特点、实践操作需要进行改进,使之适用于跨境电子商务的知识产权保护领域。

另一方面,各个国家应当积极主动学习其他国家的知识产权保护做法和经验,在制定自己国家跨境电子商务知识产权保护相关法律时,要与国际通行法则保持一致。跨境电子商务的参与者遍布全球,目前发达国家和发展中国家的知识产权保护程度存在严重不平衡。各个国家在参与国际合作时,要结合自身情况、法律制度等,维护好国家利益,与此同时,也要维护国际利益,尊重其他国家知识产权保护相关法规制度,从而达成共赢。

本章小结

知识产权侵权的类型:商标侵权、专利侵权、著作权侵权。其中,专利权类型包括发明、实用新型和外观设计3种。著作权内容包括著作人身权和著作财产权。

跨境电子商务知识产权保护面临的困境主要包括:跨境电子商务知识产权制度不完善、监管不力、法律适用管辖确定困难、企业知识产权保护意识薄弱等。完善跨境电子商务知识产权保护的途径主要包括:完善跨境电子商务知识产权法律制度、加强跨境电子商务知识产权监管力度、明确跨境电子商务知识产权侵权案件管辖权适用、提高企业知识产权保护意识和加强跨境电子商务知识产权保护的国际合作等。

思考题

1. 下列各项中,不可以成为我国注册商标构成要素的有 （　　）

    A. 图形　　　　　B. 气味　　　　C. 声音　　　　D. 数字

2. 下列行为中不属于商标侵权的是 （　　）

    A. 未经商标注册人许可,在同一种商品上使用注册商标中含有的

      通用名称和图形

    B. 销售有注册商标专用权的商品

    C. 销售伪造、擅自制造的注册商标标识

    D. 未经商标注册人同意,更换其注册商标并将该更换商标的商品投

      入市场

3. 我国专利法保护的客体有 （　　）

    A. 发明　　　　　　　　　　B. 实用新型

    C. 外观设计　　　　　　　　D. 集成电路布图设计

4. 下列选项中能获得发明专利的是 （　　）

    A. 一种新发现的化学元素　　B. 新型电脑

    C. 一幢造型别致的建筑物　　D. 一种扑克牌的新玩法

5. 专利权人的权利有 （　　）

    A. 专利实施权　　　　　　　B. 实施许可权

    C. 出口权　　　　　　　　　D. 专利处分权

6. 下列不构成专利侵权的行为是 （　　）

    A. 专利产品由专利权人或者经其许可的单位、个人售出后,使用、

      许诺销售、销售、进口该产品的

    B. 假冒他人专利的行为

    C. 进口发明、实用新型、外观设计专利产品的行为

    D. 为生产经营目的制造、使用发明和实用新型专利权人的专利产品

      的行为

7. 下列属于著作权中人身权的是 （　　）

    A. 保护作品完整权　　　　　B. 使用权

C.许可使用权　　　　　　　D.转让权

8.下列权利中,属于著作财产权的是　　　　　　　　　　　(　　)

　　A.署名权　　　　　　　　　B.修改权

　　C.发表权　　　　　　　　　D.发行权

9.下列不属于著作权法调整范围的是　　　　　　　　　　　(　　)

　　A.小说《花环》　　　　　　　B.戏曲《牡丹亭》

　　C.CCTV 时事报道　　　　　　D.中国测绘局的"北京市地图"

10.下列侵犯著作权的行为中,不构成侵犯著作权罪的是　　　(　　)

　　A.甲抄袭乙发表在杂志上的作品,并将该作品在一家报纸上以自
　　　己的名义发表

　　B.甲出版乙享有出版权的图书

　　C.舞蹈家甲去 A 地演出,A 地电视台不经甲的许可,现场直播了
　　　该演出

　　D.中学生甲在家临摹齐白石的画

第九章
跨境电子商务的风险防范与争议解决

学习目标

1. 了解跨境电子商务常见的风险。

2. 理解跨境电子商务风险防范的意义。

3. 掌握跨境电子商务风险防范的措施。

4. 掌握进口跨境电子商务、出口跨境电子商务的相关制度,以及进口跨境电子商务、出口跨境电子商务中常见的法律风险。

5. 理解传统方式解决跨境电子商务争议的弊端。

6. 掌握跨境电子商务争议解决的途径。

7. 理解并掌握和完善我国跨境电子商务在线争议解决机制的建议。

第一节　跨境电子商务的风险防范

本节思维导图

随着国内消费者消费观念的升级,跨境电子商务迎来了蓬勃发展的时期,"足不出户,买遍全球"已经成为中国消费者的生活方式。但跨境电子商务在实际的运营过程中,不可避免地面临着一系列风险,而且很多国外品牌和公司通过跨境电子商务平台进入中国时,对相关的法律制度也存在一些误区,因此很有必要对跨境电子商务的常见法律风险问题及其防范进行探讨。

一、跨境电子商务常见的风险

(一)交易风险和汇率风险

跨境电子商务交易过程中,需要进行电子支付,在一定程度上就会面临电子诈骗的风险。境外电子商务中的交易风险主要来自国际性的非法交易活动,参与境外电子商务的企业,并没有按照合法的方式进行交易,造成企业与用户之间经济利益的损害。由于我国第三方支付平台比较多,从而给个别企业提供了诈骗和违法违规的机会,使得银行和第三方支付平台在跨境消费上存在较大的安全漏洞,导致境外电子商务交易存在一定的交易风险。

此外,和外国客户达成交易后,支付的钱款短期内不会到账,其间可能会受到汇率波动的影响,使到账的钱存在贬值的可能。

(二)运输风险

跨境电子商务首先需要国内商家发货,其间经过的物流实体较多,这个过程本身就存在风险。进入海关通关时,因为商品的自由流动受到了国界的限制,同样面临一定的风险。除此之外,还有外部环境,如遇上洪水、台风、地震,或者交通事故等情况都会影响运输。

1.配送成本高,周期长。物流不仅仅是运输,而是包含了仓储、货代等业务的现代化综合产业。跨境电子商务跨越了国境,跨境物流一时仍然难以解决国际运输运送周期长、成本高的问题。报关、商检等环节的阻碍又大大拖延了国际物流的进程,使得跨境运送的效率相比起境内物流大打折扣。同时,中小企业的海外订单零散,碎片化趋势愈加明显,而目前跨境物流高昂的成本和滞后的速度阻碍了中小企业产品在价格及便捷性方面的优势发挥,使得跨境电子商务快速发展的步伐受到羁绊。

2.货损率高。目前跨境电子商务的物流主要以邮政小包的形式实现,但是,由于运输距离长,从物流员工揽件到最后将物品送交到用户的手上需要经历多次的转运,包裹出现破损难以避免,甚至会出现丢件的现象。中小企业规模较小,其风险承受能力也相对较差。货损的发生对于中小企业来说不仅会扩大其运营成本和运营风险,也会使得中小企业经营的稳定性无法得到保障,对企业的持续发展构成了威胁。另外,货损问题的出现不但可能导致中小企业及物流公司在损失赔偿上付出高昂的代价,也会降低客户对服务的评价,使得客户黏性大大降低。

(三)隐私风险

在电子商务交易过程中,大多数的网络经营者一般会要求消费者登记个人信息资料,但是如果企业并没有对用户的信息进行保密,一定程度上会引起消费者的不满情绪。同时在跨境电子商务过程中,个别企业会将消费者的信息进行整理并建立消费者信息数据库,再通过有价的形式向第三方出售,这就违背了电子商务活动的相关法律制度。

(四)行政法律风险

行政法律风险主要包括跨境电子商务行政法律风险及跨境电子商务企业及其代理人、跨境电子商务平台企业的行政法律风险。

跨境电子商务行政法律风险主要体现在:

(1)因为实际商品状况不符合申报情况,而受到海关行政处罚;

(2)因为不符合海关监管要求,而受到海关处罚;

(3)因出现侵权盗版,而受到海关、工商等执法机关行政处罚;

(4)因提供的不实或虚假电子数据、信息,而受到海关行政处罚;

(5)因主体身份不实,而受到海关行政处罚。

跨境电子商务企业及其代理人、跨境电子商务平台企业的主要行政法律风险是:

(1)不按海关规定要求进行申报;

(2)对于商品质量把关不严,造成客户投诉,或者安全、责任事故;

（3）有虚假交易、二次销售等非政策交易行为；

（4）"三单"不一致，企图逃避海关监管，偷逃税款，或进出口国家禁止性、限制性管理商品的；

（5）对于交易商品的知识产权状况审查不严或放纵侵权盗版行为的。

（五）知识产权风险

随着电子商务的发展，通过互联网销售书本和报刊已经被众多企业所使用。但这在一定程度上，就存在着著作权法律风险。在随着跨境电子商务出现的电子文档和课件浏览的销售方式下，企业从根本上无法阻止购买者对报刊和书本等的随意传播，同时也无法阻止其他用户的复制和拷贝，这极易对著作权造成一定的侵犯，从而引发著作权相关法律问题。

（六）税收流失风险

由于跨境电子商务中的邮递物品存在个体小、总量大和种类比较分散的现象，企业为了逃避税收问题，开始采用多次邮递和"蚂蚁搬家"的方式。而小型电子商务企业通过混淆自用物品和代购物品的方式来逃避税收。我国海关在税收监管上存在较大的问题，很多税款无法征收，给国家造成较大的经济损失。

不论做什么行业，都要有一定的风险防范意识、风险规划能力，这样才能把风险扼杀在摇篮之中，避免出现更大的损失。

二、跨境电子商务风险防范的意义

目前，跨境电子商务发展迅速，人们的生活更加便利，同时也促进了经济的发展，但跨境电子商务企业在国际市场上面临的环境越发复杂，不确定性和风险隐患越来越多。只有树立科学的风险防范意识，建立有效的风险管理机制，实施有效的风险管理措施，才能在变幻莫测的国际市场中做出科学正确的决策，从而更快地推动跨境电子商务行业的可持续发展。

(一)国家层面:有利于促进整个国民经济的健康发展

跨境电子商务是互联网时代发展最为迅速的对外贸易方式,它能够突破时空限制,减少中间环节,解决供需双方信息不对称问题,为更多国家、企业、群体提供发展新机遇,这也体现了对外贸易的创新性发展。但正是由于跨境电子商务的这些特点,也增加了交易双方的风险。

国家通过实施有效的风险管理,降低跨境电子商务企业的各种风险,提高跨境电子商务企业应对风险的能力和市场竞争能力,再以跨境电子商务企业的健康发展促进整个国民经济的良性发展。

(二)企业层面:有利于企业实现自身的经营目标和经济效益

企业经营活动的目标是追求利润最大化,实现经济效益和社会效益的有机结合。在实现这一目标的过程中,企业会受到各种各样不确定性因素的影响,从而影响其整个经营目标的实现。因此,对于跨境电子商务企业来说,进行风险防范是非常必要的,这样可以化解很多不利因素的影响,保证企业经营目标的实现,同时在跨境电子商务活动中能够提升企业自身的竞争力和信誉度,有助于提高企业的风险应对能力。

(三)市场层面:法律风险扩大的迫切需要

随着新冠肺炎疫情在全球蔓延,传统线下渠道受阻,线上采购需求却不断增长,跨境电子商务的优势得以发挥。然而,跨境电子商务产业迅速发展的同时,蕴含的产品质量风险、知识产权风险等法律风险也日益凸显。

与传统出口代工业务相比,跨境电子商务企业把企业的价值链从传统制造环节,延伸到市场和研发前后两端,这必然导致企业整体法律风险扩大,特别表现在以下3个方面:

1.政府监管合规风险。在传统出口业务中,当地市场的各类政府合规调查的对象往往是境外当地经销商或零售商,若出现问题,再由境外经销商或零售商通过合同违约索赔机制传导给中国制造商;但在跨境电子商务业务中,由于中国企业已部分或全部取代境外经销商或零售商的角色,相关监管风险也就自然而然直接延伸到中国企业身上(比如,产品合规风险、广告宣传合规风险和反垄断与反不正当竞争合规风险等等)。

2.消费者索赔风险。传统出口业务往往是贴客户品牌生产(产品和包装上没有中国制造商名称,用户也不知晓产品由谁代工),相关产品售后通常也不是中国企业负责,因此用户直接的索赔对象是境外经销商或零售商,而不是中国企业;但在跨境电子商务业务中,企业会直接面对来自前端用户的索赔,如处理不当则可能导致事件升级,从而引发更大的风险。

3.知识产权侵权风险。传统出口业务的研发环节很可能是由境外买家完全负责,品牌也可能是境外买家授权使用的品牌,因此面向第三方的知识产权侵权风险可能由买家承担或分担;但是,跨境电子商务企业由于主导了研发和品牌,也就更直接地面对相关的知识产权侵权风险。

三、跨境电子商务风险防范的措施

如上文所述,跨境电子商务由于其自身的特点,存在各种各样的风险,如交易风险、运输风险、汇率风险、法律政策风险等。因此,跨境电子商务企业需要有一定的风险防范意识、风险规划能力,这样才能把风险扼杀在摇篮之中,避免出现更大的损失。

(一)加强执法机关的监管力度

目前我国的监管部门执法缺位现象严重,各部门相互推诿,这种情况在跨境电子商务的监管上表现得更为严重,因此,要加大执法机关对跨境电子商务的监管力度,成立专门的行政机关或指定专门的行政机关如工商行政机关统一部署工作,形成联动协调、资源共享机制。

在跨境电子商务中,隐瞒实际购买人信息,伪报品名,伪报价格,伪报原产地,提供虚假订单、运单、支付单据与资料等,偷逃应缴税款或逃避国家对禁止和限制管理规定的,均可能构成走私行为。其中,达到法律规定的起刑点的,会被追究走私罪刑事责任。

如何防范跨境电子商务活动中的违法走私责任风险?综合跨境电子商务各方参与人(企业),做好跨境电子商务活动中的违法走私责任风险防范,应当做足事前、事中、事后3个方面的工作。

事前:充分认识到遵守法律规则的重要性,了解、掌握国家对于跨境电子商务的监管要求与规范,树立合法合规经营的观念。由于跨境电子商务在我国发展时间不长,国家政策及法规规范还在探索、纠偏、完善之中,因此,要及时掌握,从一开始就把规范做好,充分预估与防范可能出现的问题与风险。

事中:确保向海关提供真实的物流、资金流、信息流方面的资料与信息;认真履行国家对于各方参与人(企业)的责任制度;对提交的各种信息的真实性与合法性进行审查,落实责任;认真审查与核实购买人身份信息,确保身份信息的真实性,并与其他申报内容相一致;向海关如实申报跨境进出口商品的实际情况,防止申报与实际货物不一致;认真审查商务平台的入驻企业与商品的真实性,防止不合格的产品及侵权盗版产品。事中努力是控制风险、防患于未然的关键,必须牢牢地控制好,把握好。

事后:善于自查纠偏,对于自查时发现事中出现的问题,就要主动予以纠正,并进行责任评估。如果是一般性的操作问题,没有造成任何后果与危害的,自行改正。如果涉及违法、侵权甚至走私,要立即进行法律咨询,对于违法行为、违法后果、法律责任等进行分析评估,在完成评估的基础上做出相应的善后处理。通常这类通过自查发现的违法事项,用主动披露违法行为的路径来操作会出现意想不到的效果,而各执法机关对于主动披露的行为,都会很大程度上给予从宽处理。比如海关就有针对主动披露的规定,承诺从宽处理的力度相当大。然而,如果发现了问题不去设法解决甚至捂着、藏着,或者忽视事后自查、咨询与评估,一旦被执法机关发现、查处,则可能有严重的后果,甚至是灾难性的后果。

(二)构建跨境支付合作监管机制和信息共享机制

跨境电子商务发展过程中存在的支付问题需要国内外银行及相关的支付机构在境外依据具体规定开展支付业务,以满足境内外企业及个人跨境电子支付需求,只有这样,才可以促使跨境电子商务支付问题得到有效解决。在此基础上,国家应填补第三方支付平台监管方面存在的空白,推进国内国际跨境支付的互相监管和合作,从而推动合作监管机制及信息共享机制的建立,为国内外的消费者提供有力保障。

根据相关规定,凡是在海关注册登记的跨境电子商务企业及其境内代理人、跨境电子商务平台企业、支付企业、物流企业等应当接受海关稽查与核查。对于在跨境电子商务业务中不规范运作但是不违法的企业,首次发现的,海关进行约谈或暂停业务进行整改,再次发现的,一定时期内不允许其从事跨境电子商务零售进口业务,并交由其他行业主管部门按规定实施查处。

海关对违反规定,参与制造或传输虚假交易、支付、物流"三单"信息、为二次销售提供便利、未尽责审核消费者(订购人)身份信息真实性等,导致出现个人身份信息或年度购买额度被盗用、进行二次销售及其他违反海关监管规定情况的企业依法进行处罚。对涉嫌走私或违规的,由海关依法处理;构成犯罪的,依法追究刑事责任。

(三)构建中国跨境电子商务法律制度,细化防范对象

提高立法层次,加强电子支付服务交易立法,特别是风险分担规则的制定。在跨境电子商务中,利用他人身份信息从事非法跨境业务的,海关按走私违规处理,并按违法利用公民信息的有关法律规定移交相关部门处理。具体讲:第一,明确电子支付服务中参与主体间的

权利义务关系。第二,加强对数字技术、电子技术与监管法律标准的研究,建立具有信息化时代特征的监管法律技术,完善跨境电子支付服务风险监管法律规范的内容。这主要包括制定谨慎监管规则、反信息盗窃机制、应急处置机制及反洗钱犯罪应对机制等。第三,加强第三方电子支付服务平台的监管,包括第三方支付平台主体的市场准入监管、日常运营全程监管、危机处置监管与市场退出监管等一系列内容的系统化和法律化,完善第三方支付平台的风险监管机制。

(四)加强市场监督,构建跨境电子商务交易风险预警机制

由于我国当前缺乏对跨境电子商务经营行为约束的法律条文,使得跨境电子商务企业在发展过程中存在一系列违法欺诈行为,严重损害消费者的经济财产安全,并且在一定程度上对我国跨境电子商务的发展造成负面影响。因此,国家在今后的发展过程中,应加强诚信体系的建设,同时完善相应的信用评价机制,以保证各个监督部门可以实现信息的及时互换,并且在执法过程中相互协助、认真监督,使得我国当前的跨境电子商务企业的各种经营行为可以得到有力监管。与此同时,国家应积极构建和完善跨境电子商务交易风险的预警机制,从而为外国消费者的财产安全提供有力保障,并在此基础上加大执法监督力度,严厉打击跨境电子商务企业经营活动中存在的违法侵权行为,通过采取有效措施及时弥补跨境电子商务发展过程中存在的不足,进而为推动我国跨境电子商务的发展,创造良好的外在发展环境。例如,国家规定,消费者(订购人)不得再次销售已购买的跨境电子商务零售进口商品,如果发生这样的行为,消费者可能受到非法经营或偷逃税款的法律责任追究。

跨境电子商务平台企业、跨境电子商务企业或其代理人、物流企业、支付企业、跨境电子商务监管作业场所经营人、仓储企业若发现企业内有涉嫌违规或走私的情况,应当及时主动告知海关,海关将视情况进行调查处理。海关对于主动披露违法行为的企业,政策上明显从宽从轻处理。

第二节 跨境电子商务风险防范相关制度

本节思维导图

在跨境电子商务产业链中,主要的相关方包括进口跨境电子商务平台、出口跨境电子商务平台、跨境电子商务服务商等。跨境电子商务平台是指分属不同关境的交易主体,通过电子商务平台达成交易、进行支付结算,并通过跨境物流送达商品、完成交易的一种国际商业活动。跨境电子商务分为进口类跨境电子商务和出口类跨境电子商务。进口类跨境电子商务平台分为自营与第三方平台两种,所依据的法律规则和面临的法律风险也具有不同特点。

一、进口跨境电子商务相关法律和风险

(一)进口跨境电子商务相关法律和风险

1.《关于跨境电子商务零售进口商品退货有关监管事宜的公告》。2020 年 3 月 28 日,为进一步优化营商环境、促进贸易便利化,帮助企业积极应对新冠肺炎疫情影响,优化跨境电子商务零售进口商品退货监管,推动跨境电子商务健康快速发展,海关总署发布了《关于跨境电子商务零售进口商品退货有关监管事宜的公告》(以下简称《公告》),对跨境电子商务零售进口退货监管进行了优化。较之前有很大的变化,主要体现在以下几点:

(1)责任主体更加明确。《公告》增加了"跨境电子商务企业及其境内代理人应保证退货商品为原跨境电子商务零售进口商品,并承担相关法律责任"的表述,明确了验核退货商品是否为原跨境电子商务零售进口商品验核的责任人为跨境电子商务企业及其境内代理人,这与《商务部发展改革委 财政部 海关总署 税务总局 市场监管总局关于完善跨境电子商务零售进口监管有关工作的通知》(商财发

〔2018〕486 号）中要求的跨境电子商务零售进口各参与主体的责任一致。

（2）退货要求更加符合业态实际。《公告》取消了退货商品"符合二次销售要求""原状抵运"的规定，同时增加了"可以对《申报清单》内全部或部分商品申请退货"的表述，更加符合退货业务实际。这一方面解决了退货执行过程中对"符合二次销售要求"和"原状抵运"认定责任不明确、标准不统一的问题，由跨境电子商务企业及其境内代理人根据接收到的退货情况自主选择是否向海关申请退货；另一方面，明确可以部分退货，满足了消费者在一次购买多种商品时对部分商品退货的需求，使消费者退货更加便利。

（3）延长了退货操作时间。《公告》在符合《财政部　海关总署国家税务总局关于跨境电子商务零售进口税收政策的通知》（财关税〔2016〕18 号）文件中规定的"跨境电子商务零售进口商品自海关放行之日起 30 天内退货的，可申请退税，并在相应调整个人年度交易总额"要求的基础上，优化了退货操作流程，将退货操作时间延长了 15天，并对退货时间节点进行了细化。

（4）退回场地更加明确。《公告》明确退货运抵地点既包括"原监管作业场所"，也包括"原海关特殊监管区域或保税物流中心（B 型）"，直购进口模式下对应退回海关监管作业场所，网购保税进口对应退回特殊监管区域或保税物流中心（B 型）。

2.《关于扩大跨境电商零售进口试点、严格落实监管要求的通知》。经国务院批准，2021 年 3 月 18 日，商务部、发展改革委、财政部、海关总署、税务总局、市场监管总局等六部门联合印发《关于扩大跨境电商零售进口试点、严格落实监管要求的通知》（商财发〔2021〕39 号，以下简称"39 号文"）。通知明确：

（1）扩大跨境电子商务零售进口试点范围。将跨境电子商务零售进口试点范围扩大至所有自贸试验区、跨境电子商务综试区、综合保税区、进口贸易促进创新示范区、保税物流中心（B 型）所在城市（及区域）。

2018 年 11 月,商务部等六部门出台了跨境电子商务零售进口监管政策,在北京等 37 个城市试点运行,2020 年进一步扩大至 86 个城市及海南全岛。此次再扩大试点范围,体现了国家对跨境电子商务新业态发展的支持。

(2)开展网购保税进口(1210)业务的程序。今后相关城市(区域)经所在地海关确认符合监管要求后,即可按照《商务部 发展改革委 财政部 海关总署 税务总局 市场监管总局关于完善跨境电子商务零售进口监管有关工作的通知》(商财发〔2018〕486 号,以下简称"486 号文")要求,开展网购保税进口(海关监管方式代码为"1210")业务。

一是明确了今后相关城市(区域)开展"网购保税进口 1210 模式"(以下简称"1210 模式")的程序。二是明确扩大"网购保税进口 1210 模式"的适用范围。在此之前,只有跨境电子商务零售试点城市(86 个试点城市+海南全岛)才能开展"网购保税进口 1210 模式",而非零售进口试点城市只能开展"网购保税进口 A1239 模式"(以下简称"1239 模式")。此次试点范围扩大之后,新纳入的城市(区域)将适用"1210 模式",前期非试点城市开展的"1239 模式"也将会全面被"1210 模式"所取代。

相对"1239 模式","1210 模式"最大的优势在于进口商品按照个人自用进境物品监管,不执行有关商品首次进口许可批件、注册或备案的要求。但对相关部门明令暂停进口的疫区商品和对存在重大质量安全风险的商品启动风险应急处置时除外。

(3)落实各试点城市主体责任。各试点城市要切实承担主体责任,严格落实监管要求。

486 号文指出,各试点城市人民政府作为试点工作责任主体。此外,39 号文再一次强调了各试点城市要切实承担主体责任。

(4)确保监管安排连续稳定。全面加强质量安全风险防控,及时查处在海关特殊监管区域外实施的"网购保税+线下自提"、二次销售等违规行为,确保试点工作顺利推进,促进行业规范健康持续发展。

486 号文指出,原则上不允许网购保税进口商品在海关特殊监管区域外实行"网购保税＋线下自提"模式和"二次销售"。此外,39 号文再一次进行了强调和明确。

(二)进口跨境电子商务常见的法律风险问题

1. "个人自用"是否能规避国内法律。对于跨境电子商务零售进口交易商品,区别于一般贸易进口商品,实行按个人自用物品监管的原则,因此,很多企业认为跨境电子商务零售进口的商品不用遵守国内法律和国内标准,也纷纷在商品详情页面对交易信息有明确提示,交易采用海外购模式,商品来自中国大陆以外的国家或地区。中国消费者通过跨境电子商务平台向境外商户购买的商品,按照个人自用物品处理,其产品质量标准上不需要按照中国境内相关标准执行。

但根据实务案例,跨境电子商务企业的上述声明不但不能为其免责,还可能招致惩罚赔偿的结果,如(2017)吉 01 民终 4616 号案中,法院认为,虽然跨境电子商务零售商品的销售渠道及缴税方式与进口贸易货物不同,但在《关于跨境电子商务零售进口税收政策的通知》中将跨境电子商务零售商品作为零售进口商品处理,并未将其排除于进口商品之外。根据《中华人民共和国食品安全法》第六十二条第一款:"进口的食品、食品添加剂、食品相关产品应当符合我国食品安全国家标准"之规定,涉诉食品应符合我国食品安全标准。

因此,通过跨境电子商务进口的商品,即使执行个人自用原则,但也无法规避我国国内法律和国内的相关标准。尤其是涉及消费者权益、产品质量、国内的强制性标准的相关问题,跨境电子商务企业有必要事先进行合规性审查。

另外,关于跨境电子商务零售进口交易商品的知识产权问题,《中华人民共和国知识产权海关保护条例》第三十一条规定,个人携带或者邮寄进出境的物品,超出自用、合理数量,并侵犯本条例第二条规定的知识产权的,按照侵权货物处理。所以很多企业对此认为,若未超出自用、合理数量,则在跨境电子商务平台上销售的产品便不涉及知识产权侵权问题。

需要明确的是,上述"个人自用"是针对通过跨境电子商务平台购买产品的国内消费者,而并非跨境电子商务平台或通过跨境电子商务平台向中国消费者销售商品的经营者。

跨境电子商务进口行为是经营者在跨境电子商务平台上针对不特定的消费者发布商品信息,消费者根据其发布的商品信息进行下单,在消费者下单后,经营者按照消费者的订单在境外发货,并通过中国海关进入中国境内,进而从中获取利益。虽然跨境电子商务的单笔进口的商品数量少,但其频次高,面向国内的不特定的消费者,显然,无论是进口数量还是进口用途,都不属于"个人自用"的范畴,因此,可以说,对于在跨境电子商务平台上经营的企业无法规避知识产权侵权问题。

2.知识产权地域性问题。国内很多跨境电子商务平台的运营主体多为境外公司,且服务器也大多设在境外。因知识产权本身具有地域性,很多企业认为在境外运营的企业,其服务器设在境外,且在跨境平台上销售商品,其对商品的生产销售行为是在国外完成的,不涉及侵犯国内知识产权的问题。

不能简单地将服务器设置地等同为侵权行为地,况且很多跨境电子商务平台的服务器并非只设在一个国家。进口商品即使在原产国属于合法产品,但通过跨境平台从受保护的法域内进入涉嫌侵权的法域进行销售,且经营者从中获取利益,这与传统的知识产权侵权行为并无区别,而且,国内的知识产权权利人也因涉案商品在受保护的法域内从无到有,直接受到了损失,因此,根据损害赔偿的填补原则,其也应当对国内的知识产权权利人进行赔偿。对此,实务中也有相关案例,如(2016)浙 0110 民初 16168 号案中,原告购买被告发布在代购网店的涉案商品后,发现与其在中国境内注册的商标构成实质性相似,对此,法院认为,知识产权具有地域属性,涉案产品在澳大利亚可能属于合法产品,但其自澳大利亚进入中国境内,即应当遵守我国的法律,不得侵犯中国商标权人的权利。

因此,企业通过跨境电子商务平台进口商品时,应事先对其在国内的知识产权情况进行检索并确认其产品是否有可能侵犯他人的知识产权。而且,即使其商品不涉及侵犯他人的知识产权,也应当就与进口商品相关的知识产权在国内及时申请权利,以免被国内的其他公司抢注。

根据相关法律规定,知识产权保护是有地域性的,在中国大陆境内注册的商标只能在中国大陆境内获得保护,同理,在出口国当地注册的商标,也只能在出口国获得保护。当产品通过跨境电子商务出口到国外,是十分有必要在出口、进口国都注册商标的。

对于商标保护而言,有如下几点重要性:①注册商标是品牌通过法律保护自身的重要手段,通过注册涉外商标后,可以防止被他人抄袭模仿,提升品牌的凝聚力;②若被他人侵犯商标权,有权利基础进行维权;③防范品牌被抢注,反被指控侵权,避免可能发生的国外应诉风险及节省应诉成本;④一些知名跨国电子商务平台,如亚马逊等,在平台上注册产品品牌时必须是在出口国已经获得商标权。对于商标本身的价值而言,商标体现了企业的品牌,有注册商标标识的产品,产品的辨识度及消费者的信赖度会更高,同时注册商标可以提升产品及品牌的市场价值。

3.法律适用问题。如果跨境电子商务纠纷涉及境外一方,是否可以向中国的法院提起诉讼? 只要符合法律规定的情形,即可向中国法院提起民事诉讼。根据《中华人民共和国民事诉讼法》第二百六十五条的规定,因合同纠纷或者其他财产权益纠纷,对在中华人民共和国领域内没有住所的被告提起的诉讼,如合同在中华人民共和国领域内签订或者履行,或者诉讼标的物在中华人民共和国领域内,或者被告在中华人民共和国领域内有可供扣押的财产,或者被告在中华人民共和国领域内设有代表机构,可以由合同签订地、合同履行地、诉讼标的所在地、可供扣押财产所在地、侵权行为地或者代表机构所在地人民法院管辖。

若跨境电子商务纠纷涉及境外一方,是否可以约定由中国的仲裁机构仲裁？跨境具有涉外性,可以与境外一方在合同仲裁条款中协商确定仲裁机构,当然,从维护自身权益、救济便利的角度来说,应尽量选择中国的仲裁机构来仲裁,如果对方不同意中国仲裁,力求公平,双方可以约定由第三方国家的仲裁机构仲裁。

在跨境电子商务业务中与另外一方发生了争议怎么办？一旦发生合同纠纷,应当尽可能通过协商或者调解解决,对方不愿协商、调解的,或协商、调解不成的,可以依合同载明的条款(也可以是事后双方签署的书面仲裁协议),向约定的仲裁机构提起仲裁。如果双方在合同中未约定仲裁条款,事后又没有签署书面仲裁协议的,可以向人民法院起诉。

二、出口跨境电子商务相关法律和风险

(一)出口跨境电子商务平台相关法律

1.《关于全面推广跨境电子商务出口商品退货监管措施有关事宜》。为进一步优化营商环境、促进贸易便利化,帮助企业积极应对新冠肺炎疫情的影响,使跨境电子商务商品出得去、退得回,推动跨境电子商务出口业务健康快速发展,2020年3月27日,海关总署决定全面推广跨境电子商务出口商品退货监管措施。具体内容如下:

(1)跨境电子商务出口企业、特殊区域[包括海关特殊监管区域和保税物流中心(B型)]内跨境电子商务相关企业或其委托的报关企业(以下简称"退货企业")可向海关申请开展跨境电子商务零售出口、跨境电子商务特殊区域出口、跨境电子商务出口海外仓商品的退货业务。

(2)申请开展退货业务的跨境电子商务出口企业、特殊区域内跨境电子商务相关企业应当建立退货商品流程监控体系,应保证退货商品为原出口商品,并承担相关法律责任。

(3)退货企业可以对原《中华人民共和国海关出口货物报关单》《中华人民共和国海关跨境电子商务零售出口申报清单》或《中华人民

共和国海关出境货物备案清单》中所列全部或部分商品申请退货。

(4)跨境电子商务出口退货商品可单独运回也可批量运回,退货商品应在出口放行之日起1年内退运进境。

(5)退货企业应当向海关如实申报,接受海关监管,并承担相应的法律责任。

2.《关于全面推广跨境电子商务出口商品退货监管措施有关事宜的公告》。为进一步优化营商环境、促进贸易便利化,帮助企业积极应对新冠肺炎疫情影响,推动跨境电子商务出口业务健康快速发展,海关总署于3月27日发布了《关于全面推广跨境电子商务出口商品退货监管措施有关事宜的公告》,并专门发布了配套监管方案,为跨境电子商务出口进一步释放了政策红利。主要内容如下:

(1)业务模式全覆盖。允许在全国海关范围内对跨境电子商务零售出口(9610出口)、跨境电子商务特殊区域出口(1210出口,包括"跨境电子商务特殊区域包裹零售出口"和"跨境电子商务特殊区域出口海外仓零售"2种形式)、跨境电子商务出口海外仓(0110出口)3种模式下的跨境电子商务商品进行退货监管。

(2)退货商品的管理要求。对国家禁止进境的货物、物品不予办理退货手续。跨境电子商务退货商品的检验检疫按照有关规定办理。

(3)退货商品范围。原《中华人民共和国海关出口货物报关单》《中华人民共和国海关跨境电子商务零售出口申报清单》或《中华人民共和国海关出境货物备案清单》所列全部或部分商品。这里明确指出,部分商品也可以退货。

(4)退货时间要求。退货商品可单独运回也可批量运回,退货商品应在出口放行之日起1年内退运进境。

(5)跨境电子商务特殊区域包裹零售出口退货流程介绍。

①《退货单》申报。企业通过国际贸易"单一窗口"或跨境电子商务通关服务平台向海关申报《中华人民共和国海关跨境电子商务零售进出口商品退货单》(简称"《退货单》"),退货申请的商品种类、数量等不得超出原出口清单的商品种类和数量范围,电子商务企业、平台企

业申报的《退货单》须与原出口清单一致。

②进境到货管理。申报的《退货单》在放行前,跨境电子商务退货商品应存放在符合海关监管要求的退货商品理货区、待放行区。监管作业场所运营人按规定进行盘点,并向海关发送到货信息。

③查验管理。海关通过机检、人工查验加强对退回商品的监管,可利用商品的标识和企业数据库抽查等方式核对货物相关信息。查验在特殊区域外监管作业场所进行的,查验无误后的退货商品应按现行规定返回原特殊区域,同时采取措施加强途中监管。

④账册核增。区内企业汇总已放行的企业的《退货单》,向海关申报核注清单。核注清单被审核通过后,对应的原特殊区域的跨境电子商务出口底账相应核增。

⑤退运至境内区外。以《退货单》方式从境外原状退回特殊区域的退货商品,需办理出区进口至境内区外手续的,原国内出口企业应在原出口进区报关单放行之日起 1 年内,以退运货物(4561)监管方式向主管海关申报进口报关单,在报关单备注栏首位填写原出口报关单号,并提交不涉及退税或未退税、退税已补税等相关证明材料。经海关审核同意后准予不征税复进口至境内区外。

(6)跨境电子商务特殊区域出口海外仓零售退货流程介绍。

①退货申报管理。退货商品由境外退运至原特殊区域时,区内企业向海关申报保税核注清单,根据保税核注清单数据归并生成进口报关单/进境备案清单,并在报关单/备案清单录入"业务事项"界面,选项中勾选"跨境电商海外仓",监管代码为退运货物(4561),在备注栏首位填写区内原出口报关单号/出境备案清单号。

②查验管理。对跨境电子商务特殊区域出口海外仓零售的退货商品,海关按照布控指令进行查验,并重点验核其是否为原出口商品复运进境。对出口海外仓商品及其退货,要优先查验。

③账册核增。退货商品对应的进口报关单/进境备案清单被审核放行后,对应特殊区域的原海外仓出口底账相应核增。

④退运至境内区外。从境外海外仓原状退回特殊区域的退货商

品,因品质或规格等原因需出区进口至境内区外的,原国内出口企业应在原出口进区报关单放行之日起 1 年内以退运货物(4561)监管方式向主管海关申报进口报关单,在报关单备注栏首位填写原出口报关单号,并提交不涉及退税或未退税、退税已补税等相关证明材料。经海关审核同意后准予不征税复进口至境内区外。

(7)海外仓现存货物的退货需求。对于目前海外仓内属于通过特殊区域出口、仍在退货时限内的跨境电子商务货物,如有因消费者正常退货或滞销等产生的退货需求,可参照上述要求以退运货物(4561)监管方式退运进境入区,在进口报关单/进境备案清单备注栏首位填写"KJHW",同时在报关单备注栏填写原出口报关单/出境备案清单号。

(二)出口跨境电子商务平台常见的法律风险

在出口类跨境电子商务中,国外买家可能以高价购买仿冒品为由与中国商户聊天,随后相关品牌商凭借聊天记录在国外提起诉讼。由于在国外打官司费用高昂,大部分商户可能不积极应诉,这样便会遭受巨大损失。国内商户参与跨境电子商务时,应当努力提升自身知识产权保护意识,学习国外的相关法律并善于运用,以维护自身商业利益,以保障出口类跨境电子商务业务的顺利进行。

1.知识产权风险。中国企业在跨境电子商务活动中,应充分认识到中外知识产权保护法律的不同,针对特定国家对知识产权保护的法律进行有效的法律风险规避。知识产权具有地域性,企业进口商品时应事先对国内知识产权进行检索并确认其产品是否有可能侵犯他人的知识产权;相应地,企业出口商品也应事先了解标的国的知识产权注册情况。

2.支付平台风险。由于存在个别机构利用平台实施诈骗等违法犯罪活动的现象,使得银行和第三方支付平台在跨境交易上存在较大的安全漏洞,从而导致跨境电子商务交易存在资金安全风险,并且银行和第三方支付平台或多或少受到其所在国家的控制,这些会在一定程度上影响用户资金的安全与流动。

3.跨境电子商务平台风险。跨境电子商务平台对跨境电子商务零售进口商品和非跨境商品予以区分,避免误导消费者。其应向海关实时传输具有电子签名的跨境电子商务零售进口交易的电子数据,并对交易真实性、消费者身份真实性进行审核,承担相应责任。

4.国际航运风险、物流风险。国际贸易中,常有货物漂洋过海抵达目的港后却无人提货,致使集装箱长期滞港,产生高额费用的情况,抑或是航运中发生风险导致货损,其间产生的保险赔付、损失负担等问题都对企业产生了影响。又如在跨境电子商务零售进出口物流过程中发生商品灭失或者毁损情况,从而产生买卖合同风险负担的问题。

5.走私违规风险。根据《关于完善跨境电子商务零售进口监管有关工作的通知》,对于已购买的跨境电子商务零售进口商品,不得再次销售。

6.税务风险。从事跨境电子商务,企业应当根据自身情况依法纳税,应当符合《关于跨境电子商务零售出口税收政策的通知》《关于跨境电子商务综合试验区零售出口货物税收政策的通知》《国家税务总局关于跨境电子商务综合试验区零售出口企业所得税核定征收有关问题的公告》等文件相关规定。

7.产品质量风险。跨境电子商务企业进口或者出口掺杂掺假、以假充真、以次充好的商品或者以不合格进出口商品冒充合格进出口商品的,由商检机构责令停止进口或者出口,没收违法所得,并处货值金额50%以上3倍以下的罚款,构成犯罪的,依法追究刑事责任。

8.退货风险。根据《海关总署关于全面推广跨境电子商务出口商品退货监管措施有关事宜的公告》,申请开展退货业务的跨境电子商务出口企业、特殊区域内跨境电子商务相关企业应当建立退货商品流程监控体系,应保证退货商品为原出口商品,并承担相关法律责任。

《海关总署关于跨境电子商务零售进口商品退货有关监管事宜的公告》指出,可向海关申请开展退货业务。跨境电子商务企业及其境内代理人应保证退货商品为原跨境电子商务零售进口商品,并承担相关法律责任。

9.海关监管风险。海关对跨境电子商务零售进出口商品及其装载容器、包装物按照相关法律法规实施检疫,并根据相关规定实施必要的监管措施。跨境电子商务零售进口商品申报前,跨境电子商务企业境内代理人、支付企业、物流企业应当分别通过国际贸易"单一窗口"或跨境电子商务通关服务平台向海关传输交易、支付、物流等电子信息,并对数据的真实性承担相应责任。

10.国际货物采购过程中的法律风险。法律风险产生于国际贸易背景调查、国际贸易磋商、国际贸易术语的选择、国际贸易合同条款的设计和国际贸易合同的履行等。

11.纠纷解决机制风险。由于涉及跨国贸易,交易主体对于纠纷发生之后的解决机制需要谨慎考虑,尤其是对纠纷管辖机构的确定、法律冲突的解决等问题进行考虑。

第三节　跨境电子商务的争议解决法律制度

本节思维导图

一、跨境电子商务争议的特点

跨境电子商务环境下,会出现的民商事争议(或纠纷)主要有以下几个方面:①产品质量争议;②买卖合同争议;③消费者权益争议;④知识产权侵权争议;⑤货款争议;⑥运输争议;⑦交付与退货争议;⑧不正当竞争争议;⑨个人信息泄露争议;⑩购买评价争议。

由于跨境电子商务的特殊性,消费者争议存在如下特点:①争议数额较小。据统计,最典型的跨境电子商务交易是在网上购买书籍、衣服、DVD等,平均每笔交易额仅在100—150美元。②争议数量巨大。随着消费者跨境电子交易数量急剧上升,与此相关的争议也日趋大量涌现。③争议主体具有跨国性。消费者可以借助网络在全球任意选择商家,买卖双方往往相距甚远,缺乏足够了解。④消费者作为争议主体,这一特殊身份要求争议解决机制对其有特殊的考虑或保护。因此,一旦产生争议,这些因素将给争议的解决带来足够的难度。

二、跨境电子商务的主要争议类型

(一)交易纠纷

交易纠纷,即发生在交易过程中的各类纠纷,包括①运输纠纷:争议双方之间因发货时间、运输的在途时长及运输过程中造成的损害等问题产生的纠纷,这一纠纷类型在跨境电子商务纠纷总量中占据50%至60%的比例。②退换货纠纷:争议双方就商品是否已经被使用、是否被人为破坏及退换货的费用承担等问题产生的纠纷。③购买评价纠纷:电子商务交易过程中的售后评价机制是影响他人是否购买网上商品的重要因素,正因为其重要,现实中往往会存在因卖方认为买方购买评价进行诽谤、竞争商家假装买方互打差评等现象产生的纠纷。网络评价体系重要性的加强伴随着此类纠纷在跨境电子商务纠纷中的增长趋势。④支付纠纷:相较于信用证、托收、汇付、西联汇款和速汇金等线下跨境支付方式,跨境电子商务零售的小额交易主要还是依托国际信用卡和第三方支付方式——在线支付。而在线支付存在不少风险,如交易信用风险和交易核实风险规避不当的情况下易产生交易欺诈纠纷,网络风险造成支付信息泄露和资金流失引起的纠纷,资金沉淀风险造成虚拟账户资金被挪用,从而引起纠纷。

(二)知识产权纠纷

关于跨境电子商务领域的知识产权纠纷,可以从2个角度来看。

1.电子商务领域涉及的知识产权主要包括商标权、内容版权、产品专利和产品外观设计等。①商标权:以文字图片组合为主要表现形式的商标是产品品牌价值的体现,典型的侵权行为即将他人商标盗用在自己的产品上,或使用极为相似的标志,尽管存在有的商家是由于选择非权威的商标设计网站引起的"中奖式"侵犯,但这并不影响对其侵权行为的认定。②内容版权:电子商务平台的 listing 创建(产品描述页面),是不得使用未购买或未授权的图片资源的,擅自使用或稍加修改均属侵权。③产品专利:产品专利包括设计专利和实用专利 2 种。前者保护产品外观,后者保护产品设计原理和用途。④产品外观设计:包括产品的形状、颜色和包装。

　　2. 从跨境电子商务来看,还存在一个平行进口的问题。跨境电子商务的发展绕不开知识产权平行进口这一问题。尽管平行进口的商品既非假冒,也非走私,但还是在一定程度上影响了知识产权人对商品销售的地域控制力。关于这块的纠纷集中体现在商标权上。国内司法机关对商标平行进口的合法性基本持肯定态度。例如,北京市高级人民法院在《当前知识产权审判中需要注意的若干法律问题》中"关于平行进口是否构成侵犯商标权的问题"的答复中写明,若被控侵权商品确实来源于商标权人或其授权主体,此时商标权人已经从"第一次"销售中实现了商标的商业价值,而不能再阻止他人进行"二次"销售或合理的商业营销,否则将阻碍市场的正常自由竞争秩序建立的进程。在 2016 年底最高人民法院颁布的《关于为自由贸易试验区建设提供司法保障的意见》中则指出,要"妥善处理商标产品的平行进口问题,合理平衡消费者权益、商标权人利益和国家贸易政策"。但上述司法文件并未对如何具体判断商标平行进口的合法性进行任何说明,商标法也并未对商标的平行进口问题做出任何明确规定。在实践中,目前仍然只能从各级法院的个案裁判中归纳提炼出一个相对标准以做参考。

　　对于知识产权侵权企业,《中华人民共和国知识产权海关保护条例》规定予以没收并处货物价值 30% 以下的罚款。《中华人民共和国电子商务法(草案三次审议稿)》也同时规定了跨境电子商务平台在知识产权侵权处理过程中的义务。各方主体在知识产权侵权纠纷中的角色既已明确,就当予以重视。所以对于跨境电子商务的知识产权纠纷,可以寻求专业人士介入,从专业视角给出建议。

(三)行政处罚风险

　　跨境电子商务领域的行政处罚风险主要体现在海关处罚和相应主管部门的处罚方面。风险的立意在于海关在对跨境电子商务企业监管的过程中,企业应当注意并需风险提示的地方。主要体现在以下几个方面:①特殊商品的监管规则。如食品除了接受海关监管之外,受《中华人民共和国食品安全法》规制,企业还应办理入境检验检疫、卫检证明等,进口的食品同时要有中文标签。对于向我国境内出口食品的境外出口商或者代理商、进口食品的进口商,也应向国家主管部门进行备案。②跨境电子商务的税收代缴义务。《海关总署关于跨境电子商务零售进出口商品有关监管事宜的公告》规定,海关的纳税义务监管对象是在海关注册登记的电子商务企业、电子商务交易平台企业或物流企业等代收代缴义务人。就算实际纳税义务人即消费者并未向代收代缴义务人支付有关商品的进口税款,上述代收代缴义务人仍应向海关代为履行纳税义务。③跨境电子商务平台的连带责任。《中华人民共和国消费者权益保护法》第四十四条规定:"消费者通过网络交易平台购买商品或者接受服务,其合法权益受到损害的,可以向销售者或者服务者要求赔偿。"尽管该条款在司法实践中的适用并不一致,但可以明确的是,我国对于跨境电子商务平台的责任规定,其实是呈严格走向的,这一点从已发布的《中华人民共和国电子商务法》征求意见稿可以看出。

　　跨境电子商务在实际运营过程中的风险之处远不止以上3点。在面对诸多潜在的行政管制与处罚方面的风险,不仅需要在纠纷发生之前做好合规应对,还要明确在纠纷发生之后何种解决方式才是最佳选择。

拓 展 阅 读

跨境电子商务纠纷常见处理方式有哪些？

1.针对货物描述不符的纠纷,通常采取的措施:

首先我们自己要排查,是否真的如客户所说的与实际货物不符。主要从产品的标题描述,产品图片、尺寸、包装、颜色,产品的详细描述内容是否言过其实等方面逐一排查。其次查看如果是多变量,比如多种颜色、多种标准的产品,排查买家是否选错了变量。如果产品是均码或者是随机发送的产品,排查是否在详细页面描述中有对这块的说明。如果是缺货或者是备货状态的产品,一定要跟买家沟通是否愿意等待,是否愿意调货换货,切忌自作主张,随便发货。

通常遇到这类纠纷的时候,卖家一定要耐心和买家保持沟通,积极地调和矛盾,适当地安抚买家情绪。要相信大部分国际友人还是比较好的,对这些纠纷,他们也是愿意配合卖家解决纠纷的。

2.针对实际收到的货物与描述的货物不符的情况,通常采取的措施:

首先排除是否真的如客户所说,存在实际货物与描述不符的情况。如果确实是卖家的失误,那么务必第一时间向买家道歉并且采取补救措施。

如果是客户故意采取的欺诈行为,则提交平台,进行申诉和维权。

通常的补救措施是沟通和致歉,做完这步,很大一部分买家都会表示理解。剩下一部分比较刁难的客户,则可以通过退换一部分货款或者赠送一些精美小礼品之类的措施来进一步弥补错误。很多小细节有可能为你带来返单,请注意对这些细节的维护和处理。

3.针对质量问题引发的纠纷,通常采取的措施:

质量问题包括产品本身的缺陷和因介绍不足引发客户对使用功能的质疑。

卖家需要注意的是,发货前一定要注意排查货物的质量问题,确保所有的产品都是正品和高质量产品。

如果是功能复杂的一些产品,卖家发货前请配备详细的使用说明书作为辅助材料,并提醒客户如果遇到任何使用问题,请第一时间与自己进行沟通。

(资料来源:https://www.findlaw.cn/200400/article_68438.html)

三、跨境电子商务争议解决的途径及执行

(一)传统方式解决跨境电子商务纠纷的不足之处

1.传统协商和解有失公平。协商和解方式是消费者与商家之间最传统、最常用的纠纷解决方式。协商和解的好处是双方都能换位思考,减少无意义的精力消耗,各自退让一些,用最小的成本把问题解决,避免更大的损失。中国人崇尚以和为贵,特别是与外国人在跨境电子商务交易中产生那种数额不大、自己情况不熟悉的纠纷,往往一开始更倾向采用双方和解的方式解决。协商和解方式在处理交易纠纷时是缺乏强制性的。多数商户本身有追本逐利的特质,往往不具备自觉性和解决纠纷的合理态度。居中协调的电子商务平台在一定程度上将纠纷追责过程中平台所负责任的比重大大降低,使得并没有足够多的外在压力插入和解过程中,商户能够保持公正公平的态度。但这样的普遍情况让消费者在和解过程中始终处于弱势,并且在商家过错面前,商家通常没有足够的诚意,甚至造成纠纷的根本原因就是商家的不良经营,如假冒产品、以次充好、虚假夸大宣传等行为,使得传统和解方式缺乏心理和实际基础。另外,考虑到跨境的地域性,一旦商家采取消极面对,避免和消费者接触,消费者很难通过传统的类似电话、邮件等通信工具来进行联系,最终让和解及纠纷的解决不了了之。所以说,这种纠纷解决方式如果不建立在双方诚心诚意解决问题的基础上,会有很大的不平等性,因此需要相关法律法规来强制介入,使得和解的天平能够倾向弱势的消费者群体。在法律法规介入程度

不深,政府有关部门无法有效支撑和解的情况下,采用协商和解来解决跨境电子商务纠纷往往有失公平,不是长久之计。

2.传统机构调解有失效能。调解是双方都更能接受的相对公平的解决纠纷的方式。特别是具有较多的经验、较高的专业水平和较强的公正意识的调解机构可以向双方把问题分析得更清楚,把利害讲得更明了,有利于促进双方分清责任,公平处置。由于目前跨境电子商务交易的立法不完善,没有建立专门的调解组织,因此只能依托于电子商务平台自己的调解力量。这些调解力量并不专业,也没有权威性,调解的主要方向还是双方自行和解,因此实际效果有限。而如果依据国内相关法律,寻求与跨境电子商务交易有一定关系的机构来调解,比如涉外经济管理部门、涉外行政管理部门,往往需要投入的时间及精力都是非常大的,而且过程烦琐,相关机构对于责任的推脱可能让过程更加困难,这确实不是一般的电子商务消费者所能承受的。而寻求消费者协会这样的机构来调解,尽管消费者协会是消费者的权益维护者,但其调解缺乏强制力,更缺乏对国际贸易纠纷调解的经验和能力。在网络交易的情况下,卖家若不配合,故意不提供准确信息,那么消费者协会虽有调解的责任,但实际上和消费者一样处于弱势,无法有效地履行调解职能,最终只能督促电子商务平台帮助解决问题。如果向工商部门申诉,工商行政部门一般只能依法查处违法案件,对境外商家没有执法权,虽然有维护市场秩序的职能,但实际上无法帮助国内消费者解决问题。人民调解委员会更不可能去调解跨国的贸易纠纷。电子商务平台只有在不提供商家信息的前提下才会承担贸易纠纷。其结果是平台只要把信息提供了,能不能解决纠纷就没有他们的责任了,因此平台也没有很强的积极性来解决跨境电子商务双方的纠纷。

3.传统仲裁有失信任。传统的仲裁制度在国内始终是有着局限性的,对于跨境电子商务纠纷中大部分的小额纠纷是不适用的。仲裁需要纠纷双方的合意,需要提供仲裁协议。但跨境电子商务中所涉及的合同文件对于消费者来说基本上是被动接受的,是不公平的。同样给出的仲裁结果的效力对于国内外的商户难以产生有效的制约,一旦商家不自觉遵守,消费者可能最终只能再次走向通过高成本的诉讼来解决纠纷。在中国,一般消费者对仲裁并不了解,不清楚仲裁在解决电子商务纠纷中的优势,就算迫不得已选择打官司也不会选择仲裁。而且有些人对仲裁员的水平和处理争议的能力存在疑问,尤其在遇到疑难案件的情况下,不放心交给仲裁机构处理。所以传统仲裁对于解决跨境电子商务纠纷的局限性较大,难以取得效果。

4.用传统方式解决跨境电子商务纠纷的效率太低。和解、调解、仲裁等传统非诉方式,解决跨境电子商务纠纷的效率低下。因为跨境电子商务本身是一种突破地域、时间等限制的快捷购物方式,给消费者带来的直接体验是迅速的,不受到国界的限制。而在这样的跨境电子商务活动过程中,一旦出现了纠纷问题,消费者所希望能够用来解决纠纷的机制也同样应当是对应快捷便利这一特点的,必须体现出高效,在短时间内就能解决纠纷,让后续的电子商务活动能够快捷地进行下去。这种跨境电子商务本身特点带来的不适应之处就是传统非诉方式所需要的时间成本是不确定的,并且一定是超过消费者和商家预期的,因为调解、仲裁的过程中所涉及的第三方机构是需要纠纷双方进行完全配合,并且这种机制可能不依存于线上,如果双方对于解决纠纷的积极性欠缺,则会导致纠纷解决过程缺乏事实证据依靠,缺乏纠纷双方的参与性,最终导致纠纷解决的停滞,或者过程拖延。这种效率的低下必定是不适应跨境电子商务快捷便利迅速的特点的。

5.传统方式维护跨境交易权益的成本太高。低效率所消耗的主要是时间成本。传统非诉方式解决纠纷还有一大问题,即经济成本高,由于跨境电子商务平台本身的内部调解制约能力不足,在引入传统非诉方式时会有如消费者协会这样的第三方机构出现,虽然多数的调解机构都是公益性的,是为了维护商业市场平衡而出现的由政府出资支持的机构,但也不乏需要收取一定费用的部分机构。于2012年成立的国家电子商务调解中心的收费标准见表9-1。

表 9-1　国家电子商务调解中心的收费标准

争议金额	调节收费
10 万元及以下	争议金额的 4％—6％,最低不少于 1500 元
10 万元至 50 万元(含 50 万元)	争议金额的 2.5％—4％
50 万元至 100 万元(含 100 万元)	争议金额的 1.75％—2.5％
100 万元至 500 万元(含 500 万元)	争议金额的 1％—1.75％
500 万元至 1000 万元(含 1000 万元)	争议金额的 0.75％—1％
1000 万元至 5000 万元(含 5000 万元)	争议金额的 0.5％—0.75％
5000 万元以上	争议金额的 0.5％

注:上述标准对于小额性跨境电子商务纠纷是不适用的,因为主要小额性跨境电子商务纠纷所涉及的争议金额都是达不到 10 万元以上的标准的;从表 9-1 中可以看出,基本的调解收费就是 1500 元,部分商品甚至连这样的基准价值都没有达到,消费者自然就不会选择这样一个成本较高的传统纠纷解决机制。

(二)跨境电子商务争议解决的途径——ODR 机制

随着跨境电子商务的发展,争议也随之产生。而现有的国际商事争议解决机制无法满足其快捷、高效、低成本解决争议的需求,在线争议解决方式应运而生。

在线纠纷解决(Online Dispute Resolution,ODR)机制,是指在电子商务这个背景下所诞生的,通过网上的方式,双方不直接面对面解决问题,以仲裁的方式解决纠纷的一种争端解决机制。ODR 机制首先强调的是要有一个在线解决纠纷的平台,在这个平台上开展调解、仲裁等,ODR 机制为协商、调解、仲裁提供一种保证效果的支撑服务。具体来说,包括在线协商、在线调解、在线仲裁、在线诉讼等 4 个方面。

1. 在线协商。对于小额量大的跨境电子商务交易来说,在线协商可以说是交易额小、争议不大的纠纷的最优解决方式,包括:自助式在线协商,即不公开报价处理,由计算机程序自动达成交易;辅助性在线协商,网站提供虚拟环境供双方进行纠纷的直接协商,最后在当事人间达成协议,而非由计算机软件直接根据报价生成协议。但在处理高效便捷的同时,这种方式的适用范围也是比较窄的,而且缺乏专业的沟通介入。存在争议较大时,还是需要选择第三方协助解决纠纷。

2.在线调解。在线调解即将现实中借助第三方对争议解决进行调解的形式,主要通过网络信息技术实现,争议当事方最终在第三方的协助下生成调解协议。这种解决方式同在线协商一样,都是争议方合意交由处理的方式。但是,双方达成的调解协议未经公权机关认证,往往不具约束力,在后续的执行上也存在很大难度。

可以看出,就在线协商和在线调解方式而言,欠缺平台信用评价体系与争议解决执行机制相联系的制度,处理结果的非约束性对于争议当事方而言,没有定纷止争的保障,从而导致后续可能还要借助其他的纠纷解决方式。

3.在线仲裁。在线仲裁即借助网络信息技术,在线进行案件庭审。从仲裁协议的订立、仲裁程序的进行、仲裁裁决的做出均通过互联网进行。在线仲裁方式可以满足当事方对保密性、安全性的要求;由于仲裁都通过网上进行,节省了交通时间,开庭时间更容易安排,大大降低了仲裁成本。同时,鉴于《承认及执行外国仲裁裁决公约》(以下简称《纽约公约》)的成员国已达 159 个,因而仲裁裁决的域外执行也有保障。

在线仲裁与线下仲裁在仲裁原理、仲裁程序、仲裁运行机制等方面并无实质差异,但适用的前提是要有一个有效的仲裁条款。该条款要约定当事人同意"在线仲裁",选择有在线仲裁经验的机构进行仲裁,此外还需明确约定适用的实体法,避免法律适用的不确定性。因为涉外争议的法律适用是根据连接点来确定的,但连接点因跨境电子商务纠纷的国际性、无形性等因素而难以确定。这就对平台提出了要求,由平台在客户注册时所签署的协议中加入仲裁条款。

4.在线诉讼。在线诉讼即将线下开展的诉讼流程搬到线上进行。这种方式兼具法院的权威性和在线机制的便捷性。对于当事方来说,也是更有保障的一种方式。

2016 年 6 月 28 日,《最高人民法院关于人民法院进一步深化多元化纠纷解决机制改革的意见》第十五条明确规定:"创新在线纠纷解决方式。根据'互联网＋'战略要求,推广现代信息技术在多元化纠纷解决机制中的运用。推动建立在线调解、在线立案、在线司法确认、在线审判、电子督促程序、电子送达等为一体的信息平台,实现纠纷解决的案件预判、信息共享、资源整合、数据分析等功能,促进多元化纠纷解决机制的信息化发展。"中国各地法院也广泛建立了在线调解平台、空中调解室、电子法院、电子商务法庭等,如:2013 年深圳法院网上诉讼服务平台投入使用;2015 年,浙江省高院陆续在杭州中院和杭州西湖区法院、滨江区法院、余杭区法院专设电子商务网上法庭;2016 年 6 月,河北法院"网上诉讼服务平台"正式开通运行;2017 年 8 月,世界首家互联网法院在杭州挂牌,网上立案率达 96％,已关联的当事人案件实现 100％在线审理;2018 年 1 月,深圳前海法院"一带一路"国际商事诉调对接中心成立。

(三)跨境电子商务在线解决的优势及不足

在线争议解决方式与传统的电子商务采用了同样的媒介——互联网,其可以满足快捷、经济解决电子商务争议的要求。在线争议解决方式可以成为复杂和成本高昂的司法程序的替代,本身具有很大的优越性。

1. ODR 机制解决跨境电子商务纠纷的优势。与传统贸易形式相比,跨境电子商务交易并不需要当事人在实际生活中跨越国家和地区达成交易。由于达成交易的便利性,其存在着大量标的额比较小的交易。

这种交易模式下,交易环节更加简便快捷,交易成本低廉。但是由于互联网的虚拟性,再加上不同主体之间利益具有冲突,纠纷也越来越多。用传统纠纷解决途径解决跨境电子商务中的纠纷时,金钱和时间成本较高且还会增加法院的诉讼压力,不利于纠纷的高效解决,但是利用 ODR 机制解决跨境电子商务纠纷,因其互联网技术的融合,具有诸多优势。

(1)纠纷解决程序灵活便捷。诉讼是权利主体凭借国家力量而非纠纷当事人自身的力量解决纠纷,在程序、实体法律的适用方面具有较弱的灵活性,当事人的自治性在纠纷解决的时间和地点的选择中较难体现。ODR机制作为一种运用互联网技术提供法庭外纠纷解决的机制,当事人可以在纠纷解决的程序、时间和地点等方面有更自由的选择。因为互联网具有开放性,当事人可以合意约定解决纠纷的时间,利用在线的形式代替实际的面对面,通过电子邮件、视频连接、语音电话等方式在需要的时候互相沟通,促进纠纷的解决。另外,当事人在选择ODR机制解决纠纷时,解决程序不像诉讼那么严格,如果在线调解和在线和解失败,可以选择用在线仲裁的方式继续解决纠纷,为纠纷的解决提供后续的保障。

(2)纠纷解决成本低、效率高。对于跨境电子商务来说,当事人通常位于不同的国家,相距甚远,纠纷解决的成本问题是当事人不得不考虑的重要因素,特别是对于争议数额不大的纠纷来说。利用传统诉讼方式解决跨境电子商务纠纷时耗时费资,以我国大陆为例,我国民事诉讼立法没有规定小额程序,即使适用简易程序来解决纠纷也需要3个月。ODR机制相较于传统解决方式,诉讼途径更加灵活,但是如果采用国际商事仲裁机制解决跨境电子商务纠纷,费用依然是很高的。虽然《纽约公约》为国际商事仲裁裁决在国外的执行提供了一定的保障,但是同标的额较小的跨境电子商务纠纷相比,当事人千里迢迢、跋山涉水来到国外解决纠纷是得不偿失的。相较于传统纠纷解决方式需要当事人面对面解决纠纷,在ODR机制中当事人可以不受空间的束缚借助互联网在线解决纠纷,免去长途跋涉,如此便可以节省高昂的差旅费、交通费等。另外,ODR机制运用了互联网技术,实现了证据资料的电子提交和网上送达,这既提高了纠纷解决的效率,节省了证据资料的打印和邮寄费用,还减少了当事人的费用负担。

(3)纠纷解决的对抗性减弱。传统纠纷解决方式中,双方当事人采取面对面的方式,由于是不同的利益主体,难免会产生不同的观点进而针锋相对,其间很可能产生新的冲突,不利于纠纷的解决。与传统解决方式相比,利用 ODR 机制解决争议时,当事人经常距离遥远,依靠互联网通过在线文字、语音、视频等方式进行交流沟通,避免了纠纷当事人直接接触,这在一定程度上也就避免了当事人的直接对抗。当事人对于自己的陈述和诉求可以在慎重考虑后提出,减少了摩擦的发生,所以对抗性大为减弱,有效避免矛盾加剧。

(4)交易方可以保留寻求法律救济的权利。法律是保障公民权利的最后一道屏障,在使用法律手段之前一定要穷尽其他手段。在跨境电子商务交易纠纷中,先利用在线方式解决纠纷,如争议方对在线解决的结果不满,可诉诸法院,这对于争议方而言,又多了一重保障。

2. ODR 机制解决跨境电子商务纠纷的不足。跨境电子商务有其独有的跨国性、虚拟性、全球性特点,所以其产生的纠纷问题就较为复杂,运用 ODR 机制解决这些纠纷是一个更加灵活的解决方式。但是,目前国际上对运用 ODR 机制解决交易纠纷没有统一的规则制度,大部分国家关于 ODR 机制也没有专门的立法,所以 ODR 机制与传统法律框架对接时容易出现不适应性。

由于跨境电子商务和 ODR 机制都是依托互联网技术进行的,交易的沟通、达成过程和纠纷的在线解决都主要是在互联网下进行的,整个交易环节的证据以电子证据的形式呈现的居多,但是电子证据具有脆弱性,容易被破坏、篡改而且无法察觉。而且随着科学技术的日新月异,这些电子证据一旦被干预、修改或者删除,很难被 ODR 服务机构发现和复原,这给电子证据的真实性保护带来了一些难题。如此一来,ODR 服务机构对电子证据的真实性进行识别时就需要具有一定的专业技术。另外,当事人选择第三方机构加入来解决纠纷的目的是纠纷能够得到相对公正的解决,所以对于 ODR 服务机构来说,其中的调解员、仲裁员的中立性方面也是当事人在选择 ODR 机制解决纠纷时考虑的因素之一。为了充分保障调解员、仲裁员的中立性,《跨境电子商务交易网上争议解决程序规则(草案)》(以下简称《程序规则(草案)》)制定了"中立人"制度,中立人要在接受指定时声明其独立性,从指定之时起并在整个在线纠纷解决程序期间向 ODR 服务机构披露可能对其公正性或独立性产生有正当理由怀疑的任何情况,这种做法对于各国来说很具有借鉴意义。

实践中,在解决跨境电子商务纠纷时,由于 ODR 服务机构运行规则不统一、法律地位没有明确,再加上 ODR 机制"在线性"的特点,在运用 ODR 机制解决跨境电子商务纠纷时更要注意 ODR 机制管辖权的确定、法律适用法的确定、纠纷处理结果的执行等方面的问题。

(四)跨境电子商务在线争议解决网站的规制、督促与执行

1.跨境电子商务在线争议解决网站的规制。在跨境电子商务在线争议解决机制中,在线争议解决网站处于重要地位,决定着争议方是否获得公平、快捷的争议解决服务,这也是跨境电子商务在线争议解决方式能否最终为各方认可、成为持续运转的成功机制的关键。因此,对其资质要求也必不可少,具体包括以下几个方面:

(1)充分披露信息。首先,在线争议解决网站应准确披露自身信息,包括联络信息(电话、电邮、地址)及机构信息(设立地或登记地)。这样可以方便寻求争议解决服务方识别提供服务的机构,在需要时能够及时有效地和该机构联系,在该机构有任何违法行为时,相关法律执行机构也能查到该机构并给予惩处。

其次,披露争议解决服务信息。披露在线争议解决的条件或限制,提供争议解决的基本常识。说明和解释所提供争议解决方式的类型和具体程序,披露相关程序规则。解释各种争议解决方式的不同,包括介入的中立第三方的作用,如在线调解、在线仲裁中第三方的角色定位。公布每种争议解决方式的解决期限、费用、解决结果的性质,如对当事人是否具有约束力及约束力的大小。为每种在线争议解决方式配上简明的流程图,以方便寻求服务方。

最后,设置评价反馈和定期报告机制。在线争议解决网站应该定期公布报告,包括:在线受理在线争议的数量、正在解决的争议案件数、已解决的争议的案件数量;争议通过何种在线方式解决的,是在线调解还是在线仲裁;争议解决的结果,是否被双方认可并履行;经营者和客户各自胜诉的案件数量,案件处理的平均时间,争议方承担的平均费用等。

(2)保证争议解决公正、中立。确保争议解决公正、中立,主要依靠对中立第三方的约束、争议解决程序设计和争议解决网站的自律与他律。

首先,中立第三方应具备一定的资质。对能力的要求:中立第三人应具备一定的协商谈判能力,主要是能引起当事人在线协商的互动;能够知悉一定的在线争议解决程序,如不公开报价系统;掌握一定的背景知识,如解决争议所需要的技术背景、全球化背景和法律背景知识。对技能的要求:能通过互联网和其他资源收集、利用和处理信息;能对程序进行管理;能对当事人的互动进行引导。对职业道德的要求:公正无私,保证在线和试听交流过程最大限度地透明化;保证机密性,为确保自动化程序的安全,必须采取风险管理策略。

其次,在线争议解决程序设计应符合正当程序标准。程序设计应该实现平等对待争议双方,使各方均有陈述其主张的合理机会,不因争议解决程序而处于信息或技术劣势。在线争议解决网站应采用技术手段,帮助争议方掌握启动和参与在线争议解决程序的技能,避免争议一方因技术劣势在争议解决程序中处于不利地位。在线争议解决网站还应通过对程序的控制,保证其公正性。

最后,在线争议解决网站也应具备一定的资质。在线争议解决网站本身应具备承担法律责任的能力,聘请合格的中立第三方作为执业人员,设立中立、公正、高效的程序规则,制定合理的收费制度并履行设立网站的手续。此外,在线争议解决网站还应制定自我约束的行为标准,或参加信誉标记组织,遵循其制定的行为准则,接受其监督。

(3)保证信息保密和数据安全。一方面,在线争议解决网站应制定保密规则,同时,在组织架构、程序设计上采取措施并运用技术手段对争议双方提供的信息进行保密,限定解除信息人员范围,以及对信息的使用方式。在编制相关统计数据报告时,删除相关个人信息。另一方面,在线争议解决网站还应为争议双方就信息保密问题提供投诉途径。

此外,在线争议解决网站应通过制定数据安全保护规则,参加信誉标记组织或认证项目,保护争议方提供数据的安全。采取安全防御措施,避免其持有的争议双方提供的信息数据被非法侵入、破坏、使用或篡改。在线争议解决网站可以考虑设置数据管理体系,将数据安全保护纳入体系设计,进行内部监控和动态管理,定期评估和调整数据安全保护措施,并制订突发事件应对方案,建立重大安全事故通报制度,以便采取相应行动保护个人数据安全。

2.跨境电子商务在线争议解决的督促与执行。跨境电子商务在线争议解决想要取得最终成功,快捷、低成本的跨境执行机制是其重要保障。建立争议解决结果的网站执行机制,是跨境电子商务在线争议解决成功运作的出路。因为在跨境电子商务在线争议解决结果中,和解协议、调解协议、非约束性决定等都不具有强制执行力,需要当事人自行履行。此时,就尤其需要督促手段来促使并保证争议方的自行履行。督促手段包括定期披露和评价反馈,即在网站上定期披露经营者自行履行争议解决结果的信息,包括争议案件的数量、争议解决结果、经营者是否自动履行、未能自动履行处理结果的原因。借助信誉标记督促,将信誉标记纳入跨境电子商务在线争议解决机制,鼓励经营者承诺遵守相关行为准则,自动履行争议解决结果。通过收取保证金督促,要求经营者向第三方平台交纳一定数额的保证金,在卖方未按时交货,或货物数量品质不符合约定给客户造成损失的情况下,由第三方平台向客户先行赔付,然后再追究经营者责任。如果争议方不自动履行争议解决结果,第三方平台可采取警告、冻结或关闭争议方账户、公示等方式予以处罚。这些督促方式不是相互排斥的,而是可以合并使用的。

如果跨境电子商务在线争议解决的结果就是仲裁解决,在当事人不自动履行时,就应借助执行机制。执行机制需要独立于法院,否则不可能满足跨境电子商务在线争议解决机制快速、低成本执行争议解决结果的要求。鉴于电子商务交易中普遍采用第三方支付平台付款方式,交易方一般都在第三方支付平台拥有账户,则网上执行机制目前较为可行的方式是,与第三方支付平台合作,在争议方不自动履行争议解决结果时,依据救济的金额,直接从该方在第三方支付平台的账户里划款,支付给申请执行方。网上执行机制实质是替代执行的一种机制,而非强制执行机制。基于对个人财产的保护,强制执行必须由有权机关根据有效的执行依据,按照严格的程序进行。网上执行机制不具备前述条件,其合法性与正当性在于负有履行争议解决义务一方的同意。这种同意可以通过在第三方支付平台用户协议中加入相关条款达到。相关条款可以规定:如争议方不自动履行通过跨境电子商务网上争议解决机制做出的仲裁裁决,第三方支付平台将依据仲裁裁决,将相应的款项从争议方的账户划转到申请执行方的账户。

跨境争议当事人无须进行面对面接触,使得争议解决成本大大降低。先进技术的运用使得信息传递更加快捷,争议解决的效率大大提高。跨境电子商务的交易当事人都对网络交易的流程和相关环节较为熟悉,通过相关平台规则解决网络争议时不存在技术问题。

四、完善我国跨境电子商务在线争议解决机制的建议

(一)构建具有中立性和专业性的第三方平台

跨境电子商务交易纠纷在线第三方调解机制的载体无疑既包括跨境电子商务平台,又包括专业的跨境电子商务交易纠纷在线第三方调解平台。针对我国在线第三方调解机制出现的中立性和专业性缺乏保障的问题,不仅应完善第三方调解平台的资质,加强载体建设,同时还应明确跨境电子商务交易纠纷中的主体责任,从客观上缓解目前出现的信任危机问题。

1.加强在线第三方调解平台的团队建设。加强在线第三方调解平台的团队建设是为了解决人员身份混同的问题,其在完善在线第三方调解机制的过程中至关重要,这是解决专业性和中立性缺乏保障问

题的首要措施。《程序规则（草案）》中有相关提示，其中有一项原创性和独创性的内容即中立人制度，顾名思义，中立人即帮助当事人调解纠纷的个人或组织。

一是要积极和及时建立与维护中立人名册。线上第三方调解平台主要负责选择可以胜任的中立人：在选择中立人时应同时注重能力、独立性和公正性；在中立人名单更新时应及时主动告知公众，对那些不适合担当中立人的人员及时取消资格，代之以合格的调解员；要进行适当的培训，以保持中立人解决案件相关的能力。

二是透明性对于纠纷双方信任调解机构至关重要。确保在线第三方调解平台业务的透明性更是如此，因为在线上解决纠纷的过程中，当事双方并非面对面。因此很有必要制定中立人基本行为守则，《欧洲调解人行为守则》是这方面的典范。在线第三方调解人员必须具有解决跨境电子商务交易纠纷的法律和专业知识，除了能够坚持公平原则，还应具备责任和使命感才能做好调解工作。可见，建立专业的中立的跨境电子商务交易纠纷在线第三方调解平台刻不容缓。首先，将政府主管部门、行业协会、律师协会等主体统一纳入第三方调解平台。对于事实清楚、情节简单、交易额较小的纠纷，由行业专家、资深律师等在专业的第三方独立平台上组织当事人进行调解；对于事实部分不清楚、情节复杂、交易额较大的纠纷，应建立调解联席会议机制，即在调解之前，邀请政府主管部门、行业协会、律师协会等各方共同参加调解联席会议，提出调解建议。综合调解联席会议上得到的观点和建议，是从中立第三方的角度入手，为纠纷当事人提出和解方案。其次，积极促成各在线调解平台内部机构尽快完成升级。找准关键点，并将重点集中于在线调解解决跨境电子商务交易纠纷。一是根据具体的标的额收取相应的调解费用，并通过提高收入、待遇及增加社会荣誉增强行业专家、资深律师、工作人员等投身第三方调解工作的积极性。二是加强与政府、企业和其他民间组织机构的通力合作。我国想要建立实现一站式纠纷解决的机制，还得向东盟学习。2004 年颁布的《东盟促进争端解决机制议定书》，设置了专项资金，尤其针对在线第三方调解机制,说明需要预留专项资金以保证必要的中立性。三是优化第三方调解平台及其工作人员的激励机制。四是提升调解人员的专业素养。通过培训促使调解人员优化调解思维;通过转变作风,提高服务效率;通过强化考核,增强调解人员的责任感。另外,要解决中立性和专业性缺乏保障的问题,要使全球网上争议解决制度真正建立,进一步使该系统充分发挥作用,必然需要投入相应的人力和物力,经费是不可或缺的。但是是通过向当事方收费还是另辟蹊径,需要进一步研究和探讨。而且收费问题还涉及更深层次的公平问题。

目前,从全世界的线上纠纷解决系统经费的主要来源分析来看,我国线上第三方调解平台的经费来源包括以下几个方面:一是纠纷双方适时适当支付合理费用,这些费用不能太低,以防止滥用调解,也不能太高,以保证需要者正常使用;二是引入市场力量,鼓励各线上第三方调解平台相互竞争,保持合理收费,维持平台良性发展;三是政府或者其他公益性组织提供必要的资助;四是在线第三方调解平台自给自足,拒不接受外来经费,这就要求平台能够高效、低成本解决案件。

除此之外,还要加大对在线第三方调解平台的宣传与推广。怎样才能让当事人信任并最终选择在线调解服务,也是在线第三方调解机制完善中要面临的重要问题。欧盟为了让消费者信任 ODR 机制,对其进行了适当的推广。还有如下规定,欧盟各国在线经营者必须在其网站醒目位置提供其电子邮件地址和 ODR 平台的电子链接,以确保消费者对 ODR 平台的广泛认知。在具体的措施中,欧盟成员国还鼓励消费者联盟和企业联盟适时提供 ODR 平台的网站地址链接。信誉标记也被引入用来鞭策经营者和增强消费者的信心。

随着人工智能技术的发展及调解实践中中立性和专业性的客观需求,在在线调解中加大对人工智能手段的应用也不失为一种明智的选择。例如,加拿大就引入了精通人工智能算法的调解机器人代替人工调解,首战就以一个小时不到的时间成功解决了一起争议,而这起争议是在政府在线民事系统中历时 3 个月都没能解决的争议。事实表明,适当加入精通智能算法和电子谈判术的机器人,不仅可以大大缩短纠纷解决的时间,提升效率,更能够保证中立性和专业性。

2. 明确跨境电子商务交易纠纷中的主体责任。

一是要明确跨境电子商务交易纠纷中消费者、跨境电子商务企业(境外主体)境内服务商(境内注册企业)和第三方跨境电子商务平台等主体的责任、义务,明确调解人员与跨境电子商务平台客服人员、售后人员的主体责任,以及在线第三方调解平台的合法性地位,提高第三方调解的合法性、公信力和执行力。由政府牵头完善的《中华人民共和国电子商务法》在跨境电子商务纠纷解决方面的细化规定,确定各主体责任及在线第三方调解平台的合法性地位。现有实体法律规定明确了主体责任、义务及维权领域法律适用范围。对于完全定义自己为第三方跨境电子商务平台和专业在线纠纷第三方调解平台的主体在责任明确上没有太大的问题,这里主要是针对采用"自营＋平台"模式的第三方跨境电子商务平台,在角色变换中可能会出现一系列的问题。以防此类问题频发,各平台需要动态调整第三方《争议处理规范》,增加程序方面的相关规定,如此才不会在解决纠纷时出现责任不清的局面。另外,纠纷双方的责任、义务也需要有明确的规定。还有维权领域关于在线调解的法律适用要具有权威性和统一性。网易考拉"加拿大鹅事件"很好地说明了作为一方主体的跨境电子商务平台责任不明确,程序就会出现混乱,进而导致矛盾升级。只有在各方责任义务明确的情况下,程序才会得以保障,纠纷才能顺利解决。

二是要明确线上第三方调解平台和线上第三方调解机构的不同作用。这是线上纠纷调解过程的两大组成部分,必须有法律明确规定二者各对哪些方面负责,以及二者如何实现合作,交换数据,共同解决跨境电子商务纠纷。前者主要提供技术和数据,后者主要提供法律或实质性的内容。二者在不同的模式中起到的作用显然是不同的。在"线上第三方调解机构"模式中,即线上第三方调解机构是与当事人的第一联络点,起到主导作用,负责指定线上第三方调解平台;而在与之相反的"线上第三方调解平台"模式中,即线上第三方调解平台是第一联络点,负责指定线上第三方调解机构;还有第三种情况,即网上解决机构和网上解决平台是同一个实体。无论何种模式，二者发挥作用的前提在于对各种因素的不同考虑，其中最重要的是当事人的需要。另外，解决好数据交换、数据保护的问题及处理好二者之间的关系，才能高效快速地解决纠纷。

（二）建立完备的在线争议解决机制

随着跨境电子商务的不断普及和发展，构建一个完备的跨境电子商务在线争议解决机制势在必行。《中华人民共和国电子商务法》第六十三条规定，可以建立争议在线解决机制，这对跨境电子商务消费者权益保护来说是个显著的进步。但是，此条法条并没有对争议过程中的具体问题做出具体的规定。因此，政府可以在该法条的基础上建立健全具有可操作性的、高效的在线争议解决制度。

1.建立一个可以由各方参与和提起仲裁的 ODR 平台，即在线争端解决机制。作为互联网技术的产物，ODR 平台具有明显优势，它的程序便捷灵活，能节省不少人力、物力，不仅可以为当事人节约成本，还可以节约司法资源。

2.关于 ODR 平台的运行模式可以借鉴仲裁制度。在线争端的当事方应有三方当事人，包括网上解决平台、案件当事人、仲裁员，由当事人依协议组建仲裁庭，沿用实践中仲裁委员会中的仲裁员制度。由于是双方当事人自愿将争议交由 ODR 平台解决，最后达成的结果也应为当事人自愿选择的结果。

3.关于 ODR 平台的执行力问题。在实践中，双方当事人通过 ODR 平台仍无法解决纠纷的情况下，需要法律赋予当事人申请强制执行的权利，增强在线纠纷解决机制的执行力，提高其公信力。

4.提升互联网技术，构建高效安全的 ODR 平台。ODR 平台的构建离不开互联网技术。因此，政府要鼓励构建和发展 ODR 平台技术，提升平台系统的安全性，注重消费者个人信息的安全，保障在线纠纷解决机制的安全运营。

5.政府可以引用发达国家的技术及专门培养解决跨境电子商务

在线争议的人才,提高在线争议解决的公正性,保证结果的公正,提高社会公信力,以此来促进消费者维权。

6.加强国际合作与交流。与国外相比,我国的在线纠纷解决机制还存在不少缺陷。在构建在线纠纷解决机制方面,美国和欧盟有着丰富的经验。因此,可以借鉴美国、欧盟在在线纠纷解决机制方面的先进立法经验,加强与它们之间的国际交流与技术合作,通过立法、司法和行政 3 种手段,从运行模式、技术、效力和执行及监管方面完善对 ODR 平台的构建。

(三)立法、司法、执法方面采取相应的举措

1.立法层面。就立法层面而言,鉴于我国目前在跨境电子商务在线争议解决的立法上处于空白状态,且进行立法完善需要较长的周期,与我国目前快速发展的跨境电子商务形成了相互矛盾的关系。因此,现阶段可以对我国现有的法律法规进行完善,将涉及电子商务的法律条文提炼出来,以司法解释或决定的形式将其适用到跨境电子商务领域中。如我国现行的《中华人民共和国消费者权益保护法》中就有若干涉及电子商务的法条;如《中华人民共和国消费者权益保护法》第四十四条对通过网络平台购买商品的消费者之合法权益保护做出了细致的规定,肯定了消费者在合法权益受到侵害时的追偿权;又如原《中华人民共和国侵权责任法》第三十六条规定了网络用户和网络服务提供者在涉及侵害他人民事权益时应承担的责任;再如原《中华人民共和国合同法》第十一条确认了电子合同的有效性。现阶段,完全可以对这些条文做出扩张解释,将其适用范围扩大到相关的涉外领域。

此外,我国于 2019 年 1 月 1 日生效的《中华人民共和国电子商务法》中也有若干涉及跨境电子商务及其争议解决机制的法律条文,在具体适用时,可以根据现实情况对其进行细化处理。如《中华人民共和国电子商务法》第七十三条之国家推动建立与不同国家、地区之间的跨境电子商务争议解决机制。鉴于该条款并未对跨境电子商务争议解决机制做出详细的规定,在实际应用中缺乏具体措施。因此,在实践中,可以以此条款为基本原则,在实际操作中借鉴相关的域外法律条文,在适合我国国情的基础上运用相关条文解决具体问题。例如,美洲国家组织规定其跨境 B2C 网上争议解决机制涉及金额的上限为 10 000 美元。我国可以以此为参考,从我国国情出发,对此做出相应的规定。

2.司法层面。就司法层面而言,在诉讼程序与现有民事诉讼法难以衔接的情况下,应加强在线诉讼的配套制度的建设。具体而言,在民事诉讼的启动、送达、审判、判决的承认与执行等方面都应该根据实践中的情况制定相应的制度。如判决书的送达,在在线诉讼的情况下,当事人通过在线诉讼平台或互联网法院的官方网站获取到的信息,应视为有效送达。

在电子数据真伪鉴定方面,我国应努力提高科技水平,打破现有的技术壁垒。在案件审理过程中,应借助现有的技术,重点审查电子数据生成、收集、存储、传输过程的真实性。此外,法官需要在实践中不断摸索,提高自身的专业性。

对于准司法平台的仲裁费用过于高昂的问题,相关政府部门应对其进行有效的规制和统一的管理,在现有的在线仲裁平台的基础上,设立专门针对跨境小额电子商务的争议解决部门,以提高在线仲裁平台的使用率和公信力。

3.执法层面。我国网络执法平台存在推广力度不够、公信力不高的问题。针对这一问题,我国可以以高校和政府为依托,建立具有示范性的线上争议解决执法平台。同时,平台也可以开展和国内知名跨境电子商务企业的合作,与其共同建立示范性跨境电子商务争议解决平台。另外,加强对我国 ODR 机制的推广及提高其在消费者之间的使用率和公信力。

此外,对于此类平台达成的协商和调解协议,仅具有合同的效力,对当事人没有司法强制执行力,因此,此种调解协议如何与官方判决进行衔接是一大重点。就这个问题而言,政府部门可以设置相关公证制度,使此类协议具有一定的执行保障。这样,消费者可以根据自身案件情况,自由选择是否采取跨境电子商务在线争议解决机制。

本 章 小 结

随着消费者消费观念的提升,我国跨境电子商务迎来了蓬勃发展的时期,"足不出户,买遍全球"已经成为中国消费者的生活方式。但跨境电子商务在实际的运营过程中,不可避免地面临着风险问题,如交易风险和汇率风险、运输风险、隐私风险、知识产权风险和税收风险。因此很有必要对这些风险进行有效的防范,从而保障电子商务的可持续进行。从国家层面来说,保障电子商务的可持续进行有利于促进整个国民经济的健康发展;从企业层面来说,有利于企业实现自身的经营目标和经济效益;此外,也是市场面对法律风险扩大后的迫切需要。跨境电子商务风险防范的措施有加强执法机关的监管力度、构建跨境支付合作监管机制和信息共享机制、构建中国跨境电子商务法律制度及交易风险预警机制。

通过新近进口跨境电子商务和出口跨境电子商务的相关制度,本章列举了进口跨境电子商务和出口跨境电子商务中常见的法律风险,在此基础上指出了跨境电子商务争议的类型,并指出了跨境电子商务争议解决的途径。ODR 机制,也叫在线纠纷解决机制,具体包括在线协商、在线调解、在线仲裁和在线诉讼等 4 个方面。利用 ODR 机制解决纠纷时具有程序灵活便捷、成本低效率高、纠纷解决的对抗性减弱,并且交易方可以保留寻求法律救济的权利等特点。但是 ODR 机制也有一些不足,因此需要进行规制、督促和执行。最后针对完善我国跨境电子商务在线争议解决机制提出相应的建议。

思考题

1.跨境电子商务中常见的风险有哪些？

2.进行跨境电子商务风险防范有何意义？

3.跨境电子商务风险防范的措施有哪些？

4.进口跨境电子商务中常见的法律风险有哪些？出口跨境电子商务中常见的法律风险有哪些？

5.传统方式解决跨境电子商务争议的弊端有哪些？

6.跨境电子商务争议解决的途径有哪些？

7.什么叫 ODR 机制？ODR 机制的优势和不足有哪些？

8.完善我国跨境电子商务在线争议解决机制的建议有哪些？

第十章
跨境电子商务法律法规案例

学习目标

1.通过进口跨境电子商务平台相关案例,了解和掌握跨境电子商务法律法规的运用。

2.通过出口跨境电子商务平台相关案例,了解和掌握跨境电子商务法律法规的运用。

第一节　进口跨境电子商务平台的相关案例

一、天猫国际

案例 1　《滥发信息实施细则》

(网经社讯)2021 年 7 月 12 日,天猫国际发布了《滥发信息实施细则》。网经社(100EC.CN)获悉,根据官方解释,滥发信息是指商家未按该规则及天猫国际发布的其他管理内容要求发布商品信息,妨害买家权益的行为。比如,发布广告信息、重复信息、规避信息、错误描述信息等内容。一旦店铺涉及滥发信息,天猫国际可对该商品或信息进行临时性下架或删除的惩罚。

(资料来源:网经社:《天猫国际〈滥发信息实施细则〉》,
http://www.100ec.cn/detail-6598517.html)

案例 2 天猫国际海外直购新增《直邮安心退服务规范》

（网经社讯）2021 年 9 月 26 日,天猫国际于 9 月 23 日发布新增的《直邮安心退服务规范》公告。公告称,为了更好地提升消费者的购物体验,针对天猫国际海外直购服务,将新增《直邮安心退服务规范》。此次规则于 2021 年 9 月 23 日进行公示通知,于 2021 年 10 月 14 日正式生效。

网经社(100ECN. CN)获悉,《直邮安心退服务规范》显示,"直邮安心退"服务系指买家进行天猫国际海外直购时选择带有"直邮安心退"标识的商品,买家在签收商品后 7 天内,如因主观原因不愿意完成本次交易且商品符合完好标准的,可向商家发起退货服务申请。

申请条件、方式方面:买家可自签收商品后的 7 天内提出申请。7 天期间指自物流显示签收商品的次日零时起算,满 168 小时为 7 天。买家进入"我的淘宝—已买到的宝贝",通过"退款—我要退货"或"申请售后—我要退货"通道,选择"直邮安心退"选项向商家发起申请。买家体验"直邮安心退"服务需要支付一定费用。

"直邮安心退"服务的收费标准方面:买家申请"直邮安心退"商品时的退款金额以订单实付价款为限,并将扣除每笔订单 88 元的退货服务费(退货服务费包含跨境运费、商品质检费等)。双方另有约定,或商家做出优于本规范规定的承诺的,从其约定或承诺。

其他注意事项方面:商品以套装形式出售的,买家退货实施"整买整退",若需拆分退货则必须事前与商家协商一致。买家退货时,应当同时退回赠品(若有),若赠品缺失或产生贬损则依照商家事先明示或双方约定的价值,根据缺失或贬损程度予以折算全部扣除或部分扣除。若商家事先未予明示或双方未有约定,则天猫国际将根据赠品的市场均价予以酌定。商家无正当理由不得拒绝买家申请"直邮安心退"服务。

（资料来源:网经社,http://www. 100ec. cn/detail-6601334. html）

二、唯品会

案例　唯品会上海淘商品没中文标签　女子提起10倍赔偿

2015年8月,辽宁女子黄某在广州唯品会信息科技有限公司(以下简称"唯品会")网购平台购买了英国进口的"HB水解胶原蛋白片"1瓶、英国进口的"HB巴西莓片"1瓶。

2015年9月,黄某在唯品会网购平台购买了新西兰进口的"康维他UMF5+麦卢卡蜂蜜5+1kg"1瓶、英国进口的"HB液体钙软胶囊"1瓶、新西兰进口的"康维他蜂王浆胶囊"1瓶。

2015年11月,黄某在唯品会网购平台购买了澳大利亚进口的"Swisse鱼油胶囊"2瓶。

2016年3月,黄某在唯品会网购平台购买了新西兰进口的"RedSeal红印黑糖"2瓶、"康维他UMF5+麦卢卡蜂蜜5+1kg"1瓶、"康维他UMF5+麦卢卡蜂蜜5+1kg"1瓶,澳大利亚进口的"HealthyCare月见草油胶囊"1瓶,美国进口的"莱萃美Nature Made多种复合维生素B群片"1瓶、"莱萃美Nature Made银杏精华胶囊"1瓶、澳大利亚进口的"Bioglan葡萄籽精华"1瓶。

据统计,黄某购买这些产品共计支付货款3787元。这之后,黄某以其购买的各类保健品均无中文标签及中文说明书为由,将唯品会起诉到法院,要求退货并进行10倍的赔偿。

网站网页做了中文说明告知可能没有中文说明书

法院经查,在黄某每次下单购买的过程中,广州唯品会公司网页的消费者告知书中写道:在你选购境外商品前,麻烦您仔细阅读此文,同意本文所告知内容后再进行购买。

1.您在本网站上购买的境外商品等同于境外购买。

2.您购买的境外商品适用的健康、安全、卫生、标示等方面标准均为原产地标准,可能与我国质量安全标准不同。在使用过程

中由此可能产生的尚未危害或损失及其他风险,将由您个人
承担。

3.由于您所购买的境外商品从大陆(不含港澳台)以外的地
区发出,可能无中文标签及说明书。

唯品会网页上对涉案商品的名称、产地、保质期、成分、规格、
适用人群等都做出了中文说明。

退货及索赔无法律依据,女子诉讼请求被驳回

法院审理此案后认为,从本案双方当事人的交易形式上来
看,黄某通过唯品会网购平台选购境外商品,并通过唯品会跨境
结算软件支付商品货款、填写个人信息等,境外的商家收到通过
唯品会支付平台支付的货款后再将商品通过国际物流快递给黄
某,必须经由黄某在阅读网站提示内容、点击同意后方可成功。

该种交易并非直接的销售关系,实际上是黄某与境外销售商
进行交易,而唯品会并非买卖合同的相对方,其提供的仅是网络
平台和购物渠道及货款结算服务。因此,黄某、唯品会之间构成
的是服务合同关系,而非买卖合同关系。

黄某通过唯品会提供的海外购物平台,自行选定了需要购买
的商品,并以自己的名义支付货款,办理商品进口通关手续,系其
对自身权利的处分。唯品会并未向黄某直接销售涉案商品,黄某
要求唯品会以销售者的身份就涉案商品退货退款并进行10倍赔
偿没有法律依据。

通过调查发现,唯品会在网站提示信息中明确提示黄某所购
产品可能没有中文标签或说明书,已充分履行了告知义务。黄某
作为消费者,在此风险提示下多次反复购买涉案商品,其行为足
以表明主观上愿意承担可能存在的风险。而且,黄某也没有提供
证据证明因服用涉案商品造成了严重后果。

综上,黄某要求唯品会退款并赔偿的诉讼请求,没有事实及法
律依据,不予支持。法院因此一审驳回了黄某的诉讼请求。2018年

1月,黄某不服,提出上诉。

近日,法院发布案件二审结果,判决驳回上诉,维持原判。

（资料来源：《华商晨报》,

https://www.sohu.com/a/272963604_259124）

三、亚马逊

案例 1　亚马逊商品久未发货　商家单方面取消订单

丁先生在亚马逊购买了 12 本《阿司匹林传奇》（2 个订单：C03-8072914-8780832、C03-7640589-5203224）,网站承诺会在 2018 年 12 月 24—30 日之间送达货物,结果亚马逊一直没有发货。与店家沟通,店家承诺春节后会发货。但是 2019 年 1 月 24 日,亚马逊直接取消了丁先生的订单。

接到该用户投诉后,亚马逊一方第一时间将投诉案件移交该平台相关工作人员督办处理,但截至发稿前,丁先生尚未收到来自被投诉平台的任何有关处理回复。

案例 2　"亚马逊中国"商品缺货　商家单方面取消订单　回复：处理中

田先生于 2018 年 12 月 22 日在"亚马逊中国"以线上支付的形式购买了《阿司匹林传奇》一书,订单号为 C01-4926625-7917620。

田先生在"亚马逊中国"以线上支付的形式购买《阿司匹林传奇》一书,购买后第 3 日（12 月 25 日）亚马逊以电子邮件告田先生,其所购买的图书暂时无货,需要等到春节后发货,田先生回邮件并电话致电亚马逊客服表示愿意将订单延迟到春节后,不想退单,当时亚马逊客服回复"可以"；但是在 2019 年 1 月 17 日,田先生突然收到的短信及电子邮件写道,其在"亚马逊中国"网站所购买的《阿司匹林传奇》一书被强制取消订单。

案例 3　"亚马逊中国"商品久未发货　商家单方面取消订单回复：处理中

2018 年 12 月 22 日，茹先生通过"亚马逊中国"网站成功下单购买《阿司匹林传奇》图书一本，24 日下午卖家发短信说他的订单 C03-2171029-0654428 中有书在运输途中被挤压受损无法发出，劳烦他联系客服申请退款。当天茹先生便向亚马逊客服表示图书受损也愿意接受，请卖家抓紧发货。然后，亚马逊客服直接与他联系，说图书无货，要重新采购后春节前后才能发货，他也表示认可。其间，茹先生二次与亚马逊客服反映自己的诉求并要求客服予以备注不能撤单和取消，亚马逊客服均表示认可。2019 年 1 月 24 日凌晨，亚马逊官方却发邮件通知茹先生已被撤单。

（资料来源：搜狐网：

《商品质量问题不断"亚马逊""海淘"体验遭质疑》，

https://www.sohu.com/a/292848517_262147）

四、洋码头

案例 1　"洋码头"商品涉嫌存在质量问题　用户退款无门

2021 年 6 月 7 日，广东省的骆女士向"电诉宝"投诉，称自己于 5 月 28 日 0 点 36 分通过"洋码头"平台在日本买手 JTLvintage_2030 的直播间下单购买了 LV 中古包。骆女士表示，该直播间没有仔细显示商品的细节，通过秒杀抢拍的方式诱导直播间多个客人下单，自己咨询卖家后台要求其提供细节图看，由于图片色差等原因无法直观看出产品成色等细节，自己便咨询卖家商品是否有破损等严重问题，卖家回答没有后自己便下单了。

骆女士还表示,自己于 5 月 28 日下午对商品存在疑问,咨询卖家商品为什么没有带锁,卖家则于次日凌晨回复说本来就不带锁,并表示要锁需要另外加钱。骆女士认为,这样的商品是有问题的,自己当时表示不想要商品了,此时商品还是没有发货的状态,自己发起退款申请,但卖家拒绝了。目前骆女士的诉求是希望可以退款。

案例 2 "洋码头"购物因商家问题未及时到货 申请赔偿遭平台拒绝

2021 年 6 月 15 日,江苏省的钱女士表示自己于 5 月 18 日在"洋码头"平台购买了一个价值 4450 元的 LV 包,其间多次催促商家发货,但是商家直到 6 月 2 日才发货。上述情况直接导致钱女士错过了个人的送礼时间,因此钱女士要求商家赔偿,而商家以"已发货不退款"为由拒绝赔偿。

钱女士反映,除了存在上述问题之外,自己也没有收到之前与商家协商好的包装盒子,而且平台也没有按照规定出具检测报告。基于上述问题,钱女士表示自己损失了包装盒子(200 元)及鉴定费用(60 元)。目前钱女士的诉求是希望商家能够给予自己 500 元的赔偿。

接到该用户投诉后,网经社第一时间将投诉案件移交该平台相关工作人员督办处理,但截至发稿前,我们尚未收到来自被投诉平台的任何有关处理回复。

案例 3 "洋码头"鞋子疑似存在质量问题 用户申请换货遭拒

6 月 19 日,浙江省的何女士向"电诉宝"投诉,称自己于 2021 年 3 月 28 日在"洋码头"平台购买了一双运动鞋,在穿了 2 周左右后发现鞋子出现网面破裂严重的情况。何女士与商家沟通,商家坚持自己卖的是正品,并且反馈只可以给 40 元的补偿。何女士表示自己后来与"洋码头"客服沟通此事,客服表示订单已过了维权期,不予受理。何女士表示是因为工作忙未能及时处理,所以才错过了维权期。目前何女士的诉求是希望商家可以换货。

（资料来源：网经社：《"洋码头"2021上半年电诉宝用户投诉数据出炉：获"谨慎下单"评级》,http://www.100ec.cn/detail-6599164.html)

第二节　出口跨境电子商务平台的相关案例

一、敦煌网

案例1　敦煌网变更针对成交不卖及虚假运单号的处罚：新增罚款措施

11月26日消息,《电商报》获悉,B2B跨境电子商务平台敦煌网宣布,为了进一步改善买家的购物体验,提升商户的服务质量,现针对成交不卖及虚假运单号增加处罚措施,在原有账户处罚的基础上,新增罚款的处罚措施。

据介绍,在成交不卖方面,商家账户的商户原因退款率≥1.5%,平台会针对成交不卖的违规订单收取相应比例的罚金。具体规定为：订单金额<100美元,收取订单金额20%的罚金；订单金额≥100美元,并且<1000美元,收取订单金额10%或者20%的罚金,以金额较高为准；订单金额≥1000美元,收取100美元的罚金。

在虚假运单号方面,敦煌网的打击力度更大,因为刷单对平台造成的影响非常不利。具体规定为：订单金额<100美元,收取订单金额30%的罚金；订单金额≥100美元,并且<1000美元,收取订单金额20%或者30%的罚金,以金额较高为准；订单金额

＞1000 美元,收取 200 美元的罚金。

值得注意的是,此次规则调整于 2019 年 11 月 25 日进行公示通知,于 2020 年 2 月 23 日正式生效。

据《电商报》了解,成交不卖指的是买家付款成功,因卖家原因在该订单的发货截止日期内仍未发货导致交易失败的行为。而虚假运单号则是指买家在网上购买了物品以后,卖家提供的快递单号不存在,或者提供了一个已经被别人收货了的快递单号,其实说白了就是刷单。

(资料来源:《电商报》,https://www.dsb.cn/110266.html)

案例 2 敦煌网:就 3 种纠纷情况推出预裁决方案

11 月 12 日,敦煌网发布纠纷预裁决公告。公告显示,为了提升买卖家纠纷体验,平台根据纠纷原因推出预裁决方案,售后协议纠纷预裁决方案预计上线时间为 2020 年 11 月 16 日,发货后协议纠纷预裁决方案预计上线时间为 2020 年 12 月 7 日。

(资料来源:网经社:《11 月第二周:总融资超 16.9 亿元

双 11 全国交易额逼近 8600 亿元"寡头效应"明显》,

http://www.100ec.cn/home/detail-6576991.html)

案例 3 敦煌网上线卖家主动取消订单功能 将加大纠纷订单巡检力度

3 月 30 日,敦煌网发布"卖家主动取消订单功能上线公告"。公告称,为解决商户因为缺货或者价格设置错误等造成无法发货的问题,平台将于 2021 年 3 月 30 日上线待发货订单卖家主动取消功能。

网经社(100EC.CN)获悉,若卖家主动取消订单,将从卖家资金账户中扣除订单支付金额10%的罚金,但不处罚卖家成交不卖且不计算责任退款率。

具体罚金标准包括:罚金不足 5 美元按照 5 美元扣罚,举例:订单金额为 30 美元,扣罚金为 5 美元;罚金超过 20 美元的按照 20 美元扣罚,举例:订单金额为 300 美元,扣罚金额为 20 美元;罚金金额取整数,举例:订单金额为 76 美元,计算出的扣罚金额为 7.6 美元,则最终的扣罚金额为 7 美元。

同时,为加强平台交易的规范管理,营造健康的市场环境,平台将会加大对纠纷订单的巡检力度,并根据违规程度的不同给予 6 张黄牌处罚或者关闭店铺,严重违规如下(包括但不仅限于):空包裹;虚假发货订单金额较大(金额在 1000 美元以上);涂抹证据或者提供虚假证据;多次填写妥投到错误地址的虚假运单号等。

(资料来源:网经社,http://www.100ec.cn/detail-6588469.html)

案例 4　敦煌网平台被品牌方投诉　因卖家销售假冒产品

6 月 24 日,敦煌网公告称,平台接到相关品牌方的相关投诉,有部分卖家销售的产品涉及侵犯 INVICTA、RING SNUGGIES、Pop It 等品牌的相关知识产权。请广大卖家对店铺的产品信息进行自查,如未经授权,请立即删除相关产品。

网经社(100EC.CN)获悉,公告显示,如在监控或审核的过程中,发现卖家账户存在侵权问题,平台将根据《知识产权禁限售违规处罚》的相关规则进行处罚,违规情节严重者,平台将直接给予关闭账户的处罚。

(资料来源:网经社,
http://www.100ec.cn/detail-6596019.html)

二、亚马逊海外购

案例 1　亚马逊因违反欧盟数据保护法　遭重罚 8.87 亿美元

8 月 2 日消息,亚马逊 7 月 30 日向美国证券交易委员会(United States Securities and Exchange Commission,SEC)提交

的文件显示,因该公司欧洲核心部门对个人数据的处理不符合《欧盟通用数据保护条例》(General Data Protection Regulation,GDPR),违反了欧盟的数据保护法,卢森堡数据保护委员会(CNPD)在7月16日对该公司开出了7.46亿欧元(约合8.87亿美元)的罚单。

(资料来源:网经社:《8月第一周:融资额超4.7亿元 亚马逊 全球速卖通 敦煌网 eBay 跨境通等发生了什么?》, http://www.100ec.cn/detail-6599050.html)

案例2 跨境电子商务大卖家泽宝遭亚马逊封杀 被封店铺金额或超15亿元

(网经社讯)6月16日,星徽股份(300464)发布关于其子公司重大事项的公告。公告称星徽股份子公司深圳市泽宝创新技术有限公司(后简称泽宝)旗下RAVPower、Taotronics、VAVA 3个品牌涉及的部分店铺于2021年6月16日被亚马逊暂停销售。经查,原因可能是部分产品赠送了礼品卡,涉嫌违反亚马逊的规则。按2020年泽宝在亚马逊销售额突破45亿元,以及2021年1月1日至2021年6月15日,受影响店铺实现的营业收入约占公司在亚马逊营业收入的31%计算,涉及金额或超15亿元。

(详见网经社专题:星徽股份旗下"泽宝"遭亚马逊封杀 被封店铺金额或超15亿元)

网经社(100EC.CN)获悉,公司已成立应急小组并聘请律师协助与亚马逊进行沟通,积极协调与申诉,争取尽快恢复相关品牌店铺的销售。同时,公司将充分利用线下渠道及旗下其他品牌,加大推广与投入力度,提升经营业绩,降低以上事项对公司的整体影响。

亚马逊再次严惩虚假评论行为

2021年6月16日,亚马逊发布了一封《打造值得信任的顾客评论体验》的公开信。亚马逊在公开信中表示,平台投入了大量资源阻止虚假或奖励性评论出现在商城中。"无论这些不良行为者的业务规模如何,或者身处世界何地,我们都将采取行动阻止虚假评论。与此同时,我们希望强调一点,亚马逊不会轻易做出取消销售权限的决定,也努力确保辨识虚假评论时的高准确度。"

亚马逊表示,发现越来越多的不良行为者试图通过亚马逊站点以外的渠道,特别是社交媒体索取虚假评论。有些不良行为者通过社交媒体获取虚假评论,有些则是雇用第三方服务商索取虚假评论。而且,不良行为者在亚马逊站点以外的渠道有规律地进行这些交易,并且通过多个账户进行关联交易,以试图逃避监测。为此,亚马逊已采用诸多技术,包括先进的机器学习技术,监测从事这些交易的不同主体之间的关联,包括顾客账户、卖家账户、产品和品牌等。同时,亚马逊会定期与社交媒体公司沟通发生在其平台上的不良行为。

亚马逊将继续加强主动管控,通过优化流程和工具加强行业协作,并让不良行为者为其行为承担责任。我们呼吁所有社交媒体公司,如果其服务被用于协助虚假评论,希望它们可以积极投入、主动打击虚假评论,与我们共同阻止这些不良行为者,确保消费者可以放心购物,卖家可以公平竞争。

星徽股份主要从事自有品牌的电源类、蓝牙音频类、小家电类、电脑手机周边类、个护健康类等消费性电子产品的研发、设计、销售和精密金属连接件的研发、生产和销售。

(资料来源:网经社,http://www.100ec.cn/detail-6595414.html)

案例 3　大批亚马逊店铺被关! 出口跨境电子商务市场生变

我国的跨境电子商务出口实现逆势增长,成为当前的外贸亮点。

不过,近期却有一大批国内跨境电子商务企业旗下店铺被亚马逊下架。7 月 6 日,天泽信息(300209)发布的《关于子公司重大事项的公告》显示,旗下控股子公司有棵树因涉嫌违反亚马逊规则,2021 年度已新增被封或冻结站点数约 340 个,占 2021 年 1 月至 5 月亚马逊存在销售收入的月均站点数的 30% 左右。星徽股份也曾发布公告,称其子公司泽宝旗下部分店铺被亚马逊暂停销售,原因也是涉嫌违反平台规则。

一个多月来,这些被封店铺至今未恢复,并给上市公司业绩带来很大影响。业内专家指出,在出口跨境电子商务发展初级阶段的"铺货模式",一旦平台政策发生变化,对商家的影响很难被预估到,例如此次被封的店铺,后续开展出口跨境电子商务的趋势应该是做自有品牌和独立站。

或因"刷好评",多个大卖家被封

天泽信息的公告称,以亚马逊为代表的第三方电子商务平台明显提高了管控强度,对于存在知识产权风险、客户投诉等的产品,平台可能直接采取暂停店铺销售及冻结资金等措施,截至本公告披露日,有棵树被冻结的资金约为 1.3 亿元,预计有棵树 2021 上半年度整体营业收入同比下降 40%—60%。

有棵树的销售模式依托亚马逊、eBay、Wish、速卖通等第三方电子商务平台,将中国制造的商品销售给境外终端消费者,以此赚取采购差价,2020 年天泽信息的财报显示,有棵树跨境电子商务出口业务的营业收入占比达 94.48%。

近期,亚马逊的封号行动还在持续,跨境电子商务从业者危机重重。据了解,亚马逊这一波封号主要集中在深圳卖家,先从头部大卖(大卖家)开始封,然后封第二梯队规模达几十亿元的,接下来还会有更多的中小卖家被封号。

（资料来源:上游新闻,https://www.cqcb.com/wealth/2021-07-12/4277359_pc.html）

三、全球速卖通

案例 1　全球速卖通运动品牌侵权成灾　整治关店 800 多家

(亿邦动力网讯)7 月 10 日消息,外贸电子商务平台全球速卖通发布公告称,近期发现部分用户存在较为严重的专业运动服、专业运动鞋侵权行为。因此,为了维护有序的市场秩序,保护知识产权人的合法权益,平台将按照《全球速卖通知识产权规则》对专业运动服、专业运动鞋进行专项整治。

全球速卖通知识产权规则

据亿邦动力网了解,今年年初,速卖通大幅整合了运动品类,并表示将把运动行业作为与服装平行的重点行业来运营。从交易数据来看,目前运动行业已成为仅次于服装和手机 3C 数码成交规模的第三大行业。因此,从 5 月开始,全球速卖通一直在募集国内运动品牌卖家及商品,并投入大量资源扶持品牌货卖家。不过,品牌货的入驻松绑后,运动行业面临着更多的正品仿品混杂、侵权等问题。

全球速卖通方面表示,专业运动鞋一直是平台重点整治的品类,截至目前已关闭了 800 多家产品侵权的店铺。因此,卖家须尽快做好自己店铺的检查工作,对产品信息进行处理,否则平台将依据《全球速卖通知识产权规则》进行处罚,并视卖家整改情况决定后续处理情况,情节严重的或将直接关闭卖家账户。

同时,自 2014 年 8 月 1 日起,对专业运动服也将开始整治,一经发现卖家有涉及侵权的商品,且未提供有效的授权证明,平台将对相关商品进行清理和处罚。

全球速卖通指出,广大卖家须自行对店铺中涉及专业运动服、专业运动鞋的侵权商品信息及图片进行排查和清理,包括销售带有品牌标志及俱乐部或国家队队标的专业运动服、专业运动鞋商品。若卖家的产品已获得相关品牌或权利人授权,或发布的产品来自相关品牌或权利人授权的代理商,须提交证明文件,验证通过后,才可正常发布商品信息。

(资料来源:亿邦动力网,

https://www.ebrun.com/20140710/104036.shtml)

案例2 全球速卖通新规:虚假发货商家将受严厉处罚

(2016年9月16日)近日,阿里巴巴旗下全球速卖通平台发布公告,将对虚假发货的商家进行严厉的处罚。

关于虚假发货行为,新增的内容为卖家申明发货(即完成"填写发货通知")的5个工作日后无"物流网上信息",则视为虚假发货。而"物流网上信息"是以物流商提供的首条信息为准,例如,线上发货一般是仓库揽收/签收成功,线下发货一般以收寄成功信息或物流商揽收成功信息为准。据悉,更新后的规则对2016年10月1日(美国时间)开始支付成功的订单生效。

此前,全球速卖通平台关于虚假发货的定义是:在规定的发货期内,卖家填写的货运单号无效或虽然有效但与订单交易明显无关,误导买家或全球速卖通平台的行为。例如,为了规避成交不卖处罚填写无效货运单号或明显与订单交易无关的货运单号等。

而此次增加的关于虚假发货的条款,则是全球速卖通平台为了进一步提升消费者购物体验和维护平台商业形象的表态。一旦发现虚假发货的情况,平台将立即关闭该笔订单,并将订单款项退还买家,由此导致的责任由卖家承担。情节严重者将有直接关闭账号的风险。

为了避免虚假发货的情况,全球速卖通官方建议卖家,在发货时若有运单号的变更,需要及时声明变更的发货运单号。如果卖家使用的是线下发货,一定要准确填写物流单号,按照平台的要求按时并如实地发货。使用线上和无忧物流发货的卖家,在选择快递到仓服务时,最好选择稳定的物流商,确保货物能如期到仓。而选择上门揽收服务,要确保物流商上门时货物准备完毕,避免因备货原因导致的揽收失败。

以上就是关于全球速卖通新规定的虚假发货商家将受严厉处罚的相关内容。

（资料来源:速卖通,

https://www.kaitao.cn/article/20160916093341.html）

案例3　全球速卖通判定商家"严重侵权行为"　商家店铺被关,万元保证金和货款无法取出

（网经社讯）近日,国内知名网络消费纠纷调解平台"电诉宝"（315.100EC.CN）接到商家投诉阿里巴巴旗下全球速卖通判定商家"严重侵权行为",以致商家店铺被关,万元保证金和货款无法取出。此外,全球速卖通还涉嫌存在冻结商家资金、制定霸王条款、退店保证金不退还等问题。

4月11日,广东省的王先生在阿里巴巴旗下全球速卖通平台注册账号运营跨境网店,已缴纳保证金1万元和未取出的货款2000多美元,不久后被全球速卖通平台无理关闭店铺。全球速卖通认为,王先生售卖的衣服上有AERONAUTICA MILITARE刺绣,行为属于特别严重的侵权行为,可以一次性关闭账号。

但王先生表示这一串字符毫无知名度,普通卖家不能辨别这是侵权,属于无意侵权,并且这款产品的供货商来自阿里巴巴旗下的1688网站,是阿里巴巴审核通过的产品,而阿里巴巴旗下的全球速卖通又认定其为特别严重侵权的商品,是同一集团自相矛盾的结论。

王先生进一步表示这款产品合计销售额不过1500美元,没有造成任何严重影响,不应该被认定为"特别严重侵权"。王先生表示自己曾就"特别严重侵权"具体量化标准要求全球速卖通网站的客服回答,对方不回答也拒绝沟通。王先生表示自己的诉求是撤销处罚、恢复卖家账号,或者退还保证金和允许取出剩余货款。

（资料来源:网经社,http://www.100ec.cn/detail-6589394.html）

四、eBay

案例　eBay 将延长针对跨境交易提供的卖家保护措施

（网经社讯）2021 年 1 月 4 日，eBay 发布有关"英国市场针对跨境贸易的卖家保护措施更新"的通知。通知称，鉴于英国与欧洲及世界其他地区之间的物流线路持续中断，eBay 针对跨境交易提供的卖家保护措施将延长至 2021 年 1 月 20 日。

网经社（100EC. CN）获悉，通知显示，对于 2020 年 12 月 7 日至 2021 年 1 月 20 日期间进行的跨境交易，eBay 将自动移除延迟送达（Late Delivery）记录及卖家收到的任何相关差评或中评。

对于 2020 年 12 月 7 日至 2021 年 1 月 20 日期间进行的跨境交易，如果卖家在物品送达扫描之前上传了有效的追踪信息，eBay 将自动移除卖家服务指标中的物品未收到（Item not received）请求及卖家收到的任何相关差评或中评。

此外，如果卖家不得不取消跨境交易，eBay 将从卖家表现评估中移除这些不良交易，并移除卖家收到的任何相关差评或中评。eBay 将会尽快处理不良交易（Defect）及任何相关的差评或中评移除问题。但请注意，在 eBay 移除不良交易记录之前，这些不良记录可能会短暂出现在卖家的账号中。

（资料来源：网经社，http://www.100ec.cn/detail-6581850.html）

五、Wish

案例 1　Wish:出售禁售品每件最高处以 250 美元赔款

9 月 11 日消息,跨境电子商务平台 Wish 于近日调整了商户政策 2.7 中有关禁售品赔款的规定。

根据规定,商户出售武器、毒品和吸毒面具、隐私和技术违规、假币这 4 种禁售品,可能将被处以每个违规产品最高 250 美元的赔款,外加该违规产品累计所有订单的订单金额。

此外,如果销售禁售产品,商户账户也可能会被暂停。据悉,Wish 此举的目的是进一步限制高风险禁售品类,保障全球消费者的健康与安全。

值得一提的是,根据该公司近日发布的官方新闻稿,Wish 已秘密提交 IPO 文件。该公司已向美国证券交易委员会(United States Securities and Exchange Commission,SEC)提交了初稿以供审核,准备进行首次公开募股。

据悉,Wish 的最后一轮私募股权融资发生在 2019 年,当时该公司的估值为 110 亿美元。彼时,该公司每月有 8000 万活跃用户。据 SensorTower 公布的数据,Wish 以 1380 万次安装量成为 2020 年 1 月全球下载量最高的购物类应用软件,同比增长 38%。

(资料来源:资讯快报,https://www.cifnews.com/article/77221)

案例 2　Wish 罚款成瘾? 卖家被罚千万元,公司倒闭员工遣散,含泪控诉

近日,Wish 卖家被大规模扣款之事持续发酵。卖家们发出一封公开信,控诉 Wish 平台的"七宗罪"。

据该公开信称,今年 4 月,Wish 以"对客户不诚实"为理由,暂扣大量卖家款项,据不完全统计,总额达 5000 万元。

暂扣之后的 7 月,Wish 又以"涉嫌欺诈"为理由,对相关订单全额退款,并处罚订单金额 20% 的罚金。

8月1日放款日,平台通知称,所涉店铺关闭,3个月之后再行放款。8月21日,噩耗再次传来,针对"涉嫌欺诈"的订单,每单被处以500美元的罚款!

至此,很多店铺的余额变为负数,从负10万元到负40万元不等。在巨额罚款之下,一些卖家公司面临倒闭,工资发不出,不得不遣散员工。

消息发出之后,引发众多卖家热议。

许多卖家现身说法,纷纷诉说自己被罚款的经历。

"在Wish做过卖家的估计都被罚怕了,我直接关店了。"

"几年前发现问题,果断关店止损。"

"在这个平台上根本没有沉淀,几年的心血说没就没。"

新冠肺炎疫情期间,一个卖家趁着电子商务需求暴涨的当口,拿出所有的财产买货并发到海外,但是在6月1日被扣款。Wish方面发来通知"安慰"卖家,让其继续运营,后续将会放款。

该卖家为了维持店铺的良好状况,再次投入几十万元,继续运营。结果,又被不明不白地冻结所有款项,一分钱都没有放。

在消息爆出的当天,一个卖家刚好被罚了1000美元。该卖家感到很冤枉:"我没有任何操作失误,物流也是正常的,(可能)Wish自己没有抓取到信息。"

另一个卖家被Wish罚款几十万元,在走投无路之际,向有关部门报案。然而,主管部门表示,Wish平台的服务器在美国,管辖权归美国,我们国内执法部门鞭长莫及。

也有卖家只做了2个月就亏了几万元,只是因为写错了一个尺寸,被判定为误导。平台对其进行罚款并永久冻结其资金。该卖家奉劝道:"千千万万别做Wish了。"

卖家对Wish平台的"控诉"或者不满,大体可以总结如下:

1.大量扣款、罚款,并认为Wish对于罚款的决定很轻率。央广网曾报道,销售平板电脑的张女士被Wish罚款了1万美元,理由是第一张图看起来是全屏电脑,但第三张图看起来不是全屏电脑,误导了消费者。张女士表示,实际上,第一张是效果图,比较美观一些,第三张是实物图,看起来没有那么好看。

一些卖家指出,Wish 的扣款过程,好像一个越陷越深的坑。

卖家被判定为"误导"之后,按照 Wish 的要求重新修改产品。修改后,又经常被 Wish 以同样的理由下架该产品。接着,已经下架的产品又被判为误导并扣款,最终扣了所有款项。

同一个问题,三番五次被"找茬",卖家感到很无奈。

如果被扣的仅仅是利润,尚且还能忍受,但其中包括大量货款,而这些货款,也并非卖家自有的钱财,许多是向亲戚朋友借的、刷信用卡筹集来的。

扣款后,让很多卖家"从一无所有做 Wish,做到最后负债累累"。

2. 利用自营产品与卖家的相同产品竞争。相对于亚马逊公开自营产品业务,Wish 一直不承认其自营店铺的存在。

许多卖家认为,Wish 之所以不承认其有自营店铺,是为了更加隐蔽地跟卖家竞争,通过收集买家的运营数据,选出同样的爆款产品,并以平台流量加持,与卖家争抢市场。

据卖家公开信内容,"平台复制卖家爆款链接和评价,收取卖家样品进行转卖"。一个卖家反映了其朋友做 Wish 时被自营产品碾压的经历。

其朋友的第一批货物用 FBW 发出,效果良好,势头很旺,于是用全部身家押入,发了第二批货物,但被 Wish 自营店铺跟卖,产品一模一样,详情页也一模一样,结果该朋友的货物大量积压在 FBW 仓库,被供应商不断催款。

Wish 未经卖家允许,擅自给卖家加价,也备受诟病。

有卖家反馈,在后台设置售价几美元的产品,在前端详情页中被 Wish 加价到十几美元。而与其竞争的 Wish 自营店却不加价,以低廉价格取胜。

针对 Wish 自营产品的作对行为,卖家感到非常无奈。

3."A＋物流"之坑:时效慢,退款由卖家承担。"A＋物流"计划是 Wish 的一个"物流托管"计划,原本是为了方便卖家,提高物流时效和增强用户体验。

结果,卖家普遍吐槽这一物流计划,时效差,远不如专线,许多包裹 50 多天都未妥投。

"价格比专线贵,原本有利润的产品,被强行纳入'A＋物流'计划之后,最终亏本了。"卖家抱怨道。

利用"A＋物流"运输的商品,经常在 Wish 规定的申请退款期之后都还没有妥投,产生的退款费,却由卖家承担。

一个卖家反馈,采用 Wish 的"A＋物流",导致客户退款 2000 美元。前段时间,因为 Wish 抓取不到物流信息,卖家又再次被罚款几百美元,申诉也没有用。

除了上述的抱怨,卖家还对 Wish 结算货币的操纵感到不满。

美元增值时,平台用人民币结算;美元贬值时,又用美元计算。后来,统一用人民币结算,但是在美元贬值、汇率破 7 的情况下,平台坚持用 6.88 的低汇率结算,以此获得利差。

不过,有些卖家不完全一边倒地排斥 Wish。

一些卖家表示,很多做 Wish 的公司,年销售额为几亿元,且一直招人。这说明用好这个平台的公司,也有不少。可见,Wish 平台也并非一无是处。

也有卖家批评了那些被罚款的卖家。"被罚款那么多,自己心里没有数吗?平台是过分,但自己也要合规经营。为什么我们没有被罚?为什么我们不爆款,还不是因为我们不铤而走险。"

案例 3　Wish 店铺审核未过　售后退款遭拒

(网经社讯)近日,"电诉宝"(电子商务消费纠纷调解平台;www.315.100ec.cn)接到用户对 Wish 的投诉,称店铺审核未通过,要求售后退款遭拒。

以下为用户向发来的投诉信息：

Wish 店铺审核未通过，要求售后退款遭拒

蓝先生于 2019 年 3 月 27 日向 Wish 平台支付一笔开店押金 2000 美元（13 465.8 元），可是当天店铺审核不过被 Wish 平台给关闭了，从而导致无法正常开店；3 月 27 日到 4 月 16 日，多次联系 Wish 平台退款事宜，可是他们一直不退款。

用户申请售后　Wish 退店保证金难退

谢女士于 2018 年 12 月 6 日向 Wish 平台交了一笔 2000 美元的押金，Wish 平台之前承诺，若是不开店可以申请关店退押金，但至今为止一直没有退还押金，谢女士一直跟客服反馈，客户没有电话，只有在线反馈，他们的人只会说他们会反馈用户，但是半年多了，还是不给退款。

申请注销账号　Wish 退店保证金难退

杨女士于 2018 年 11 月 11 日注册 Wish 平台的账号，并缴纳 2000 美元的保证金，订单号为 5be82d9b7495a225a231002a。

商家承诺在没有违规的情况下，全部退换押金。杨女士后来在 2019 年 4 月 17 日申请注销账号，并要求退还押金，但是直到现在都没有任何回应。

Wish 疑恶意罚款　售后困难　回复：已答复

韩女士于 2016 年 12 月开启 Wish 店铺，2017 年 4 月上架一款钥匙链，产品正确描述，但平台判定韩女士存在误导消费者的行为。2018 年 5 月 3 日 Wish 再发"误导性产品政策 2.10 更新"公告，内容显示："自 2018 年 5 月 2 日起，若产品被检测为存在误导性，对于其在过去 30 个自然日内的相关订单，商户将被处以 100％订单金额的罚款，外加单个订单 100 美元的罚款，总罚款金额最低为 100 美元。"Wish 平台恶意罚款共 1.5 万美元，折合成人民币大约 10 万元。

事件跟踪：

2020 年 1 月 19 日，"电诉宝"收到 Wish 发来反馈称：

1. 误导性产品是指，通过欺诈性的图片（特别是产品主图）、标题、数量、尺寸、价格等错误地描述产品，对用户的购物造成误导和欺诈。Wish 关于"误导性产品"有详尽的政策规则，也多次多渠道向商户公告相关政策规则，并且商户和 Wish 之间是有合同约束的，商户须遵循 Wish 平台规则售卖产品。

2. 如果商户认为产品被误判为"误导性产品"，可以通过提交明确且充分的证据以证明其产品清单和订单履行情况是合规的，Wish 会仔细审查商家提供的争议信息。如果申诉通过，产品可以重新上架，相应的"误导性产品"罚款也会被取消。但是对于个别恶意欺诈用户和平台的行为，杜绝。

3. 目前，在平台相关产品的违规行为（包括误导性产品、侵权产品等）有了较大改善的情况下，从"2019 年 8 月 6 日晚 8 时（太平洋时间）开始，Wish 平台对修改产品、禁售品、误导性产品/变体，以及伪造品等的多项关键政策都进行了调整，政策所涉及的赔款金额都显著减少。平台运营环境的持续改善是每一位商户共同努力的结果，Wish 也会持续支持、鼓励每一位商户合规运营"。

Wish 冻结商家资金　售后困难　回复：已答复

晏先生于 2017 年 4 月开始注册和运营 Wish 电子商务平台，在 2019 年 2 月 12 日店铺被平台暂停，被判保留账户资金（38 181 美元）付款 3 个月，现在 3 个月时间已经到了，账户后台显示可以申请释放款项。但是现在，平台以需要美国相关部门进行核实为理由不予受理付款申请，并没有给出核实所需要的时间（就是故意搪塞），但平台没有任何条款说明判罚资金保留 3 个月后需要美国相关部门核实才可以放款，这已经超出了平台的政策范围，为私自扣押晏先生的个人财产（38 181 美元）。

事件跟踪：

2020 年 1 月 19 日，"电诉宝"收到 Wish 发来反馈称：

1. 商户可能由于误导性产品、虚假物流或其他欺诈性行为导致店铺款项被暂扣。Wish 此前发布相关政策约束并引导商户从事合规的销售行为，如果商户违反相关政策规定，将有可能被平台暂扣款项。

2. 这位卖家可通过合规经营来改善店铺表现，并留意下个付款日是否被放款。由于我们这儿了解的该商户信息有限，具体还要看商户的店铺情况，建议商户联系自己的客户经理或客服小智进行申诉。

用户申请售后　Wish 久未退还押金

杨女士于 2018 年 12 月 15 日缴纳 Wish 保证金 13 859.2 元，订单号为 420000022720181215449639419。

杨女士于 3 月 12 日申请闭店，Wish 平台至今未退回保证金，其间 Wish 平台找各种理由不退款，杨女士已经按照要求更改了付款方式，但还是没有退还，每次追问只说让杨女士耐心等待。

Wish 账号未注册成功　售后退款困难

苏先生于 2019 年 3 月 4 日通过联动支付向 Wish 平台缴纳 2000 美元押金，订单号为 420000026020190304888648124。

结果账户没有注册成功，至今平台未退回 2000 美元押金。多次通过邮寄沟通，都没有实质性进展，苏先生希望他们尽快退回押金。每次都说耐心等待，都已经过了快 3 个月了，Wish 又没有电话可以直接沟通。

Wish 退店保证金难退　售后困难

余女士于 2019 年 4 月 14 日注册了跨境电子商务 Wish 平台店铺，订单号为 5cb2baaa2c7daa7110cb9bff。

余女士交了 2000 美元押金，过了一两天收到平台邮件通知，店铺注册不成功，说押金会在下一个放款日（每月 15 日和 1 日）

退款给她,但是余女士一直未收到退款,跟平台客服联系了几十次,每次都是会继续核实,然后又让她发邮件,余女士甚至把付款水单和收款账号水单都通过邮件发给平台客服,然而押金仍未退还。

据《2019年(上)中国电子商务用户体验与投诉监测报告》(http://www.100ec.cn/zt/2019syhjcbg/)统计,全国网络消费前20大热点投诉问题依次为:退款、商品质量、网络欺诈、售后服务、发货、虚假促销、霸王条款、退换货难、网络售假、订单、退店保证金不退还、物流、货不对版、冻结商家资金、客服、恶意罚款、信息泄露、发票、高额退票费、送餐超时等。

(资料来源:网经社,http://www.100ec.cn/detail-6542289.html)

本 章 小 结

通过进口、出口跨境电子商务平台相关案例,让消费者了解和掌握跨境电子商务法律法规的运用,了解跨境电子商务实务中存在的一些问题及如何通过合理手段实现维权,从而保障自身的合法权益。

思 考 题

1. 如在各大平台遇到侵权事宜,消费者的救济途径有哪些?

2. 在进口跨境电子商务平台遇到侵权事宜,消费者的救济途径有何不同?

3. 在出口跨境电子商务平台遇到侵权事宜,消费者的救济途径有何不同?

参考文献

[1] 王向阳.国际贸易新方式:跨境电子商务的最新研究[J].山西农经,2020(14):49,51.

[2] 曲维玺,王惠敏.中国跨境电子商务发展态势及创新发展策略研究[J].国际贸易,2021(3):4-10.

[3] 聂林海.我国电子商务发展的特点和趋势[J].中国流通经济,2014,28(6):97-101.

[4] 孟祥铭,汤倩慧.中国跨境贸易电子商务发展现状与对策分析[J].沈阳工业大学学报(社会科学版),2014,7(2):120-125.

[5] 陈璐.跨境电商监管的国际实践和经验借鉴[J].中国商论,2021(14):1-3.

[6] 徐瑞梓.我国跨境电商中信息安全的法律保护[J].中国商论,2021(3):21-24.

[7] 赵崤含,潘勇.我国跨境电子商务政策分析:2012—2020[J].中国流通经济,2021,35(1):47-59.

[8] 吕友臣.跨境电商法律实务一本通[M].深圳:海天出版社,2020.

[9] 何其生.电子商务的国际私法问题[M].北京:法律出版社,2004.

[10] 李适时.各国电子商务法[M].北京:中国法制出版社,2003.

[11] 魏爽.跨境电子商务立法的国际比较研究[D].杭州:浙江大学,2015.

[12] 彭德雷,张子琳.RCEP核心数字贸易规则及其影响[J].中国流通经济,2021,35(8):18-29.

[13] 李亮.国际商标法律制度研究[M].北京:法律出版社,2013.

[14] 高鲁军,刘鹏.网络环境中商标使用行为的司法界定[J].人民司法,2013(19):94-99.

[15] 吴汉东.国际变革大势与中国发展大局中的知识产权制度[J].法

学研究,2009,31(2):3-18.

[16] 孙南申,高凌云,徐曾沧.美国知识产权法律制度研究[M].北京:法律出版社,2012.

[17] 周志丹,徐方.跨境电商概论[M].北京:机械工业出版社,2019.

[18] 马述忠,卢传胜,丁红朝,等.跨境电商理论与实务[M].杭州:浙江大学出版社,2018.

[19] 秦君.我国跨境电子商务交易纠纷在线第三方调解机制研究[D].贵阳:贵州大学,2020.

[20] 杨涵雅.跨境网络购物中的消费者权益保护[D].上海:上海外国语大学,2020.

[21] 陈依依.跨境电子商务中的消费者权益保护问题研究[D].南宁:广西大学,2020.

[22] 张瀛月.我国跨境电子商务中消费者隐私权保护研究[D].上海:华东政法大学,2020.

[23] 黄涛.跨境电商中的消费者权益保护问题研究[D].武汉:华中师范大学,2019.

[24] 王春燕.跨境电子商务中消费者权益保护存在的问题与解决对策[J].纳税,2019(10):196,198.

[25] 高莹莹.跨境电子商务中的消费者权益保护问题研究[D].哈尔滨:哈尔滨商业大学,2018.

[26] 薛魁中.电子商务中消费者权益保护的法律应对探究[J].法制博览,2021(9):163-164.

[27] 刘益灯.跨境电子商务发展的法律问题及规范引导[J].人民论坛,2020(26):100-102.

[28] 刘蕊,王嘉祺.电子商务中消费者权益的法律保护研究[J].法制博览,2021(7):165-166.

[29] 江昊晨.刍议我国电子商务中消费者权益的法律保护[J].北方经贸,2021(2):91-93.

[30] 吴文博,陈衍如,董海宾.电子商务环境下消费者权益的保护:以

《电子商务法》为视角[J].电子商务,2019(6):20-22.

[31] 白瑞亮.基于区块链的去中心化仲裁:跨境电商争议解决的新路径[J].时代经贸,2021,18(2):37-42.

[32] 韩梦洁.跨境电子商务的在线纠纷解决机制(ODR)研究[D].北京:北京外国语大学,2021.

[33] 郭文利,裘滢珠,俞静雯,等.美国在线争议解决数据报告[N].人民法院报,2020-12-04(08).

[34] 靳钧男.跨境电子商务在线纠纷解决机制研究[D].郑州:郑州大学,2020.

[35] 李淑芳.跨境电子商务争议解决机制研究[D].杭州:浙江理工大学,2019.

[36] 储广婷.电子商务纠纷视角下在线纠纷解决机制(ODR)研究[J].现代盐化工,2020(4):105-106.

[37] 李易霖.我国跨境电子商务在线纠纷解决机制研究:以解决跨境网购纠纷为视角[D].昆明:云南大学,2019.

[38] 汪闰月.电商平台纠纷解决权力规制研究[J].吉林工商学院学报,2021(1):96-102.

[39] 赵钧天.跨境电子商务争议解决机制研究[D].北京:中国社会科学院,2020.

[40] 前瞻产业研究院.2020年中国跨境电商行业发展前景预测与投资战略规划分析报告[R].

[41] 艾媒咨询.2020上半年中国跨境电商行业趋势研究报告[R].

[42] 艾瑞网.2020中国跨境电商市场发展报告[R].

[43] 安信证券.2020年跨境电商行业研究报告[R].

[44] 亚马逊全球开店官方网站:https://gs.amazon.cn/learn.

[45] eBay外贸大学:https://university.ebay.cn/.

[46] 全球速卖通官方网站:https://sell.aliexpress.com/.